KB130657

불꽃남자 윤종호 쌤의
All of 의학계열 진로진학

불꽃남자 윤종호 쌤의 **All of 의학계열 진로진학**

1판 1쇄 발행 2021년 11월 15일

지은이 윤종호

교정 주현강
편집 이정노

펴낸곳 하움출판사
펴낸이 문현광

주소 전라북도 군산시 수송로 315 하움출판사
이메일 haum1000@naver.com   **홈페이지** haum.kr
ISBN 979-11-6440-124-6(43370)

좋은 책을 만들겠습니다.
하움출판사는 독자 여러분의 의견에 항상 귀 기울이고 있습니다.

All of 의학계열 진로진학

추천사

얽히고설킨 대입제도의 실마리를 푸는 열쇠는 의학계열 입시입니다. 욕망의 메커니즘이 적나라하게 작용하기 때문입니다. 그래서 의학계열 강의를 찾아다녀 보고 시중에 나와 있는 관련 책들을 사서 읽어 봤지만, 갈증을 해소할 수 없었습니다. 20년 넘는 진학 교사 이력을 자부했지만, 이 분야에서 저는 초심자일 뿐임을 통감했습니다. 최상위권 성적대 학생들이 지원하는 의대 입시를 제대로 파악하지 않고서는 진학 전문가라고 말할 수 없습니다. 제게 의대 입시는 미루고 미뤄 놓은 숙제 같은 존재였습니다. 언젠가 내공과 자료가 쌓이고 기회가 되면 정리해 보겠다고 미루면서 엄두를 못 냈으니까요.

하지만 윤종호 선생님은 과감하게 도전해 대단한 성과물을 냈습니다. 보내 주신 원고를 읽어 보며, 수시 및 정시모집 의대 입시의 모든 것이 이 책에 오롯이 담겨 있음을 금방 알 수 있었습니다. 제가 그동안 애타게 찾던 교재임이 틀림없었습니다. 저는 주저 없이 이 책으로 의대 입시에 다시 도전하기로 했습니다.

제가 아는 윤종호 선생님은 수학 교사로서도 진학 교사로서도 부단히 노력하는 분입니다. 그런 윤 선생님의 열정과 노하우가 녹아 있는 책이 바로 이번에 출간된 『All of 의학계열 진로진학』입니다. 방대한 자료를 일목요연하게 정리해 낸 노작입니다.

아무쪼록 많은 수험생이 이 책을 통해 의학계열 입시의 알파부터 오메가까지 바르게 이해하고, 준비하기를 희망합니다.

끝으로, 의사를 꿈꾸는 학생들에게 전하는 한마디의 말.

"슬기로운 의사 생활에 나오는 멋진 의사가 되기 위해서 공부도 열심히 하시고, 히포크라테스 선서의 의미도 한번 되새겨 보세요."

대화고등학교 교사, 국민대학교 교육대학원 진로진학상담학과 겸임 교수 최승후

COVID-19 때문에 작년부터 교육 현장을 포함해서 온 세상이 어려운 상황이지만
이런저런 인연이 윤종호 선생님과 닿아
6월 초에 경상북도 칠곡군 왜관읍 순심고등학교에서
의, 치, 한, 약학계열로 진학을 희망하는 몇몇 학생과
「의생명과학의 길을 따라: 살며 살펴 생각하며」라는 주제로
(입시 관련 내용을 제외한) 기본적인 자질, 소양, 대학 생활 그리고
졸업 이후 진로 등에 대해 솔직한 이야기를 주고받았습니다.

애초에 학교에서는 2시간을 말씀하셨지만
여의치 않은 교통, 가고 오는 시간 등 이른 아침부터 늦은 밤 온종일 일정임을 생각하며
흔하지 않은 기회인데 사소한 것이라도
학생들이 궁금해하는 점이 있으면 이야기를 나누고 싶은 마음에
제가 3시간을 요청했고, 꽉 채우고 왔습니다.

의, 치, 한, 약학 이들 영역은 세간에서 말씀하시는 것처럼
전문 직업인으로서 상대적·비교적 윤택한 생활을 하는 것을 부인하지는 않겠으나
사람의 고통, 생명 등과 직결된 역할이기에
정신적, 심리적, 육체적 각종 압박이 만만하지 않고 이로 인한 스트레스 해소를 위해
자신만의 해법(유익한 활동 등)이 필요하다는 등의 이야기를 나누었고요.

여러 Q&A 가운데 하나는, 책 추천이었어요.
평소 생각하고 있던 여럿 중에, 저자가 의사인 그리고 지금도 제게는 감동인….
Archibald J. Cronin(1896~1981)의 『성채城砦: The Citadel』와
Paul W. Brand(1914~2003)의 『아무도 원하지 않는 선물: The Gift of Pain』 등을 소개했습니다.

졸업 이후 전공 선택과 관련해서는, 이미 특강 중에
유행이나 시류(時流)를 좇지 말고 본인의 관심과 재주, 흥미를 따라가라고 했건만
엉뚱하고 발랄해 보이는 한 학생이 옆 친구들의 손짓, 눈짓에도 아랑곳하지 않고 꿋꿋하게
요즈음 의사와 의대생들이 선호하는 전공에 대해 질문을 하더군요. ^^

지칠 줄 모르고 하루가 다르게 발전하는 의술(醫術) 덕에
임상진료, 전공과목은 세분화를 거듭하고 있습니다.
(내과만 해도 감염, 내분비, 류마티스, 소화기, 순환기, 신장, 호흡기, 혈액종양 등)
심지어 어디가 애매하게 불편한 경우
우선은 어느 진료과를 찾아가야 하는지부터 상담이 필요할 정도인데
의생명과학 수준이 달랐던 옛날, 전공 상관없이
아무(?) 의사나 의원을 찾았던 시절과는 딴판이지요.

장점이 작지 않은 세분화·전문화된 진료에 대해 굳이 이의가 쉽지 않으나
의사(醫師), Paul Tournier(1898~1986)의 말씀처럼
환자와 사람의 돌봄에 있어, 겉으로 나타나는 증상만이 아닌
주변 사회심리적, 영적인 관점까지도 생각하고 고려하는
전인적 돌봄과 치유를 간과(看過)한다면
자칫 맹인모상(盲人摸象)의 우려가 현실이 되지 않을까.

외과 의사에서 목사로 변신한 Martyn Lloyd-Jones(1899~1981)는 강연 중에
묘비명으로 "인간으로 태어나 의사로 죽다."라고 또렷이 새길 수 있는
사람을 만나는 행운에 관해 이야기하신 적이 있는데

고맙고 다행스럽게도 제게는
의사로서 전공, 진료과목 불문하고 향후
"인간으로 태어나 의사로 죽다."라는 묘비명이 부끄럽지 않을
의사 선생님 여럿의 일상이 떠오릅니다. 그리고
가끔이지만, 소식과 안부도 전하고
세상 여정을 동행하고 있습니다.

아무쪼록, 정성과 노력 헌신으로 엮어 내신 윤종호 선생님의 본 작품이
의, 치, 한, 약학계열을 지망하고 꿈꾸는 학생들에게
선하고 온전한 도움을 주었으면 하는 바람입니다.

p. s.
특강이 끝나고, 두 명의 학생이 사인해 달라고 하네요.
"나는 유명인이 아닌데…"라고 했지만
나중에 자신이 의사가 되면 사인을 들고 찾아와서
오늘의 만남과 인연을 전하겠답니다.

저를 찾지 않는다고 해도
푸르른 이들은
꿈을 이루었으면 하는
기도를 드립니다.

중앙대학교 의과대학 교수 백광진

머리말

    사교육 기관에서 편찬한 의학계열 책들을 보면, 대단한 저자들의 내공에 깜짝 놀랍니다. 하지만 사실 공교육에 계신 선생님 중에도 뛰어난 전략가가 많습니다. 여러분의 학교 선생님을 말하는 것입니다. 학생부종합전형은 학교에서 일어나는 학생의 모습을 담은 생활기록부를 평가하는 것이기 때문에 현직에 있는 교사들의 내공을 무시하지 못합니다. 여러분의 선생님들은 "학생을 대학에 합격시켰다."라는 표현보다는 교사가 학생들과 소통하면서 "함께 합격을 이루어 냈다."라는 표현을 씁니다. 학생부종합전형에 누군가의 조력이 필요한 것은 사실이지만, 학생과 학교가 만드는 생활기록부는 학생 개인의 노력이자, 학교 구성원 모두의 노력이 이뤄 낸 결과임이 틀림없습니다. 입시는 정보력과 감각이 좋다면 결과가 만족스러울 확률이 높습니다. 하지만 더 확실한 것은 학생의 의지와 호흡이 교사와 맞을 때, 제일 좋은 효과가 나타난다고 생각합니다. 교사는 학급 내, 수업시간 내에 여러 가지 '활동'을 많이 하면 생활기록부에 쓸 내용이 많을 뿐만 아니라 개별적이고 구체적으로 학생을 표현하기 쉽습니다. 학생은 주어진 상황에 수동적으로 참여하면 하나도 얻을 것이 없으며, 자기주도적으로 참여해야 학생부종합전형에서 긍정적인 평가를 받을 수 있습니다.

    교육적인 혜택이 많지 않고 열악한 교육환경에 있는 학생들이 주어진 환경 속에서 고군분투하는 모습을 보았습니다. 그 학생들은 공교육에 의존할 수밖에 없으며, 교사의 열정과 역량에 따라 학생의 성장이 달라지는 것을 누구보다 많이 체감하고 있습니다. 그런 아이들에게 '내가 할 수 있는 것이 무엇이 있을까?'라는 고민을 자연스럽게 하게 되었습니다. 저는 2023학년도 기준 전국의 39개의 의과대학과 11개의 치과대학, 12개의 한의과대학 등 거의 모든 대학에 직접 찾아가서 입학처장이나 입학사정관 심지어는 의치한 대학교수들을 만나 짧게는 1시간, 길게는 2시간의 간담을 나누어 보았습니다. 그리 대단한 내용을 쓰려는 것은 아니지만, 이러한 노력과 함께 그간의 교직 생활을 하면서 겪은 저의 경험을 공유하고 싶었습니다. 수년간 필자의 경험을 토대로 작성하였고, 영리적인 목적보다는 정보를 공유하고 개인적인 버킷 리스트를 하나 이루는 데 의의를 두고 싶습니다.

최근 입시결과를 보면 학령인구는 감소하였지만 의치한은 여전히 높은 경쟁률을 보이며, 그 인기는 아직도 계속 높아지고 있습니다. 2022 수시모집에서는 약대 가세에도 의대, 치대의 경쟁률은 오히려 상승하였습니다. 한의대가 소폭 하락했지만, 여전히 인기가 좋으며 2022 수시모집부터 대입에서 선발하는 약학대학의 경쟁률 역시 매우 높았습니다. 또한 우리는 코로나19 사태를 겪으면서 연구하는 의사의 필요성도 많이 느꼈습니다. 앞으로 기초의학 분야의 중요성도 증가할 것이기에 의학계열 학과의 진학은 인기가 더 높아지리라 생각합니다. 이러한 사회의 흐름은 의학계열 입시결과에 어떤 영향을 미치게 될지 주목하게 됩니다.

All of 의학계열 진로진학. 말 그대로 의학계열 진로와 진학에 있어서 어느 한 부분도 놓치지 않고 꼼꼼하게 다루고 있습니다. 교과, 종합, 논술부터 지역균형, 기회균형(농어촌 등)까지 어느 대학의 어떤 전형이 자신에게 유리할 것인지를 전략적으로 분석할 수 있습니다. 또한 교과전형 분석과 종합전형 분석 내용은 의학계열 진로를 희망하는 최상위권 학생들이 보편적으로 준비해야 하는 내용이기에 의대, 치대, 한의대뿐만 아니라 약대, 수의대, 생명과학, 보건, 의료계열을 희망하는 학생들에게도 충분히 유용한 정보를 제공합니다.

본 책자는 고3 수험생뿐만 아니라 의학계열을 준비하는 예비 수험생 모두에게 매우 유용합니다. 또한, 선생님들께도 좋은 지침서가 될 것입니다. 의학계열 학과에 합격하려면 어떤 활동을 해야 한다, 어떤 독서를 해야 한다 이런 것을 단정하지는 않습니다. 다만 보편적으로 의학계열 학과에 합격하는 학생들이 준비하는 것은 무엇일까를 함께 고민하면서 좋은 아이디어를 생각할 수 있을 것으로 생각합니다. 이 책은 어느 대학이든 의학계열 학과 진학에 우선 목표를 두는 학생들에게 도움이 될 수 있습니다. 하지만 대학마다 잘 알려진 임상 분야, 기초 의학 분야가 다르고 학생들마다 자신이 좋아하는 유명한 교수진이 있는 대학도 있을 것입니다. 최선을 다해 단순히 의학계열 학과의 합격만이 아닌, 목표하는 대학까지 합격하기를 필자는 간절히 소망하겠습니다. 의학자가 되어 생명을 살리고 연구하는 값진 일을 가치관으로 삼는 것 또한 필자는 응원하는 바입니다.

저자 윤종호

저자의 추가 말·말·말

제가 진학지도를 해서 의치한에 진학한 학생들은 인성이 우수했습니다. 그런 학생들을 지도할 수 있어서 교사로서 보람을 느낍니다. 사람의 생명을 책임지는 직업에 종사하는 의사들의 인성이 사회적 이슈가 되는 것을 보면서, 교사로서 인성이 올바른 학생을 길러야 하는 책임감을 더 가져야겠다는 생각이 듭니다. 또한 학생들은 의학 인적성고사, MMI 면접, 생활기록부 기반 면접에 대한 준비를 통해 의사로서 자질을 길러야 할 것입니다.

저는 학생들과 첫 상담에서 이런 말을 합니다. "오늘 이 상담에서 선생님의 경험상 열의 아홉은 앞으로도 변하지 않는다. 단 하나만 변한다. 너는 열의 아홉이 될래? 단 하나가 될래?" 그럼 모든 학생이 "하나가 되겠습니다."라고 답합니다. 작심삼일(作心三日)인 학생도 있지만, 상담 후에는 대다수 학생이 열심히 노력하는 모습을 보입니다. 단 한 명의 학생이라도 끝까지 좋은 결과를 낼 수 있도록 하는 것이 저의 역할이라 생각합니다. 이 땅의 수험생 여러분 모두 힘냅시다~!

의약학계열에 대해 많은 정보를 준 교수님들과 대학 방문을 흔쾌히 허락해 주고 반갑게 맞아 준 전국의 의치한 대학의 입학 처장님, 팀장님, 사정관님, 직원 모두에게 감사의 말씀을 올립니다. 대학 연계 프로그램을 준비하고 학생들과 하는 일에 흔쾌히 많은 도움을 주는 친구인 경상국립대학교 의과대학 김완일 교수와 신약개발지원센터 최동규 박사 고맙다~!

그 무엇보다도 공교육에서 마음껏 연구할 수 있는 시간을 허락해 준 사랑하는 아내와 딸에게 미안하고 고맙고 사랑한다는 말을 전하고 싶습니다.

2023 의학계열 입시 참고 사항

의학계열 입시는 매년 변하고 있습니다. 의학전문대학원에서 학부로 선발하기 시작하면서 모집전형이 정착되고, 이에 기존에 세운 입시전략도 조금씩 바뀌어 왔습니다. 2022학년도에는 약학대학이 학부로 선발하면서 입시전략의 변화와 더불어 학생 상담내용도 변하였습니다. 이 해는 문·이과 구분이 없는 수능을 시행하는 첫해로 이과생들이 수학 성적을 잘 받을 수 있다는 기대감으로 인해 졸업생들의 재도전이 두드러졌습니다. 2023년도에도 이러한 분위기는 이어질 전망이지만, 약대 학부 선발과 문·이과 구분이 없는 수능에 대한 한 번의 입시결과가 나온다는 점에서 어느 정도 결과를 추측해 볼 수는 있습니다.

그러나 2023학년도 입시에서「지방대학 및 지역균형인재 육성법 시행령」개정안을 입법 예고하였고, 2021년 9월 14일에 일부 개정안이 통과되었습니다. 또한 공공의대(국립공공보건의료대) 설립과 관련한 현안들이 기다리고 있습니다. 이후 대선 공약과도 맞물리면서 공공의학전문대학원 신설이 거론되고 있는데, 공공의대이든 공공의전이든 언제 모집을 시작할지 모르지만 시작하게 되면 입시전략에 영향을 미칠 것입니다. 아울러 의사 과학자를 양성하고 기초의학의 중요성이 대두되면서 카이스트 의전원, 포항공대 의과학연구소 추진 등의 사회 변화도 주목해야 할 것입니다. 이 밖에도 꾸준한 정시모집 확대(서울대 대폭 확대 30.3%→39.9)와 영재학교 입학전형 개선방안에서 의약학계열 진학 제재 강화 등의 크고 작은 사안들이 의학계열 입시에 영향을 줄 수 있습니다.

의약학계열 지역균형 선발과 관련하여

교육부가 심의·의결한 '지방대학 및 지역균형인재 육성에 관한 법률 시행령' 일부 개정안에 따르면 2023 대입전형부터 지방대학 의·치·한·약대의 지역 학생 선발 비율이 기존 30%(강원, 제주 15%) '권고'에서 최소 40%(강원, 제주 20%) 이상 '의무'로 선발해야 합니다. 간호대학은 기존 30%(강원, 제주 15%)를 유지하되 역시 의무적으로 선발해야 합니다.

지역인재 기준도 강화됩니다. 현 중학교 1학년까지는 해당 지역 고등학교만 졸업하면 지역인재로 인정되지만 현 초등학교 6학년부터는 중학교 때부터 수도권이 아닌 지역 중학교에 입학해야 합니다.

이에 따라 지역인재 선발 인원을 늘려야 하는 대학이 생길 것입니다. 지역인재 선발이 늘게 되면, 전반적으로 일반전형의 합격 커트라인의 상승과 지역인재의 합격 커트라인의 하락을 예상할 수 있습니다. 그리고 이러한 지방의 변화로 인해 수도권 대학 경쟁률의 상승도 예상할 수 있겠습니다.

참고로 지역인재를 수시, 정시 중에서 어느 시기에 선발하느냐는 대학의 재량이므로, 어느 모집 시기에 얼마만큼의 변화가 있는지 살펴보아야 합니다. 각 대학 입학처 홈페이지의 공지사항 및 2023학년도 모집요강을 통해 전형계획의 수정되는 부분을 반드시 확인하시길 바랍니다.

전국 의치한약 대학 지도

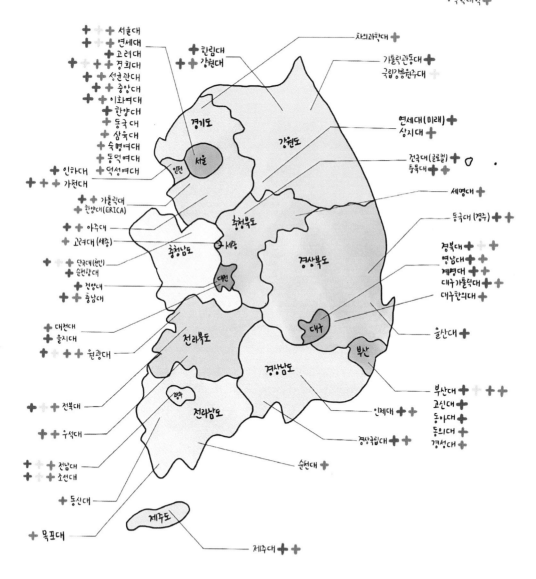

* 대학별 기호표시
  - 의과대학 ✚
  - 치과대학 ✚
  - 한의과대학 ✚
  - 약학대학 ✚

서울대
연세대
고려대
경희대
성균관대
중앙대
이화여대
한양대
동국대
삼육대
숙명여대
동덕여대
덕성여대
인하대
가천대
가톨릭대
한양대(ERICA)
아주대
고려대(세종)
단국대(천안)
순천향대
건양대
충남대
대전대
을지대
원광대
전북대
우석대
전남대
조선대
동신대
목포대

한림대
강원대

차의과학대
가톨릭관동대
국립강릉원주대
연세대(미래)
상지대
건국대(글로컬)
충북대
세명대
동국대(경주)
경북대
영남대
계명대
대구가톨릭대
대구한의대
울산대
부산대
고신대
동아대
동의대
경성대
인제대
경상국립대
순천대
제주대

경기도
강원도
서울
인천
충청북도
충청남도
세종
경상북도
대전
대구
전라북도
경상남도
부산
광주
전라남도
제주도

순심고 교사 시윤지 그림

- **39개 의과대학**

  가천대, 가톨릭관동대, 가톨릭대, 강원대, 건국대(글로컬), 건양대, 경북대, 경상국립대, 경희대, 계명대, 고려대, 고신대, 단국대(천안), 대구가톨릭대, 동국대(경주), 동아대, 부산대, 서울대, 성균관대, 순천향대, 아주대, 연세대, 연세대(미래), 영남대, 울산대, 원광대, 을지대, 이화여자대, 인제대, 인하대, 전남대, 전북대, 제주대, 조선대, 중앙대, 충남대, 충북대, 한림대, 한양대

- **11개 치과대학**

  국립강릉원주대, 경북대, 경희대, 단국대(천안), 부산대, 서울대, 연세대, 원광대, 전남대, 전북대, 조선대

- **12개 한의과대학**

  가천대, 경희대, 대구한의대, 대전대, 동국대(경주), 동신대, 동의대, 부산대, 상지대, 세명대, 우석대, 원광대

- **37개 약학대학**

  가천대, 가톨릭대, 강원대, 경북대, 경상국립대, 경성대, 경희대, 계명대, 고려대(세종), 단국대(천안), 대구가톨릭대, 덕성여대, 동국대(서울), 동덕여대, 목포대, 부산대, 삼육대, 서울대, 성균관대, 숙명여대, 순천대, 아주대, 연세대, 영남대, 우석대, 원광대, 이화여대, 인제대, 전남대, 전북대, 제주대, 조선대, 중앙대, 차의과학대, 충남대, 충북대, 한양대(ERICA)

- **의과대학, 치과대학, 한의과대학, 약학대학을 모집하는 대학**

  경희대, 부산대, 원광대
- **의과대학, 치과대학, 약학대학을 모집하는 대학**

  경북대, 단국대(천안), 서울대, 연세대, 전남대, 전북대, 조선대
- **의과대학, 한의과대학, 약학대학을 모집하는 대학**

  가천대, 동국대(서울캠은 약대, 경주캠은 의대와 한의대)
- **의과대학, 약학대학을 모집하는 대학**

  가톨릭대, 강원대, 경상국립대, 계명대, 고려대(서울은 의대, 세종은 약대), 대구가톨릭대, 성균관대, 아주대, 영남대, 이화여대, 인제대, 중앙대, 충남대, 충북대, 한양대(서울은 의대, ERICA는 약대)
- **한의과대학, 약학대학을 모집하는 대학**

  우석대

차 례

추천사   5

머리말   8

저자의 추가 말·말·말   10

2023 의학계열 입시 참고 사항   11

전국 의치한약 대학 지도   12

학과의 이해   16

의사과학자 양성, 기초의학의 중요성   19

2023수시모집

Part 1. 수시 합격을 위한 기초   22

Part 2. 전형별 특징 및 전략   37

Part 3. 지원자격에 따른 전략   59

Part 4. 수시모집 전형 입시결과   87

Part 5. 교과성적 반영의 이해   101

Part 6. 종합전형 전략   121

· 2022학년도 전형 최종 결과 및 자료는 genius6706@naver.com으로
메일 보내주시면 전형 시기에 맞춰 일괄 답장하겠습니다.

면접

Part 1. 면접 고사 전략   214

Part 2. 면접 기출 자료   230

Part 3. 정시모집 면접   244

2023정시모집

Part 1. 정시모집 전형별 전략   172

Part 2. 정시모집 지원 전략   186

Part 3. 정시모집 전형 입시결과   206

의학계열 참고자료

Part 1. 의학계열 신로 활동   248

Part 2. 대학별 의치한 소개자료   258

Part 3. 그 밖에 도움이 되는 이야기   268

학과의 이해

- **함양해야 할 역량(공통)**
  - 인체의 구조와 특성에 관심 있는 학생
  - 사람을 돌보는 것과 생명을 소중히 여기는 학생
  - 타인을 배려하며 봉사하는 마음을 가진 학생
  - 기본적인 과학지식이 풍부하며 정교한 동작을 할 수 있는 신체운동 능력
  - 빠르게 상황을 판단하여 대처할 수 있는 능력
  - 직업윤리와 의사소통을 가진 학생
  - 지적 호기심이 강하고, 과학적 방법에 기반하여 해결하는 능력
  - 새로운 의학지식의 습득과 국제화 시대에 따른 영어 구사 능력
  - 강인한 체력과 정신력

- **의예(서울대학교 학과 홈페이지)**
  - 인류의 건강을 증진하고 질병의 고통을 경감시키는 의사로서 능력
  - 창의적 연구를 수행할 수 있는 의학자의 기본 능력
  - 미래사회를 주도할 리더십과 국제적 안목
  - 전문가로서의 윤리의식과 봉사정신

- **치의예(서울대학교 학과 홈페이지)**
  - 지식을 습득하고 종합하여 논리적으로 글쓰기를 할 수 있는 능력
  - 자신의 의사를 정확히 표현하고, 타인의 문제를 공감하며 소통할 수 있는 능력
  - 타인을 위해 헌신하는 공동체 활동을 기획하고 추진하여 달성할 수 있는 능력
  - 인간에 대한 이해와 세상을 바라보는 관점을 정립하여 철학적 토론을 주도할 수 있는 능력
  - 강인한 정신력을 바탕으로 체력과 시간 관리 등을 철저히 할 수 있는 능력

- **한의예(경희대학교 학과 홈페이지)**
  - 인체의 구조에 대한 호기심, 생명에 대한 경외심을 가진 학생
  - 사람과 대화를 좋아하고 인체 및 생명에 대한 호기심을 가진 학생
  - 한자에 대한 지식이 많은 학생
  - 인체 생리를 이해하기 위해 기본과학을 잘 이해하는 학생
  - 배려해 주는 이해심과 봉사 정신을 가진 학생
  - 자연과학과 사회 및 다양한 약재에 흥미 있는 학생
  - 남을 배려하고 이웃을 사랑하는 인성을 갖춘 인재
  - 이과적 기본지식은 물론 인문학적 소양을 갖춘 인재

• 의과대학 과정

전문의가 되기까지 총 11년(의과대학 6년+인턴 1년+레지던트 4년)

의과대학 6년(예과 2년+본과 4년)을 공부하고 국가고시에 합격하면 의사면허를 받는다. 의과대학을 졸업하면 '일반의'가 될 수 있는데, 일반적으로 '일반의'가 아닌 '전문의'가 되기 위해 인턴(수련의) 1년, 전공의 4년(레지던트) 과정을 거친다.

인턴을 하기 위해 수련 과정을 할 수 있는 병원에 원서를 내고 합격하면 병원에서 수련한다. 인턴은 학부 성적과 국시 성적, 그리고 면접 성적을 반영한다. 인턴(수련의)일 때는 병원의 여러 과를 모두 경험하여 자신의 선택할 전공을 탐색한다.

그 후 특정 분야를 공부하는 전공의(레지던트) 4년을 거쳐 전공 분야에서 지식을 쌓는다. 레지던트는 인턴에서 받은 인턴 근무성적과 레지던트 필기시험 성적과 면접을 반영한다. 참고로 일반외과, 내과, 가정의학과는 레지던트 3년이다. 레지던트 1~2년 차는 주로 입원 환자를 맡아 환자의 치료와 소통을 담당하고, 수술방의 보조로 일하기도 하며 레지던트 3~4년 차는 수술을 보조하고 1~2년 차 후배를 교육한다. 4년간의 공부를 마치고 '전문의' 시험에 합격하면 '전문의'가 된다.

일반의-의대를 졸업하고 바로 개업한 의사를 '일반의'라고 한다.
전공의-의사면허를 취득하고 전문의 자격을 따기 위해 수련 중인 의사
전문의-전공의 과정을 마치고 전문의 시험에 합격한 의사
인정의-학회에서 자체적인 기준에 의해 보건복지부에서 자격을 인정한 의사
전임의(펠로우)-전문의가 된 후에도 대학병원에 남아서 계속 공부하는 의사. 교수를 목표로 한다.

의과대학을 졸업한 어느 교수는 인턴과 레지던트를 거치지 않고 대학원에 진학해 기초의학 분야에서 역량을 드러낸 분도 있다. 뒤에서 또 다루지만, 앞으로는 기초의학 분야의 전망도 밝다. 의학은 기초의학과 임상의학, 사회의학으로 나뉘는데 독자가 알고 있는 직접 환자를 치료하는 분야가 임상의학이다. 국립과학수사연구원의 법의학과에서 근무하거나, 의료전문 변호사로 일하는 사람도 있다.

• 치과대학, 한의과대학 과정

의과대학과 마찬가지로 예과 2년과 본과 4년의 6년 교육과정을 졸업하고 국가시험을 통과하면 의사면허를 받아 '일반의'가 된다. 그 후 개원 또는 취업하는데, 본인이 원하면 의과대학처럼 인턴 1년, 레지던트 3년을 거쳐 '전문의'가 된다.

기초교실, 임상교실		
의예	기초 교실	해부학교실, 생리학교실, 생화학교실, 병리학교실, 약리학교실, 미생물학교실, 예방의학교실, 열대의학교실, 인문의학교실, 법의학교실, 의료관리학교실, 의공학교실, 의학교육학교실, 의학과 협동과정 임상약리학교실
	임상 교실	내과학교실, 외과학교실, 산부인과학교실, 소아과학교실, 정신과학교실, 신경과학교실, 피부과학교실, 정형외과학교실, 흉부외과학교실, 신경외과학교실, 비뇨의학교실, 이비인후과학교실, 안과학교실, 영상의학교실, 마취통증의학교실, 성형외과학교실, 방사선종양학교실, 검사의학교실, 재활의학교실, 핵의학교실, 가정의학교실, 응급의학교실
치의예	기초 치의학교실	구강미생물학교실, 구강병리학교실, 구강생리학교실, 구강생화학교실, 구강조직-발생생물학교실, 구강해부학교실, 예방치학교실, 치과경영정보학교실, 치과생체재료과학교실, 치과약리학교실
	임상 치의학교실	구강내과진단학교실, 구강악안면외과학교실, 소아치과학교실, 영상치의학교실, 치과교정학교실, 치과마취과학교실, 치과보존학교실, 치과보철학교실, 치주과학교실
한의예	기초학교실	경혈학교실, 병리학교실, 본초학교실, 생리학교실, 생화학교실, 예방의학교실, 원전학교실, 융합의과학교실, 의사학교실, 처방제형학교실, 약리학교실, 해부학교실, 한의교육학교실
	임상학교실	간계내과학교실, 부인과학교실, 비계내과학교실, 사상체질과학교실, 소아과학교실, 신계내과학교실, 심계내과학교실, 안이비인후피부과학교실, 진단생기능의학과학교실, 침구학교실, 폐계내과학교실, 신경정신과학교실, 임상종양학교실, 융합임상의학교실, 한의약임상연구학교실

의사과학자 양성, 기초의학의 중요성

카이스트 의전원, 포항공대 의과학연구소 추진

독자들처럼 필자도 역시 왜 세계적으로 뛰어난 의료진을 갖춘 우리나라가, 전국에 수재들이 모인 의과대학에서 코로나19를 치료할 백신을 만들 수 없는가 생각해 보았다. 이광형 카이스트 총장은 의전원을 설립해 '연구하는 의사'를 배출하겠다고 말했다. 코로나19 사태로 인해 백신을 개발하여 제2의 코로나19를 대비한다는 의도이다. 현재 우리나라는 우수한 학생들이 의대로 진학하여 주로 임상의사가 되어 병원에서 진료와 수술하는 경우가 많다. 사실 융합 연구나 의대 교수와 학생들이 연구하는 모습을 거의 볼 수가 없다.

코로나19로 인한 이러한 변화는 의학계에 큰 변화를 가져올 것으로 전망한다. 최근 의대, 치대, 한의대, 약대를 가지고 있는 대학에서 홍보하는 방식에도 연구 성과(논문 등)가 높은 학교로 소개하는 경우가 많아졌음을 느꼈다. 포항공대는 의과학대학원이 신설되어 2023년부터 정식 수업이 시작되도록 준비 중에 있다. 그러면 카이스트와 포항공대에 모두 의과학대학원이 존재한다. 언젠가는 카이스트나 포항공대에서 의과대학을 유치할 수 있지 않을까 전망해 본다. 그분만 아니라 전국의 의학계열 대학에서도 실력 있는 연구 의사들이 우리나라와 인류의 발전을 위해 도움이 되었으면 한다.

앞으로 의학계열 입시체계에서 임상의사도 중요하지만, 기초연구의사의 전망이 밝다. 따라서 학생들은 여기에 포커스를 맞추어 입시를 준비하는 것도 하나의 방법이다. 현재 의료현안과 정책에만 관심을 가지지 말고, 미래의 의학발전을 위한 연구자로서의 모습을 가져 보자. 임상의사가 되어 생명을 치료하거나 살리는 것만큼 기초의학을 연구하겠다는 학생들이 많아질 전망이다.

2023
수시모집

PART

1

수시 합격을 위한 기초

- 모집요강만 잘 읽어도 입시 전문가

- 이 책에서 정리된 모집요강 표를 읽는 Tip

- 수시모집 전략에 앞서 읽어 볼 내용
  1. 자신에게 유리한 선발 유형 분석
  2. 수능 최저등급에 따른 지원 전략
  3. 의학계열 합격을 위한 필수 전략 간략 요약

모집요강만 잘 읽어도 입시 전문가

> 모집요강만 꼼꼼하게 읽어도 나도 입시 전문가
> 대학 입학처 홈페이지 입시와 관련된 모든 안내 사항도 잘 살피자
> 또한 모집요강 수정이 일어나는지도 확인해 주자
> 학과 홈페이지를 방문하여 관심의 깊이를 늘려 보자

2022학년도 ○○대학교 신입생 수시모집 요강

• 목차

대학마다 조금씩 다르지만, 비슷한 순서로 목차가 구성되어 있다. 목차 이전에 대학 소개, 특성화학과 소개 등의 광고를 싣기도 하는데 목차부터 모집요강의 시작이라고 생각하면 된다.

• 수시모집 전형 요약 및 주요 변경 사항(전년도와 다르게 변화된 전형을 숙지하라)

올해 수시모집 전형별 전체 모집인원, 전형 요약, 전년도 대비 주요 변경 사항을 다루고 있다. 아래 개괄적으로 요약된 내용을 살펴본 후에 책의 본문에서 꼼꼼하게 살펴볼 수 있도록 하자.

1 수능 최저학력기준 변화

수능 최저를 충족하기가 어려우면 경쟁률과 합격자의 성적이 낮아지고, 수능 최저를 충족하기 쉬워지면 경쟁률과 합격자의 성적이 높아지는 것을 예상할 수 있다.

수능 최저 반영과목 수 **증가/감소**
과학탐구 반영 개수 **증가/감소**
과학탐구 2개 **평균/평균 절사**
반영과목 합 **강화/완화**
최저 **신설/폐지**
수학포함 하여 합산 추가, 과학포함 하여 합산 추가 **신설/폐지**
영어, 한국사 별도 기준 **신설/폐지**

2 선영 망띱의 변화

교과전형에서 종합전형으로 혹은 종합전형에서 교과전형으로 변화
일괄전형에서 단계별 전형, 단계별 전형에서 일괄전형
1단계 모집인원의 배수 변화(10배수에서 5배수 등)

3 반영교과목의 변화

반영교과목 수, 반영방법의 변화를 확인하자. 뒤에 나오는 교과 성적 반영의 이해를 참고하라.

4 신설된 학과나 신설 모집 단위가 있다면 첫해는 경쟁률이 낮을 수 있다는 것이 입시계의 정설이다. 의학계열 경쟁률과 입시 결과는 이에 상관없을 것으로 예상되지만 그래도 신설된 전형에 관심을 가져 보자.

5 지원 자격 변화 확인

작년에 없던 자격이 생기기도 하고, 있던 자격이 없어지기도 한다. 자신이 지원하고자 했던 전형이 있다면 올해도 자격이 유지되는지 확인하라.

• 모집단위 및 모집인원

전형별, 학과별 모든 모집인원을 확인할 수 있다. 의예과, 치의예과, 한의예과, 약학과는 전형별로 몇 명을 선발하는지 확인한다.

(중요) 선발 인원의 증감을 먼저 확인해야 한다. 의학계열의 전형별 모집인원의 증감은 사실 전년도 모집요강을 봐야 확인할 수 있다. 선발 인원의 차이가 크다면 수시모집 전략에 큰 영향을 줄 수 있다.

정원 내(정원 안에서 학생들을 선발), 정원 외(정원과 상관없이 일정 인원을 추가로 선발)

• 전형 일정 및 원서접수, 합격자발표 및 등록

원서접수 일정, 서류 제출 기간. 1단계 합격자 발표, 면접고사, 실기고사, 최초합격자 발표, 예치금 납부, 충원합격자 발표 등의 모든 일정을 알 수 있다.

• 세부 전형별 안내[본문]

크게 학생부교과, 학생부종합, 논술, 실기/실적 안에서 세부 전형이 있다.

전형별 세부 사항이 이곳에 모두 있다고 생각하면 된다. '**1**'~'**5**'에서 다룬 일반적인 내용이 전형별로 자세하게 다시 언급되어 있다고 보면 된다. 모집단위 및 모집인원, 지원자격(고교유형별, 졸업년도별), 전형방법, 수능최저학력기준, 제출서류, 전형일정)

자신이 지원하고자 하는 대학의 전형별 최저기준을 확인하자. 대학마다 다르고 전형마다 다르다. 대학마다 전형별로 한눈에 볼 수 있도록 따로 정리해 둔 대학도 있다.

자기소개서나 면접은 있는지, 어떤 과정을 거쳐서 선발하는지, 성적은 어떻게 반영하는지 등의 내용이 전형별로 자세하게 나와 있다.

작년과 달리 자기소개서 혹은 면접이 폐지되지는 않는지 확인하자. 특히 면접이 생겼거나, 없어진 경우에 결과는 전년과 비교하여 차이가 생길 것이다.

- **학교생활기록부 반영방법**

  교과전형에서는 교과성적과 비교과성적 반영 비율이 나와 있다. 비교과성적에서 출석이나 봉사 성적은 대다수의 학생이 만점이다. 또한 대학마다 교과를 반영하는 방법이 모두 다르고 다양하다. 세세한 차이로 유불리가 생길 수 있다. 종합전형에서는 학교별 서류평가 세부 기준이 나와 있다. 아울러 면접평가 세부 기준도 제시하고 있다. 학교생활기록부 반영방법은 교과 성적 반영의 이해, 종합전형 전략에서 자세히 다루도록 하겠다.

- **동점자 처리기준-학교마다 기준이 있다.**

  종합전형에서 면접 및 구술고사, 서류평가 결과 순으로 합격자를 선발한다든지 교과전형에서 합산점수가 높은 순, 특정과목 성적순 등 대학마다 순위를 두고 동점자를 처리한다. 간혹 정해 놓은 동점자 우선순위에도 모두 동점이면 모두 합격자를 내기도 한다.

- **지원자 공통 사항 및 유의 사항**

  지원자의 출신 고등학교에서 지속적으로 강조하고 알려 주는 것이 유의 사항으로, 지원 전략은 아니지만, 기본으로 중요한 내용이다. 한 번쯤 정독해 보고, 궁금한 것은 선생님께 여쭈어보길 바란다.

- **학생부 종합전형 안내**

  자기소개서 유의 사항, 서류종합평가 시 평가 방법에 대한 안내, 면접평가에 대해 보다 더 자세히 나와 있다.

- **그 외**

  전형료 안내, 등록포기 및 환불 안내, 장학제도 및 학사안내
  별첨. 제출 서류 등 각종 양식

모집요강이 홈페이지에 공고된 후에도 인원 변경 등이 있을 수 있다. 입학처에 공식적으로 업로드된 수시모집 요강을 확인할 것이며, 최신 일자로 업데이트된 내용인지 확인하자. 파일명에 공고 기준일을 함께 표시한 경우도 있다. 대학별 고사 일정, 면접 일정 등 세세한 변화를 반드시 스스로 확인해 보아야 한다.

아울러 이 책의 모든 내용은 전략적 참고서로 활용하고, 최종 선택한 전략을 토대로 대학의 모집요강을 꼭 확인하길 바란다.

이 책에서 정리된 모집요강 표를 읽는 Tip

• 최저학력기준

국-국어, **수**-수학, **영**-영어, **사**-사회탐구, **과**-과학탐구, **탐**-탐구, **한**-한국사

미-미적분, **기**-기하, **확통**-확률과 통계, **미/기**-미적분, 기하

'미/기'에서 '○'이면 미적분과 기하 중에 한 과목을 택해야 하고, '×'이면 미적분, 기하, 확률과 통계 어느 것도 응시 가능하다. '△'이면 확률과 통계를 선택하면 핸디캡이 있다.

수학포함-수능 최저학력기준에 수학 등급을 반드시 포함하여 합산함

영2-수능 최저학력기준 합산과는 별도로 영어는 2등급을 받아야 함

과(2)-과학탐구 2과목 평균

과(2절)-과학탐구 2과목 평균 소수점 절사(버림)

과(1)-과학탐구 1과목만 반영

평-평균

절-절사(버림)

과1/과2-과학 2과목을 각각의 과목으로 인정한다는 것이며 **강원대, 연세대**(미래)가 이에 해당

탐(2)-사회탐구 2과목 평균 혹은 과학탐구 2과목 평균

탐(1)-사회탐구 1과목만 반영 혹은 과학탐구 1과목만 반영

사(1)-사회탐구 1과목만 반영, 대구한의대 전형 중 사회탐구 1과목 반영하는 전형이 있음

한국사는 필수 응시영역이며, 한국사 최저를 두는 곳이 있음. 주로 4등급 이내, 경희대는 5등급 이내

• 최저학력기준 용어통일

'3합 5': 수능 반영과목 중 3과목의 수능 최저 합이 5등급 이내

'3개 각 1'→'3합 3'은 같은 말이다. 각 대학에서 표현하는 방법들을 통일함

'4개 2': 수능 반영과목 중 4과목이 모두 2등급 이내

1단계(6배) : 1단계에서 모집인원의 6배수를 선발함

1단계(일정배) : 연세대 종합전형에서는 서류평가가 우수한 학생을 1단계에서 일정배수로 적절하게 선발함

- **줄임말 해설**

  서류100–학교생활기록부 종합평가 100%

  서류100(자)–학교생활기록부, 자기소개서 종합평가 100%

  교과100–100% 교과 성적으로 선발하며 교과 반영방법은 대학마다 다르다.

  출결15–출결 현황을 15% 반영하겠다는 말이다.

  면접40–면접을 40% 반영하겠다는 말이다.

  (실)–실제반영비율. 면접 등에서 실제반영비율이 따로 있는 경우가 있다.

  인적성면접(P/F)–면접 Pass, Fail

  가–기초생활 수급자 및 차상위 계층, 한부모가족지원대상자 **단, 연세대**(미래)**는 기초생활 수급자만 해당**

  국–국가보훈, **농**–농어촌, **특성**–특성화고 출신, **특수**–특수교육대상자, **만**–만학도, **서**–서해5도 학생

  북–북한이탈주민

  수능–대학수학능력시험, **인**–인문, **자**–자연

- **표에서 셀 배경 색에 따른 의미**

조선대1	'교과전형'과 '논술전형'에서 대학명 뒤에 '1'은 졸업생의 교과 성적 반영학기가 3학년 1학기까지,
대구가톨릭대2	'2'는 3학년 2학기까지 반영한다는 의미이며 숫자가 없는 것은 재학생만 모집하는 전형이다.
14 (−10)	올해 모집인원은 14명, 전년도 대비 10명 감소
12	신설된 전형, 12명 모집
16 (+1)	올해 모집인원은 16명, 전년도 대비 1명 증가
9	전년도와 동일하게 9명 모집

- **과탐II를 공부해야 하는 전형**

  서울대 지역균형 전형, 참고로 서울대학교 정시모집 전형

  가톨릭대 지역균형 전형은 2023학년도에는 과탐II 선택을 하지 않아도 된다.

- **과탐동일과목 I+II불가**

  예를 들어, 화학I 과 화학II 와 같이 동일과목을 선택하면 안 된다. '과탐 응시기준을 두는 서울대' 등과 '수능 최저에서 과학탐구를 2과목을 반영하는 대학에서 과학을 최저충족 조건으로 활용해야 하는 경우' 과학탐구 동일과목 I+II를 선택하면 자동 불합격이 되는 것이다. 과탐 2과목을 개별과목으로 인정하는 강원대, 연세대의 경우 과탐에서 동일과목을 선택하였다면 우수한 1과목만 반영이 되고 나머지 과목으로 최저기준을 충족하면 된다.

  전형명에서 일반학생, 일반은 모두 '**일반**'으로 통일하고 학생부교과, 교과우수자, 교과중심, 일반고교과 등은 모두 '**교과**'로 통일하여 편의상 전형명을 간소화하여 언급한다. 참고로 종합전형에서는 대학마다 고유한 전형 명칭을 사용하는 경우가 있다.

수시모집 전략에 앞서 읽어 볼 내용

1. 자신에게 유리한 선발 유형 분석

전형 구분	유형	최저 유무	면접 유무	해당 대학
의예과				
교과	I	×	×	없음
	II	×	○	건양대 일반(면접), 연세대 추천형
	III	○	×	가톨릭관동대 교과, 강원대 일반, 경상국립대 일반, 경희대 지역균형, 고려대 학교추천, 동국대(경주) 교과, 순천향대 교과, 영남대 일반, 인하대 지역균형, 전남대 교과, 전북대 일반, 제주대 일반, 조선대 일반, 충남대 교과, 충북대 교과
			P/F면접	가톨릭대 지역균형
	IV	○	○	가천대 지역균형, 건양대 일반(최저), 계명대 일반, 고신대 일반고, 대구가톨릭대 DCU자기추천, 연세대(미래) 교과, 영남대 창의인재, 을지대 지역균형, 인제대 교과
종합	I	×	×	중앙대 탐구형인재, 충북대 종합 I, 한양대 일반
	II	×	○	강원대 미래인재, 경희대 네오르네상스, 고려대 계열적합형, 서울대 일반, 성균관대 학과모집, 순천향대 일반, 인하대 인하미래인재
	III	○	×	경북대 일반, 이화여대 미래인재
	IV	○	○	가천대 가천의약학, 가톨릭관동대 CKU, 가톨릭대 학교장추천, 건국대(글로컬) Cogito 자기추천, 경상국립대 일반, 계명대 일반, 고려대 학업우수형, 단국대(천안) DKU인재, 동국대(경주) 참사랑, 서울대 지역균형, 아주대 ACE, 연세대 활동우수형, 연세대(미래) 학교생활우수, 울산대 종합, 원광대 서류면접, 전남대 고교생활우수자 I, 전북대 큰사람, 조선대 일반, 중앙대 다빈치형인재, 충남대 종합 I-PRISM, 충북대 종합 II, 한림대 학교생활우수
논술	교과 포함	○	–	가톨릭대, 경북대, 경희대, 부산대, 아주대, 울산대, 인하대, 중앙대
	논술 100	○	–	성균관대, 연세대(미래)

치의예과				
전형 구분	유형	최저 유무	면접 유무	해당 대학
교과	I	×	×	없음
	II	×	○	연세대 추천형
	III	○	×	경북대 일반, 경희대 지역균형, 전남대 일반, 전북대 일반, 조선대 일반
	IV	○	○	없음
종합	I	×	×	없음
	II	×	○	서울대 일반
	III	○	×	경북대 일반
	IV	○	○	국립강릉원주대 해람인재, 경희대 네오르네상스, 단국대 DKU인재, 연세대 활동우수형, 원광대 서류면접(인, 자), 전남대 고교생활우수자 I, 전북대 큰사람, 조선대 일반
논술	교과 포함	○	–	경북대, 경희대
	논술 100	○	–	연세대

한의예과				
전형 구분	유형	최저 유무	면접 유무	해당 대학
교과	I	×	×	없음
	II	×	○	없음
	III	○	×	대구한의대 일반(인문, 자연), 경희대 지역균형(인문, 자연), 대전대 교과중점, 동신대 일반, 동의대 교과, 우석대 일반교과, 동국대(경주) 교과, 부산대 학생부교과
	IV	○	○	대구한의대 면접, 대전대 교과면접, 가천대 지역균형, 상지대 교과
종합	I	×	×	
	II	×	○	경희대 네오르네상스(인문, 자연), 대전대 혜화인재, 동의대 학교생활우수자
	III	○	×	대구한의대 일반(인문, 자연), 세명대 학생부종합, 상지대 학생부종합
	IV	○	○	동국대(경주) 참사랑, 원광대 서류면접(인문, 자연), 가천대 가천의약학
논술	교과 포함	○	–	경희대(인문), 경희대(자연)
	논술 100	○	–	없음

의학계열도 다른 모집단위와 마찬가지로 전형별 차이(지원자격, 면접, 수능 최저 등)가 지원에 영향을 미칠 것이다. 어떤 전형이 유리할지는 학생 개인의 강점과 결부된 사안이다.

의학계열에 진학하고자 하는 학생들은 내신, 생활기록부 기록 활동, 수능 최저, 면접 중에서 자신에게 유리한 조합을 선택해야 한다. 일반적으로 의예과에 지원하는 학생의 내신 커트라인은 기본적으로 일반 학과에 비해 높은 편이다.

자신에게 유리한 조합	적합한 유형
내신 + 면접	교과 II
내신 + 수능 최저	교과 III
내신 + 수능 최저 + 면접	교과 IV
내신 + 생활기록부	종합 I
내신 + 생활기록부 + 면접	종합 II
내신 + 생활기록부 + 수능 최저	종합 III
내신 + 생활기록부 + 수능 최저 + 면접	종합 IV

• 교과전형

내신 성적 합산 평균이 **대학별 산출 기준**으로 1.0점에 가까우면서 면접에 자신이 있다면 교과II

(*대학별 산출 기준: Part 5에서 다룸)

1점 초중반이면서, 높은 수능 최저등급을 충족할 수 있다면 교과III

면접에 자신이 없어 어쩔 수 없이 교과III을 지원하는 경우도 있음.

내신 성적이 좋으면서 수능 최저등급 충족에도 자신이 있고, 면접에도 자신이 있다면 교과IV

참고로 교과전형에서 수능 최저도 없고 면접도 없는 종합 I 의 전형은 없다. 한양대에는 의학계열을 제외한 학과에서 교과 I (교과100%)로 선발하는 학과가 있다. 수많은 내신 평점 1.0의 수험생이 지원한다. 같은 1.0이라도 동석차 기준을 두어서 최초 합격자 명단에는 오를 수 없는 경우도 있다. 물론 최초 합격자가 다른 학교에 이탈하면서 추가합격은 되겠지만, 이탈이 거의 없는 의예과에서는 교과 I 의 선발 유형은 선발이 쉽지 않다.

4년 전 A대 의예과에서 정원 외 농어촌 전형에서 교과 I 로 선발한 적이 있었는데, 필자는 이 대학에 이 전형의 문제점에 대해 지적을 해 주었다. 당시 본교에 1.0 성적의 우수한 학생이 있었는데 동석차가 발생할 경우 모두 선발하지 않는다는 조항이 있어 지원하지 않았다.

• 종합전형

내신도 우수하지만, 학교생활을 충실히 하여 생활기록부 기록에 자신이 있는 학생이라면 종합전형으로 지원 가능하다.

수능 최저도 없고 면접도 없이 오로지 학교생활기록부만 보는 학교도 있다. 자기소개서를 제출하는 학교도 있고, 없는 학교도 있다. 이런 종합 I 의 경우에는 학교생활에 진정성을 가지고 충실한 학생이 지원하며, 다른 지원자와 차별화되는 우수함이 두드러지게 드러난다.

수능 최저는 없으나 면접이 있는 종합II는 위의 경우와는 달리 서류에서 조금 부족한 점이 있더라도 면접을 통해 자신을 어필하는 기회를 얻을 수 있다.

수능 최저등급을 충족시킬 수 있으면서 서류에 자신이 있는 학생이거나, 면접을 기피하고 싶은 학생은 종합III, 수능도 충족시킬 수 있으면서 면접에서 자신을 더 드러낼 수 있다고 자신하는 학생은 종합IV를 선택한다.

• 논술전형

수시모집 교과전형, 종합전형보다 논술과 수능에서 유리한 학생들이 지원한다. 수리논술 같은 경우에도 수능 모의고사에서 1등급을 받는 수준이면 합격 가능하다고 하지만, 의학계열 논술 같은 경우 평소에 관련 문항을 많이 접해 본 학생이 유리하다. 뒤에 논술전형에 대한 전략을 자세히 다루겠다.

2. 수능 최저등급에 따른 지원 전략

• 수능 최저등급 충족 곤란도 순으로 정렬

수능 최저의 유무는 중요하다. 의학계열에 지원하는 학생이라면 전국에서 내로라하는 우수한 학생들이 지원하기 때문에 경쟁이 매우 치열하다. 지원자나 합격자의 스펙을 보면 교과전형에서는 내신 등급이 1점 초반대의 성적을 가지고 있으며, 종합전형에서는 뭐 하나 빠질 것 없이 교사의 우수한 평가로 생활기록부가 채워져 있다. 따라서 내신 성적과 생활기록부가 조금은 경쟁에서 밀린다고 생각이 되면 수능 최저등급을 적용하는 대학에 지원하여 이를 충족함으로써 합격 가능성을 높일 수 있다. 좀 더 맞추기가 어려운 수능 최저등급일수록 상대적으로 합격 가능성은 크다. 물론 높은 내신 성적과 좋은 생활기록부를 가진 학생이 수능 최저등급까지 잘 나온다면 합격할 확률은 더욱 높을 것이다. 아울러 전국연합학력평가 등 수능 모의평가 시험으로 수능 최저등급을 맞출 수 있다는 자신감이 있어야 수시모집 지원할 때, 마음의 여유가 있다.

이번 전략을 활용하기 위해 수능 최저를 맞추기 어려운 순서 즉, 최저 충족 곤란도 순으로 정렬하였다. (4개 합5), (4개 합6), (4개 합7), (4개 합8), (3개 합3), (3개 합4), (3개 합5), (3개 합6), (수능 최저 없음) 등으로 그룹을 묶고, 그룹 내에서 (탐구 2과목 평균), (탐구 2과목 평균의 소수점 절사), (탐구 1과목만 반영), (사탐 선택 가능) 등의 최저 충족 곤란도 순으로 정렬하였다. (수학은 반드시 포함한 등급의 합), (수학 선택과목에 제한이 없음) 등의 추가적인 사항도 고려하였다.

진학 상담을 한 경험을 토대로 새롭게 구성하였고, 다만 단순하게 등급 합산의 평균으로 나열한 것이 아니기 때문에 순서가 모호한 것에 대한 이유는 자세히 설명해 두었다. 자신의 현 상황에 유리한 수능 최저를 선택하면 되겠다.

실제로 입시 결과를 보면 최저 충족이 어려울수록 내신 성적이 낮게 분포됨을 알 수 있다. 하지만 대학마다 교과 반영방법이 다르고, 지역적인 여건이나 대학의 수준 및 상황 등에 따라 다르므로 아래 내용들을 참고로 활용하여 실제로 자신의 성적이나 평가 방법이 지원하고자 하는 대학에 맞게 적용할 수 있는지 확인해야겠다.

• 탐구영역 반영 수

과학탐구 1개 반영보다 2과목 반영이 더 곤란하다. 과탐 1과목을 반영하는 대학에 지원하는 학생은 일단 과탐 1과목에 주력하고, 수능에서는 어떤 변수가 생길지 모르기 때문에 2과목 모두 준비하는 것이 좋다. 2과목에 공부에 부담을 느끼거나 자신 있는 과목이 1과목뿐이라면, 무슨 일이 있어도 1과목은 잡도록 하자.

참고로 수능 최저학력기준에서 과탐 1과목만 반영하지만 과탐을 2과목 응시는 필수를 명시하고 있는 학교가 있다. 가령 학생이 사탐 1과목과 과탐 1과목을 선택했다고 하자. **과탐 1과목만 수능 최저로 반영하는 대학에서** 과탐 2과목 응시 조건이 없다면 반영하는 과탐 1과목만 등급 합에 산정하거나, 과탐을 제외한 과목으로 수능 최저를 충족하면 되므로 문제없지만, **과탐 2과목 응시 필수인 조건이 있다면 자동 불합격이니 유의하자.**

• 탐구영역 평균, 탐구영역 (소수점)절사

예를 들어, 지구과학 I 에서 2등급, 물리 I 에서 3등급을 받으면 산술적인 평균은 2.5등급이다. 이 경우, 합산할 때는 3을 더하며 2등급 이내일 때는 충족하지 않는다.

하지만 탐구영역 평균 2.5등급의 소수점을 절사하게 되면 2등급이 된다. 2등급 이내를 충족한다. 따라서 탐구영역 평균 소수점 절사가 곤란도가 낮다.

• 수학 필수

수학을 포함하는 경우 그렇지 않은 경우보다 곤란하다고 본다. 수학에 강점이 있는 학생은 수학 포함 조건이 걸려 있는 전형을 생각해 보자. 단, 수학을 포함하고도 최저를 충족하기 어려운 대학도 있고, 수학을 포함하면서 조금은 완화한 대학도 있으니 어떤 것을 선택할지 고민해 보라. 문·이과 통합 수능 수학으로 이과생들이 예전보다는 등급을 받기 쉬워진 점을 알아 두라.

그럼에도 불구하고 의외로 최상위권 학생 중에서 수학을 어려워하는 학생들이 많다. '의학계열에 입학하려면 모든 과목에서 최상위, 특히 수학에서는 정말 특출난 영재 정도의 우수한 학생 아닌가?'라는 생각을 하겠지만, 전략적으로 수학을 내려놓고도 의학계열에 합격할 수 있는 입시구조이다. 그래서 수학을 수능 최저로 포함하지 않는 대학에 몰리기도 한다.

수학을 포함하지 않는 대학에 지원하려고 결심한 필자의 제자가 있었다. 이 친구가 수학 성적이 그렇게 낮은 학생은 아니었다. 그 학생은 수학에 대한 시간 투자로 높은 등급을 받기 어렵다고 판단하여, 국어, 영어, 탐구로 승부를 보겠다는 강한 집념을 보였다. 3학년 1학기 기말고사 끝난 직후부터 국어, 영어, 탐구과목 공부에 전념하였고, 꾸준한 상승세로 결국 수능에서 국어, 영어, 탐구에서 모두 1등급을 받았다. 그래서 3개 모두 1등급을 받아야 하는 의예과 포함 다수의 의예과에 모두 합격하였다. 참고로 2교시 수학영역은 다음 시간을 위한 쉬는 시간으로 활용했다고 한다.

• 수학 선택과목의 제한

의학계열은 수능 수학 선택과목을 꼭 확인하여야 한다. 의학계열은 주로 미적분, 기하를 선택하게 하고 있다.

건양대, 고신대, 순천향대, 을지대, 동국대 경주(교과 일반전형 제외) **의예과**와 국립강릉원주대, 원광대(인문) **치의예과**, 경희대(인문), 우석대, 대전대, 동의대, 상지대, 동신대, 세명대, 원광대(인문), 동국대 경주 **한의예과**에서는 선택 제한이 없다.

교과전형 중 수능 수학 선택과목에 제한이 없으면서 어떤 페널티도 없는 대학은 건양대, 을지대 등 이며, 수학 선택과목에 제한이 없지만 고신대는 내신 평균 등급, 순천향대는 수능최저학력기준에서 페널티가 있으니 확인해 보기 바란다.

특별히 확률과 통계를 선택하라는 대구한의대(인문)는 뒤에 '수능 사회탐구 선택 전형(인문계 모집단위) 전략'에서 다시 다루도록 하겠다.

• 한국사 포함 조건

한국사 최저 조건이 있고 없고의 차이는 분명 있지만, 주로 4등급 이내(간혹 5등급 이내)이므로 어렵지 않다. 한국사는 수능 최저등급에서 합산하지 않고 별도의 조건으로 4등급 이내라고 표시해 두지만, **대전대학교는 탐구 2과목 합산에 한국사 등급도 탐구로 인정한다.**

다음은 한번 생각해 보자.

Q. 특정 과목의 등급을 제한한 경우 어느 것이 더 유리할까?

[국/수(미적분, 기하)/영/과(2) **4개 합6**]과 [국/수(미적분, 기하)/과(1) **3개 합4, 영어2**]를 살펴보자.

두 조건 모두 4과목 합이 6인 경우다. 여기서 과학 2과목을 선택이 곤란한 것인가 아니면 영어는 2등급 이내라는 조건이 있는 것이 곤란한 것인가 의문이 든다.

영어 과목에서 1등급 받는 학생이라면 전자의 조건에서 영어 1등급을 제외한 나머지 과목에서 **3합 5**를 받으면 되지만 과학 2과목을 충족해야 한다는 부담이 있을 수 있다. 반면 이 학생은 후자의 수능 최저 조건에서 과탐을 1과목만 충족하면 되지만 **3합 4**를 충족해야 한다.

그럼 영어에서 2등급을 받는 학생이라면 전자의 4합 6에서 영어 2등급을 제외한 나머지 과목에서 **3합 4**를 받아야 하고 과탐도 2과목을 충족해야 한다. 후자에서는 여전히 과탐을 1과목만 충족하고 **3합 4**를 충족하면 된다.

전자의 4합 6에는 영어 3등급에 국/수/탐에서 모두 1등급을 받는 경우의 수도 있다.

Q. (3개 합3)보다 (3개 합4)가 더 곤란할 수 있다?

수능 최저등급으로 설정한 [국/수(미적분, 기하)/영/과(2절) **3개 합3**]인 경북대 교과전형 최저와 [국/수(미적분, 기하)/영/과(2) 수학포함 **3개 합4, 한국사4**]인 부산대 교과전형 최저를 살펴보자. 여기서는 3개 합3이 곤란한가 3개 합4가 곤란한가 하는 의문이 생긴다.

사실 경북대는 과학에서 탐구 2개 평균 절사이므로 과탐 한 과목에서 한 등급에 여유가 있다. 반면에 부산대는 수학을 꼭 포함해야 한다. 의예과 지원 학생 중에도 수학 최저를 못 맞추는 경우가 많다. 그러므로 부산대가 최저 맞추기 더 곤란하다고 볼 수 있다.

[국/수(미적분, 기하)/영/과(2) 수학포함 **3개 합4**]인 충남대, 충북대가 경북대보다 최저 맞추기가 어려울 것 같다. 혹자는 과탐이 1과목 반영이라도 수학 포함을 더 힘들어할지도 모르겠다.

Q. (3개 합3)과 (4개 합7)을 비교하면 어떤가요?

3개 과목보다 4개 과목을 반영하는 것이 단순히 어려워 보일 수는 있지만, 3개 합 3은 [**1등급+1등급+1등급**]이고, 4개 합 7은 [**1등급+1등급+1등급+4등급**]만 있는 것이 아니라 [**1등급+2등급+2등급+2등급**], [**1등급+1등급+2등급+3등급**]의 3가지 조합이 있어서 개인에 따라서 후자가 더 쉬울 수도 있다.

3. 의학계열 합격을 위한 필수 전략 간략 요약

• 좋은 내신 성적은 필수

모든 의학계열 전형이 높은 내신을 요구한다. 대학에서는 각 학교 1등의 학생을 선발하고 싶어 한다. 내신 성적이 불안하면 선택의 폭이 좁아진다.

• 수능 최저학력기준

높은 수능 최저학력기준은 부족한 내신을 만회할 수 있다. 특히 수능 최저가 안정적인 학생이라면 메이저 의예과나 종합전형에 상향 지원할 수 있다.

• 면접에 대한 대비가 필요

내신 성적이 1.0에 가깝거나 수능 최저등급이 잘 나오는 학생이 아니라면 면접은 피해 갈 수 없다. 면접에 대한 관리는 중요하게 생각하는 바이다.

참여 수업, 발표수업, 창체 활동에 적극적으로 참여하고, 디베이트 토론 활동 등으로 수업 시간에 발표 능력을 기른다.

• 학생부종합전형에 대비한 활동의 가이드라인 설정

교과 세특을 위한 교과 활동에 충실히 하는 것은 기본이다.

창의적체험활동 가이드라인은 스스로가 설계하는 것이지만, 선배나 합격자들이 한 활동을 참고할 필요는 있다. 마찬가지로 합격자의 생활기록부를 한번 보는 것도 전체적인 느낌을 파악하는 데 도움이 된다.

• 자신의 성향 분석

높은 의예과의 최저기준을 충족할 수 있는지, 학생부 관리가 잘 되어 있는지, 면접에 자신이 있는지, 교과전형이 유리할지, 학생부종합전형이 유리할지 분석한다. 의대, 치대, 약대, 한의대 중 어느 곳이 자신의 진로에 맞을지도 분석한다.

PART

2

전형별 특징 및 전략

● 학생부 교과전형 전략

● 학생부 종합전형 전략

● 논술전형 전략

학생부 교과전형 전략

과목수	최저학력기준	미/기필수	대학명	전형명	인원	전형방법	특이/변동 사항
4과목 반영 (합 5)	국/수/영/과(2) 4합 5, 한4	○	고려대2	학교추천	30	교과80+서류20	과탐 동일과목 I+II 불가 학교추천
	국/수/영/과(2절) 4합 5, 한4	○	가톨릭대1	지역균형	10	교과100 (인적성면접P/F)	과탐 선택 시 지정없음으로 변경 2015졸업생(2017에서 완화)부터 지원가능 학교추천
	국/수/영/과(2절) 4합 5	○	전북대1	일반	29	교과100	
	국/수/영/과(1) 4합 5, 한4	○	영남대2	일반	8	교과90(85+진로5)+출결10	과탐 2과목 필수 응시
				의학 창의인재	8	1단계(7배):교과100 2단계:교과70+면접30	과탐 2과목 필수 응시
	국/수/영/과(1) 4합 5	×	을지대2	지역균형	10	교과95+인성면접5	교과성적우수자→지역균형으로 옮기면서 학교추천 과탐 2과목 필수 응시
4과목 반영 (합 6)	국/수/과(1) 3합 4, 영2	○	동국대 (경주)2	교과	13	교과100	
	국/수/영/탐(2) 4합 6	△	순천향대2	교과	21 (+1)	교과100	인원변경(20→21) 확률과 통계, 사탐 응시 시 수능 최저 각각 0.5하향
4과목 반영 (4개 2)	국/수/영/과(1) 4개 2	○	인제대1	의예	28	1단계(5배):교과100 2단계:교과67.5+면접32.5(실)	과학교과 20단위 이상 이수자만 지원가능 최저완화(3합4&영2→4개2)
4과목 반영 (과탐 각각 1과목으로 인정)	국/수/영/과1/과2 4합 5, 영2, 한4	○	연세대 (미래)2	교과	15	교과80+면접20	단계별(2022)→일괄(2023) 최저강화(3합4&영2→4합5) 명칭변경(창의인재→교과) 면접 비중 10% 감소(2023) 과탐 동일과목 I+II불가
	국/수/과1/과2 수학 포함 3합 5, 영2	○	강원대1	일반	10	교과100	과탐 각각 적용 동일과목 I+II 불가

최저 충족 곤란도 순으로 정렬 : 의예과 교과전형

최저 충족 곤란도 순으로 정렬 : 의예과 교과전형							
과목수	최저학력기준	미/기 필수	대학명	전형명	인원	전형방법	특이/변동 사항
3과목 반영 (합 3)	국/수/영/과(2) 3합 3	○	인하대2	지역균형	8 (-2)	교과100	명칭(지역추천인재→지역균형) 학교추천 인원변경(10→8)
	국/수/영/과(2절) 3합 3	○	가천대1	지역균형	5	1단계(10배):교과100 2단계:1단계50+면접50	졸업생:비교과는 2학기까지 일괄(2022)→단계별(2023) 면접 비중 10% 증가 학교추천
		×	건양대1	일반 (최저)	10	1단계(5배):교과100 2단계:교과61.5+면접38.5(실)	
	국/수/영/과(1) 3합 3	○	계명대2	일반	18 (+1)	1단계(10배):교과70+출결30 2단계:교과90+MMI10	수학&과탐2개필수응시 인원변경(17→18)
3과목 반영 (합 4)	국/수/영/과(2) 수학포함 3합 4	○	충남대2	일반	23	교과100	
		○	충북대2	교과	5	교과100	
	국/수/영/과(2절) 수학포함 3합 4	○	전남대1	일반	14 (-10)	교과100	인원변경(24→14) 최저변경(4합5→3합4 수학포함, 과1→과2절)
	국/수/영/과(2절) 3합 4	○	가톨릭 관동대1	교과 일반	9	교과100	최저완화(과탐 평→절)
	국/수/영/과(1) 수학포함 3합 4	○	대구 가톨릭대2	교과	5	1단계(7배):교과100 2단계:1단계80+MMI면접20	
		○	경상 국립대1	일반	10 (-4)	교과100	인원변경(14→10)
		△	고신대1	일반고	25	1단계(10배):교과100 2단계:1단계90+MMI면접10	1단계 7배수→10배수 교과 졸업생도 3-1까지변경 확률과 통계 선택 시 내신평균등급+0.5보정
	국/수/영/과(1) 3합 4, 한5	○	경희대	지역균형	11	교과,비교과(출결,봉사)70 +교과종합평가30	'고교연계'의 명칭 및 방법 변경 학교추천 재학생만 지원가능
3과목 반영 (합 5)	국/수/영/과(1) 수학포함 3합 5	○	조선대1	일반	22 (-20)	교과90+출결10	인원변경(42→22) 최저완화(4합6→3합5,수학포함추가) 교과 졸업생도 3-1까지변경 2단계 MMI면접5 폐지
3과목 반영 (합 6)	국/수/영/과(2절) 수학포함 3합 6	○	제주대1	일반	13	교과100	최저완화(3합5→3합6)
	수능 최저 없음		건양대1	일반 (면접)	5	1단계(5배):교과100 2단계:교과61.5+면접38.5(실)	
			연세대1	추천형	22	1단계(5배):교과100 2단계:교과60+제시문면접40	재학생만 지원가능 학교추천

과목수	최저학력기준	미/기 필수	대학명	전형명	인원	전형방법	특이/변동 사항
3과목 반영 (합3)	국/수/영/과(1) 과탐포함 3합 3	○	**경북대1**	교과	5	교과100	**최저변화(과탐 포함)** 지정영역 필수 응시 **과탐 동일 I +II 가능 삭제**
3과목 반영 (합4)	국/수/영/과(1) 3합 4, 한5	○	**경희대**	지역균형	8	교과,비교과(출결,봉사)70 +교과종합평가30	2023신설 학교추천 재학생만 지원가능
3과목 반영 (합5)	국/수/영/과(1) 3합 5	○	**전남대 학석사1**	일반	5 (-2)	교과100	**인원변경(7→5)** **최저완화(4합6→3합5)** 과탐 2과목 필수 응시
		○	**전북대1**	일반	6	교과100	**최저완화(3합4→3합5, 과2→과1)** 과탐 2과목 필수 응시
		○	**조선대1**	일반	18 (-10)	교과90+출결10	**인원변경(28→18)** **최저완화(4합6→3합5)** 2단계 인적성면접5 폐지
수능 최저 없음			**연세대1**	추천형	12	1단계(5배):교과100 2단계:교과60+제시문면접40	재학생만 지원가능 학교추천

최저 충족 곤란도 순으로 정렬 : **치의예과** 교과전형

최저 충족 곤란도 순으로 정렬 : 한의예과 교과전형							
과목수	최저학력기준	미/기 필수	대학명	전형명	인원	전형방법	특이/변동 사항
4과목 반영	국/수/과(1) 3합 5, 영2	○	동국대 (경주)2	교과	15 (-4)	교과100	
3과목 반영 (합 4)	국/수/영/과(1) 수학포함 3합 4, 한4	○	부산대 학석사2	학생부 교과	5	교과100	교과 졸업생은3-2까지변경
	국/수/영/탐(1) 3합 4, 한5	×	경희대	지역균형 (인문)	3	교과,비교과(출결,봉사)70 +교과종합평가30	2023신설 학교추천 재학생만 지원가능
	국/수/영/과(1) 3합 4, 한5	○		지역균형 (자연)	8		
	국/수/영/사(1) 3합 4	확통 필수	대구 한의대1	일반 (인문)	3	교과100	2023신설
	국/수/영/사(1) 3합 4	확통 필수		면접 (인문)	8 (-2)	1단계(10배):교과80+출결20 2단계:교과56+출결14+면접30	인원변경(10→8) 최저변경(4합7→3합4) 면접 10증가
3과목 반영 (차등조건)	국/수/영/과(2절) 3합 5 미적분, 기하, 과탐 선택 아닐 시 3합 4	△	상지대1	일반	5	교과100	최저변경(2023영어포함)
3과목 반영 (합 5)	국/수/영 3합 5	×	동의대2	교과	9 (-1)	교과100	탐구 제외 인원변경(10→9)
	국/수/영/탐(2, 한 포함) 3합 5	×	대전대2	교과면접	13 (-8)	1단계(6배):교과90+출결10 2단계:1단계60+면접40	인원변경(21→13) 탐구 2과목에 한국사 포함
				교과중점	14	교과90+출결10	탐구 2과목에 한국사 포함
	국/수/영/탐(1) 3합 5	×	동신대2	일반	12	교과80+출결20	
	국/수/영/과(1) 3합 5	○	대구 한의대1	일반 (자연)	12	교과100	최저변경(4합8→3합5)
	국/수/영/과(1) 3합 5	○		면접 (자연)	10 (-2)	1단계(10배):교과80+출결20 2단계:교과56+출결14+면접30	인원변경(12→10) 최저변경(4합9→3합5) 면접 10증가
3과목 반영 (차등조건)	국/수/영/탐(2) 수학포함 3합 6 미적분, 기하 선택 시 수학 1등급 상향	△	우석대2	교과	15 (+8)	교과90+출결10	인원변경(7→15, 인문2, 자연5 통합 후 8명 증가) 최저변화(통합 후 탐구2개)
2과목 반영	국/수/영/과(2) 2합 2 (탐구 적용 시 모두1)	○	가천대1	지역균형	3	1단계(10배):교과100 2단계:1단계50+면접50	졸업생:비교과L 2학기끼지 일괄(2022)→단계별(2023) 면접 비중 10% 증가(2023) 학교추천 탐구 적용 시 2과목 모두 1등급

교과전형의 전형방법은 크게 **교과100% / 교과+비교과**(출결, 봉사) **/ 1단계 교과+2단계 면접 / 교과와 면접을 일괄합산 / 교과+교과 종합평가**로 구분된다.

교과 성적은 내신 성적만 반영하며(정량평가), 대학별 반영방법은 Part 5.에서 다룬다.

교과 100%로 선발하는 경우가 가장 많으며 출결이나 봉사 점수는 대부분 만점을 받기 때문에 **교과 100% / 교과+비교과**(출결, 봉사) 전형 방법까지 모두 교과100% 라고 본다. 비교과 점수를 확인하기 바라며, 예를 들어 교과전형에서 출결은 3일 이상 결석 시 1점 감점, 봉사는 30시간 이상 만점과 같이 대학별로 정량적인 기준을 두고 있다.

교과성적을 정량적으로 반영하는 교과전형 같은 경우는 수능 최저 충족이 합격 여부에 제일 큰 영향을 미친다. 이는 지방대로 갈수록 더 두드러지며, 작년까지는 수능 최저를 충족하지 못한 학생들이 많아 수시모집에서 선발하지 못한 인원이 있는 학교도 많았다. 반대로 말해 수능 최저를 충족하면 성적과 상관없이 합격이라는 말이다.

그러나 전년도와 비교하였을 때, 수능 최저를 낮춘 곳이 많아졌다. 수능 최저학력기준이 의치한대학의 마지막 자존심일지는 모르겠으나, 수능 최저학력기준이 점점 낮아지는 추세다.

❶ 국어, 수학, 영어, 과학은 필수로 한국사, 사회, 전 과목 순으로 우선 내신 성적을 잘 받아라
   [한의예과 인문계열 지원단위는 국어, 수학, 영어, 사회 필수로 한국사, 한문, 과학, 전 과목(Part 5. 교과성적 반영의 이해)].
❷ 학교에서 개설된 교과 중에서 본인에게 유리한 교과를 잘 선택하여 이수하라.
❸ 수능 최저학력기준을 충족할 수 있도록 열심히 공부하고, 면접 준비를 틈틈이 하여 면접에 대비하라.
❹ 나온 내신 성적을 가지고 자신에게 유리한 대학을 찾아보라(Part 5. 교과성적 반영의 이해).
❺ 전년도 대비 수능최저학력기준의 변화를 살펴보라.
❻ 전년도 대비 모집인원의 변화를 살펴보라.
❼ 전년도 대비 교과 반영방법의 변화를 살펴보라(Part 5. 교과성적 반영의 이해).
❽ 전년도 대비 전형 방법의 변화를 살펴보라.
❾ 그 외 특이 사항, 변동 사항을 살펴보라.
❿ 2~3개년 치 입시 결과를 살펴보라(대학 홈페이지, Part 4. 수시모집 전형 입시 결과 참고).

• 경희대 교과종합평가 도입

학생부 교과학습발달상황의 교과성적과 세부능력 및 특기 사항만을 평가자료로 활용하여 과목별 '교과이수 충실도'와 '학업수행 충실도'를 정성적으로 평가한다.

입학사정관 2인이 종합적으로 정성평가하고, 평가위원 간 일정 점수 이상의 점수 차이가 나는 경우 평가조정위원회를 개최하여 조정점수를 부여한다.

• 고려대 의예과 서류평가

의예과는 높은 최저등급을 요구하고 있다. 제일 높은 대학이 고려대 학교추천으로 국어, 수학, 영어, 탐구(2개 평균) 중 4개 합5를 만족해야 한다. 2022년 수시모집에서 30명 모집에 684명이 지원하여 22.8의 경쟁률을 보였으나, 4합 5인 최저학력기준을 충족하기는 쉽지 않기 때문에 실제 경쟁률은 더 낮을 전망이다. 교과전형이지만 서류 20%를 반영하며 자기계발역량 70%와 인성 30%를 7등급의 척도를 이용하여 평가한다.

평가역량	정의	평가요소	세부내용
자기계발역량	스스로의 성장과 발전을 이루어낼 수 있는 능력	계열 관련 역량	지원 계열에 대한 이해 및 준비도
		탐구역량	주어진 문제에 대해 깊고 폭넓게 탐구할 수 있는 능력
		기타 요소	환경극복노력, 창의적 문제해결력 등 상기 외 '자기계발역량'에 부합하는 기타 요소
인성	공동체의 구성원으로서 필요한 바람직한 사고와 행동	규칙준수	공동체 내의 규칙·규정을 준수
		나눔과 배려	봉사활동 등 나눔과 배려를 실천한 경험
		리더십	공동체의 목표 달성을 위해 구성원의 화합과 단결을 이끌어낸 경험
		기타 요소	협업 및 소통능력 등 상기 외 '인성'에 부합하는 기타 요소

교과전형 체크 사항				
구분		의예	치의예	한의예
면접 형태	2단계 면접	영남대 의학창의인재 인제대 의예 연세대 추천형 건양대 일반(최저) 건양대 일반(면접) 계명대 일반 대가대 교과 고신대 일반고	연세대학교 추천형	대구한의대 교과면접(인문/자연) 대전대 교과면접 가천대 지역균형
	일괄합산	을지대 지역균형 연세대(미래) 교과		
	인적성면접(P/F)	가톨릭대 지역균형		
	면접 폐지	조선대 MMI 폐지	조선대 인적성 폐지	
수능 최저	강화	연세대(미래) 교과		
	완화	인제대 의예 가톨릭관동대 교과일반 조선대 일반 제주대 일반	전북대 일반 조선대 일반 전남대 일반	상지대 일반
	변경	전남대 일반		대구한의대 교과면접(인문/자연)
	기타	가톨릭대 지역균형 과탐II 필수응시삭제		
미적분/기하 필수 아님 (확률과 통계 응시가능) (최저 없음 제외)		**순천향대** 교과 을지대 지역균형 건양대 일반(최저) **고신대** 일반고		경희대 지역균형(인문) **상지대** 일반 동의대 교과 대전대 교과면접 대전대 교과 중점 동신대 일반 **우석대** 일반교과
확통 응시하였을 때 핸디캡		**순천향대** 수능등급 0.5등급 하향 **고신대** 내신평균등급 +0.5보정		**상지대** 수능최저기준 3합4로 적용 **우석대** 미/기 선택 시 수학 1등급 상향
확률과 통계 필수				대구한의대 일반(인문) 대구한의대 면접(인문)
사탐/과탐 응시 가능		**순천향대** 교과		
사탐 응시하였을 때 핸디캡		**순천향대** 수능등급 0.5등급 하향		
사탐응시 필수				대구한의대 일반(인문) 대구한의대 면접(인문)
과탐 1과목 반영이지만 2과목 응시 필수		계명대 일반 영남대 일반 영남대 창의인재 을지대 지역균형	전북대 일반 전남대 일반	

교과전형 체크 사항	
구분	**기타 특이 사항 정리**
의예	**높은 수능 최저** 교과전형 최저학력기준이 4개 합5인 대학은 고려대, 가톨릭대, 전북대, 영남대, 을지대가 있다. 최저가 높은 대학에 지원하여 수능 최저를 충족하면 수능최저학력기준이 낮거나 없는 대학보다는 상대적으로 합격할 가능성이 높다. 독자들이 생각하기에도 그렇지 않은가? 다만 의과대학 메이저라고 불리는 가톨릭대, 고려대 등에는 수능 최저를 맞출 수 있는 학생들이 많다는 점도 명심해야 하지만, 최저충족률을 보면 생각보다 수능 최저 충족을 많이 하지 못한다고 대학에서 이야기하는 부분에서 자신감을 가져보자. 최저학력기준이 4합 5인 경북대학교는 매년 1점 초반의 성적을 가진 학생들이 합격하였는데, 2021학년도 입시에서 대거 수능 최저를 충족하지 못해 합격 커트라인이 1점 후반까지 떨어지기도 하였다. **단계별 선발 → 일괄 선발** 연세대(미래)는 단계별 전형에서 일괄합산으로 바뀌었다. 따라서 전년도에 컷트라인 바로 아래에 있는 학생들에게는 면접으로 또 하나의 기회가 생긴 것일 수 있다. 또한 작년에 아깝게 1단계 불합격의 고배를 마시고 면접의 기회조차도 얻지 못하였다면, 올해는 면접으로 뒤집을 가능성이 열린 것이다. **수능 최저 없음 : 건양대 일반(면접), 연세대 추천형** **강원대, 연세대(미래)** : 과학 2과목을 각각의 1과목으로 인정함 **교과 100% 및 교과와 비교과만 반영하는 대학** 가톨릭대 지역균형(인적성면접P/F), 전북대 일반, 영남대 일반, 동국대(경주), 순천향대 교과, 강원대 교과, 인하대 지역균형, 충남대 일반, 충북대 교과, 전남대 교과, 가톨릭관동대 교과, 경상국립대 교과, 조선대 일반, 제주대 일반
치의예	**교과 100% 및 교과와 비교과만 반영하는 대학** 경북대 교과, 전남대 일반, 전북대 교과, 조선대 일반
한의예	**높은 수능 최저** 동국대(경주) 교과 전형의 수능 최저는 국어, 수학, 과학(1과목) 중 3합 5, 영어는 2(별도기준)로 제일 높다. 수능 최저학력기준이 높아서 기준을 통과하면 합격할 확률이 높아질 것이라는 기대감으로 2022년 수시모집 경쟁률이 높아졌다. 대전대 수능최저학력기준에는 한국사를 탐구 1과목으로 대체할 수 있다. 우석대는 인문 모집과 자연 모집을 통합하고 선발 인원도 증가하였다. **교과 100% 및 교과와 비교과만 반영하는 대학** 동국대(경주) 교과, 부산대 교과, 대구한의대 일반(인문, 자연), 상지대 일반, 동의대 교과, 대전대 교과중점, 동신대 일반, 우석대 일반교과

학생부 종합전형 전략

<table>
<tr><td colspan="8" align="center">최저 충족 곤란도 순으로 정렬 : 의예과 종합전형</td></tr>
<tr>
<th>과목수</th>
<th>최저학력기준</th>
<th>미/기
필수</th>
<th>대학명</th>
<th>전형명</th>
<th>인원</th>
<th>전형방법</th>
<th>특이/변동 사항</th>
</tr>
<tr>
<td rowspan="2">4과목
반영
(합 5)</td>
<td>국/수/영/과(2)
4합 5, 한4</td>
<td>○</td>
<td>고려대</td>
<td>학업
우수형</td>
<td>36</td>
<td>1단계(6배):서류100
2단계:1단계70+면접30</td>
<td>과탐 동일과목 I+II 불가</td>
</tr>
<tr>
<td>국/수/영/과(1)
4합 5</td>
<td>○</td>
<td>이화여대</td>
<td>미래
인재</td>
<td>13</td>
<td>서류100</td>
<td>과탐 2과목 필수
자기소개서 폐지</td>
</tr>
<tr>
<td rowspan="2">4과목
반영
(합 6)</td>
<td>국/수/영/과(2)
4합 6</td>
<td>○</td>
<td>아주대</td>
<td>ACE</td>
<td>20</td>
<td>1단계(3배):서류100(자)
2단계:1단계70+면접30</td>
<td></td>
</tr>
<tr>
<td>국/수/영/과(2절)
4합 6</td>
<td>○</td>
<td>전북대</td>
<td>큰사람</td>
<td>9</td>
<td>1단계(3배):서류100
2단계:1단계70+면접30</td>
<td>최저강화(4합7→4합6)
2022(4배수)→2023(3배수)</td>
</tr>
<tr>
<td>4과목
반영
(과탐 각각 1과
목으로 인정)</td>
<td>국/수/영/과1/과2
4합 5, 영2, 한4</td>
<td>○</td>
<td>연세대
(미래)</td>
<td>학교생활
우수</td>
<td>19</td>
<td>1단계(6배):서류100(자)
2단계:1단계70+면접30</td>
<td>최저강화(3합4&영2→4합5)
과탐 동일과목 I+II불가</td>
</tr>
<tr>
<td rowspan="3">3과목
반영
(합 3)</td>
<td>국/수/영/과(2)
3합 3, 한4</td>
<td>○</td>
<td>울산대</td>
<td>종합</td>
<td>14</td>
<td>1단계(5배):서류100(자)
2단계:1단계50+면접50</td>
<td>과탐 동일과목 I+II불가</td>
</tr>
<tr>
<td>국/수/영/과(2절)
과탐포함 3합 3</td>
<td>○</td>
<td>경북대</td>
<td>일반</td>
<td>22
(+12)</td>
<td>서류100</td>
<td>최저변화(과탐 포함)
인원변경(10→22)
지정영역 필수 응시
과탐동일 I+II 가능 삭제</td>
</tr>
<tr>
<td>국/수/영/과(2절)
3합 3</td>
<td>○</td>
<td>가천대</td>
<td>가천
의약학</td>
<td>20</td>
<td>1단계(4배):서류100(자)
2단계:1단계50+면접50</td>
<td></td>
</tr>
<tr>
<td>3과목
반영
(2개 1,
영어3)</td>
<td>국/수/과(1)
국,수 중 1개포함
2개 1, 영3, 한4</td>
<td>○</td>
<td>연세대</td>
<td>활동
우수형</td>
<td>42</td>
<td>1단계(일정배):서류100(자)
2단계:서류60+제시문면접
40</td>
<td></td>
</tr>
<tr>
<td rowspan="5">3과목
반영
(합 4)</td>
<td>국/수/영/과(2)
3합 4 (영어 포함
시 영어는 1)</td>
<td>○</td>
<td>한림대</td>
<td>학교생활
우수</td>
<td>23</td>
<td>1단계(5배):서류100(자)
2단계:1단계70+면접30</td>
<td>학업성취40/성장잠재30/인성30</td>
</tr>
<tr>
<td rowspan="2">국/수/영/과(2절)
3합 4, 한4</td>
<td>○</td>
<td>가톨릭대</td>
<td>학교장
추천</td>
<td>25
(+1)</td>
<td>1단계(4배):서류100(자)
2단계:1단계70+면접30</td>
<td>인원변경(24→25)
학교추천</td>
</tr>
<tr>
<td>○</td>
<td>건국대1
(글로컬)</td>
<td>Cogito
자기추천</td>
<td>12</td>
<td>1단계(3배):서류100
2단계:1단계70+면접30</td>
<td></td>
</tr>
<tr>
<td>국/수/영/과(1)
3합 4</td>
<td>○</td>
<td>계명대</td>
<td>일반</td>
<td>4</td>
<td>1단계(7배):서류100
2단계:1단계80+면접20</td>
<td>수학&과탐2개 필수응시</td>
</tr>
<tr>
<td>국/수/과(1)
3합 4</td>
<td>×</td>
<td>동국대
(경주)</td>
<td>참사람</td>
<td>7</td>
<td>1단계(5배):서류100
2단계:1단계70+면접30</td>
<td>영어 제외</td>
</tr>
</table>

과목수	최저학력기준	미/기필수	대학명	전형명	인원	전형방법	특이/변동 사항
3과목 반영 (합 5)	국/수/영/과(2) 수학포함 3합 5	○	단국대 (천안)	DKU 인재	15	1단계(3배):서류100 2단계:1단계70+면접30	
		○	충남대	종합I PRISM	19	1단계(3배):서류100 2단계:1단계66.7+면접33.3	
		○	충북대	종합II	4	서류100	전문성/인성/적극성
	국/수/영/과(2절) 수학포함 3합 5	○	전남대	고교생활 우수자I	5 (-7)	1단계(6배):서류100 2단계:1단계70+면접30	인원변경(12→5) 최저변경(4합5→3합5 수학포함, 과1→과2절)
	국/수/영/과(2절) 3합 5	○	가톨릭 관동대	CKU	8	1단계(3배):서류100 2단계:1단계70+면접30	2023최저완화(과탐 평→절) 자기소개서폐지
	국/수/영/과(1) 수학포함 3합 5	○	경상 국립대	일반	3	1단계(3배):서류100 2단계:서류80+심층면접20	
3과목 반영 (합 6)	국/수/영/과(2) 수학포함 3합 6	○	원광대	서류 면접	26	1단계(5배):서류100(자) 2단계:1단계70+면접30	
	국/수/영/과(1) 수학포함 3합 6	○	조선대	일반	10	1단계(5배):서류100 2단계:서류70+면접30	2023신설
3과목 반영 (합 7)	국/수/영/과(2) 3합 7	○	서울대	지역 균형	42 (+2)	1단계(3배):서류100(자) 2단계:서류70+면접30	최저완화(3개 2→3합 7) 인원변경(40→42) 일괄(2022)→단계별(2023) 면접 방식 변경 재학생만 지원가능(학교추천) 과탐 서로 다른 분야의 I+II, II+II 조합필수 교과이수기준 충족 확인
수능 최저 없음			강원대	미래 인재	9	1단계(3배):서류100 2단계:1단계70+면접30	
			경희대	네오 르네상스	40 (-15)	1단계(3배):서류100(자) 2단계:1단계70+면접30	최저폐지 인원변경(55→40) 1단계 4배수→3배수
			고려대	계열 적합형	15	1단계(5배):서류100 2단계:1단계60+면접40	
			서울대	일반	53 (-12)	1단계(2배):서류100(자) 2단계:1단계100+면접,구술100	인원변경(65→53) 교과이수기준 충족 확인
			성균관대	학과모집	20 (-5)	1단계(3배):서류100(자) 2단계:1단계80+면접20	인원변경(25→20)
			순천향대	일반	6	1단계(4배):서류100 2단계:1단계70+면접30	1단계 3배수→4배수
			인하대	인하 미래인재	16 (+1)	1단계(3배):서류100 2단계:1단계70+면접30	자기소개서 폐지 인원변경(15→16)
			중앙대	다빈치형 인재	11 (+2)	1단계(3.5배):서류100(자) 2단계:1단계70+면접30	인원변경(9→11)
				탐구형 인재	11 (+2)	서류100(자)	인원변경(9→11)
			충북대	종합I	4	서류100	전문성/인성/적극성
			한양대	일반	39 (+3)	학생부종합평가100	인원변경(36→39) 재수생(2021졸업생)까지 지원가능

최저 충족 곤란도 순으로 정렬 : 치의예과 종합전형

과목수	최저학력기준	미/기 필수	대학명	전형명	인원	전형방법	특이/변동 사항
3과목 반영 (합 3)	국/수/영/과(1) 과탐포함 3합 3	○	경북대	일반	6 (+1)	서류100	최저변화(과탐 포함) 인원변경(5→6) 지정영역 필수 응시 과탐동일 I + II 가능 삭제
3과목 반영 (2개 1, 영어 3)	국/수/과(1) 국, 수 중 1개포함 2개 1, 영3, 한4	○	연세대	활동 우수형	12	1단계(일정배):서류100(자) 2단계:서류60+제시문면접40	
3과목 반영 (합 5)	국/수/영/과(2) 수학포함 3합 5	○	단국대 (천안)	DKU 인재	20	1단계(3배):서류100 2단계:1단계70+면접30	
	국/수/영/과(1) 수학포함 3합 5	×	국립강릉 원주대	해람인재	12	1단계(5배):서류100 2단계:1단계80+면접20	
	국/수/영/과(1) 3합 5	○	전북대	큰사람	6 (+4)	1단계(3배):서류100 2단계:1단계70+면접30	인원변경(2→6) 과탐 2과목 필수 응시 최저강화(3합6→3합5, 과2→과1) 2022(4배수)→2023(3배수)
3과목 반영 (합 6)	국/수/영/탐(2) 수학포함 3합 6	×	원광대	서류면접 (인문)	2	1단계(5배):서류100(자) 2단계:1단계70+면접30	
	국/수/영/과(2) 수학포함 3합 6	○		서류면접 (자연)	18 (+1)	1단계(5배):서류100(자) 2단계:1단계70+면접30	인원변경(17→18)
	국/수/영/과(1) 3합 6	○	전남대 (학석사)	고교생활 우수자 I	4 (-1)	1단계(6배):서류100 2단계:1단계70+면접30	인원변경(5→4) 최저완화(4합7→3합6) 과탐 2과목 필수 응시
		○	조선대	일반	6	1단계(5배):서류100 2단계:서류70+면접30	2023신설
수능 최저 없음			경희대	네오 르네상스	29 (-11)	1단계(3배):서류100(자) 2단계:1단계70+면접30	최저폐지 인원변경(40→29) 1단계 4배수→3배수
			서울대 (학석사)	일반	25 (+3)	1단계(2배):서류100(자) 2단계:1단계100+면접,구술 100	인원변경(22→25) 지역균형은 정시로 교과이수기준 충족 확인

과목수	최저학력기준	미/기 필수	대학명	전형명	인원	전형방법	특이/변동 사항
최저 충족 곤란도 순으로 정렬 : 한의예과 종합전형							
3과목 반영 (합 4)	국/수/영/사(1) 3합 4	확통 필수	대구 한의대	일반 (인문)	10 (+2)	서류100	명칭(기린인재→일반) 인원변경(8→10) 최저변경(4합7→3합4)
3과목 반영 (차등조건)	국/수/영/과(2절) 3합 5 미적분, 기하, 과 탐 선택 아닐 시 3합 4	△	상지대	학생부 종합	10	교과30+비교과60+출결10	최저완화(2023영어포함)
3과목 반영 (합 5)	국/수/영 3합 5, 영역별 2 이내	×	세명대	학생부 종합	10	서류100	탐구 제외 2015졸업생부터 지원가능 전형방법변경(교과→종합)
	국/수/탐(1) 3합 5	×	동국대 (경주)	참사람	6	1단계(5배):서류100 2단계:1단계70+면접30	
	국/수/영/과(1) 3합 5	○	대구 한의대	일반 (자연)	15 (+5)	서류100	명칭(기린인재→일반) 인원변경(10→15) 최저변경(4합9→3합5)
3과목 반영 (합 6)	국/수/영/탐(2) 수학포함 3합 6	×	원광대	서류면접 (인문)	5	1단계(5배):서류100(자) 2단계:1단계70+면접30	
	국/수/영/과(2) 수학포함 3합 6	○		서류면접 (자연)	13	1단계(5배):서류100(자) 2단계:1단계70+면접30	
2과목 반영 (합 2)	국/수/영/과(2) 2합 2 (탐구적용시모두1)	○	가천대	가천 의약학	12	1단계(4배):서류100(자) 2단계:1단계50+면접50	탐구 적용 시 2과목 모두1등급
수능 최저 없음			경희대	네오 르네상스 (인문)	9 (-3)	1단계(3배):서류100(자) 2단계:1단계70+면접30	최저폐지 인원변경(12→9) 1단계 4배수→3배수
			경희대	네오 르네상스 (자연)	22 (-8)	1단계(3배):서류100(자) 2단계:1단계70+면접30	최저폐지 인원변경(30→22) 1단계 4배수→3배수
			대전대	혜화인재	5	1단계(5배):서류100 2단계:1단계70+면접30	
			동의대	학교생활 우수자	9 (-1)	1단계(6배):서류100 2단계:1단계70+면접30	인성200+학업역량400+전공적합성 400 인원변경(10→9)

종합전형의 전형 방법은 크게 **'1단계 서류 100%+2단계 면접'** 혹은 **'서류 100%'**로 구분된다.

1단계 서류 100%+2단계 면접으로 선발하는 경우가 가장 많으며 학교생활기록부와 자기소개서(자기소개서 제출 대학에 한함)도 중요하지만, 2단계 면접이 당락을 가를 수 있으므로 매우 중요하다. 면접의 종류는 MMI, 학생부기반면접, 제시문면접 등으로 구분된다. 면접은 뒤에서 다룬다.

교과전형과 마찬가지로 종합전형에서도 수능 최저학력기준이 있는 대학은 수능 최저 충족 여부도 합격 여부에 영향을 미친다. 하지만 종합전형의 성격에 맞게 수능 최저학력기준이 높지 않은 경우도 많다. 교과전형에서는 학생을 평가할 수 있는 요소가 교과 성적밖에 없다 보니 높은 수능 최저등급을 요구하지만 종합전형에서는 학교생활기록부, 자기소개서, 그리고 면접으로 학생을 선별할 수 있기 때문에 교과전형과 상대적으로 높은 최저기준을 요구하지 않는다. 예년과 비교했을 때, 수능 최저학력기준이 완화되거나 심지어 없는 대학이 점점 증가하는 추세다.

❶ 내신 성적을 잘 받는 것은 물론이거니와 교과활동에 적극적으로 참여하라.

❷ Part 6. 종합전형 전략에 나오는 내용을 참고하여 모든 일에 진정성을 가지고 주체적으로 참여하라 (교과 선택 포함).

❸ 수능 최저학력기준을 충족할 수 있도록 열심히 공부하고, 면접 준비를 틈틈이 하여 면접에 대비하라.

❹ 전년도 대비 수능최저학력기준의 변화를 살펴보라.

❺ 전년도 대비 모집인원의 변화를 살펴보라.

❻ 전년도 대비 전형 방법의변화를 살펴보라.

❼ 그 외 특이 사항, 변동 사항을 살펴보라.

종합전형 체크 사항			
구분		의예	치의예	한의예
수능 최저	강화	전북대 큰사람 연세대(미래)학교생활우수	전북대 큰사람	
	완화	가톨릭관동대 CKU 서울대 지역균형	전남대 고교생활우수자 I	상지대 학생부종합
	변경	경북대 일반 전남대 활동우수자 I	경북대 일반	대구한의대 일반(인문, 자연)
	기타	경희대 네오르네상스 최저폐지	경희대 네오르네상스 최저폐지	경희대 네오르네상스 (인문, 자연)최저폐지 가천대 가천의약학 과탐적용 시 2개 모두 1
미적분/기하 필수 아님 (확률과 통계 응시가능) (최저 없음 제외)		동국대(경주) 참사랑	강릉원주대 해람인재 원광대 서류면접(인문)	**상지대 학생부종합** 세명대 학생부종합 동국대(경주) 참사랑 원광대 서류면접(인문)
확통 응시하였을 때 핸디캡				**상지대 수능최저기준 3합 4로 적용**
확률과 통계 필수				대구한의대 일반(인문)
사탐/과탐 응시 가능			원광대 서류면접(인문)	동국대(경주) 참사랑 원광대 서류면접(인문)
사탐응시 필수				대구한의대 일반(인문)
과탐 1과목 반영이지만 2과목 응시 필수		경북대 일반 전북대 큰사람 이화여대 미래인재 서울대 지역균형 계명대 일반	경북대 일반 전북대 큰사람 서울대 지역균형	
자기소개서 작성 (2023학년도까지)		가톨릭대 학교장추천 아주대 ACE 연세대(미래)학교생활우수 울산대 종합 가천대 가천의약학 연세대 활동우수형 한림대 학교생활우수 원광대 서류면접 서울대 지역균형 서울대 일반 경희대 네오르네상스 성균관대 학과모집 중앙대 다빈치형인재 중앙대 탐구형인재	연세대 활동우수형 원광대 서류면접(인문, 자연) 경희대 네오르네상스 서울대 일반	원광대 서류면접(인문, 자연) 가천대 가천의약학 경희대 네오르네상스 (인문, 자연)
자기소개서 폐지		이화여대 미래인재 인하대 인하미래인재 가톨릭관동대 CKU		

종합전형 체크 사항	
기타 특이 사항 정리	
높은 수능 최저	4합 5, 4합 6, 3합 3 등 학생부 종합전형에도 수능 최저등급이 높은 경우가 있다. 자신의 학교 생활기록부 평가에 대해 지레짐작하지 말고, 수능 최저등급을 충족할 수 있다면 지원해보라.
1단계 합격자 배수 변경	전북대 큰사람, 경희대 네오르네상스 1단계 합격자 배수(4배수에서 3배수로) 순천향대 일반 1단계 합격자 배수(3배수에서 4배수로)
면접 방식 변경	서울대 지역균형 면접 방식 변경
전형 방식 변경	세명대 교과에서 종합으로 전형 방법이 변경됨. 서울대 지역균형 전형에서 일괄 선발에서 단계별 선발로 변경됨. 기존에는 학교장 추천을 받아 원서를 지원하면 면접의 기회가 모두에게 주어졌다면, 변경된 방식에는 1단계 3배수 합격자에 한하여 면접의 기회가 주어진다는 차이점이 있다.
수능 최저 특이 사항	동국대(경주) 참사랑 전형에서 영어는 수능최저학력기준에 포함하지 않음. 세명대 학생부종합에서는 탐구를 수능최저학력기준에 포함하지 않음.

논술전형 전략

1 수능 최저학력기준 유무 확인
2 대학별 논술 시험 유형 및 출제 경향을 파악
3 [중요] 대학별 선행학습영향 자체평가서를 참고하여 대학의 기출문제를 풀어볼 것
4 [중요] 모의논술 참여, 적어도 당해 모의논술은 필히 풀어 볼 것
5 논술 가이드북 활용

2023학년도 논술 선발 대학은 의예과 10개, 치의예과 3개, 한의예과 1개다. 2022학년도에 논술로 의예과를 선발하였던 한양대는 2023학년도에 선발하지 않으며, 2022학년도에 논술로 의예과를 선발하지 않았던 성균관대는 2023학년도에 선발한다. 부산대학교는 논술 지역인재전형으로 선발하기 때문에 지역 요건(부산, 울산, 경남)이 되는 학생만 지원 가능하다.

「2023 대학입학전형 시행계획(안)」은 논술전형에 대해 자세히 언급하지 않은 경우가 많아 크게 논술 시험 방법이 변하지 않는다는 가정하에 2022 수시모집요강 내용을 참고하여 기술하였다. 대학별 고사 일정이나 전형 방식의 변화는 논술 전략에 영향을 주기 때문에 반드시 재확인이 필요하다. 상세 내용은 대학 입학처 홈페이지를 참고하자.

논술전형에서는 논술시험 성적과 수능최저학력기준 충족이 합격의 당락을 좌우한다. 논술 100% 선발이 아닌 교과나 비교과성적을 포함하는 경우에도 교과성적의 실질적인 반영 비율은 높지 않아서, 사실상 논술을 잘 치면 유리하다.

참고로 논술전형에서 교과성적 반영은 대학별 교과 전형성적 반영방법(Part 5. 교과성적 반영의 이해)과 같다.

과목수	최저학력기준	미/기 필수	대학명	전형명	인원	전형방법	특이/변동 사항
4과목 반영 (합 5)	국/수/영/과(2) 4합 5, 한4	○	**중앙대2**	논술	14 (-4)	논술70+교과20+비교과10	인원변경(18→14) 논술10증가, 비교과10감소 과탐 동일과목 I +II 불가 수리+물화생 중 택1
	국/수/영/과(2) 4합 5	○	**성균관대**	논술우수	5	논술100	2023의예과에 신설 기존 교과40+논술60에서 논술 100실시 기존 수리2문제+과학1문제(물 I ,화 I ,생 I 중 택1)과학문제지 당일 선택
	국/수/영/과(2절) 4합 5, 한4	○	**울산대2**	논술	11 (-1)	논술60+교과40(공통,일반80 +진로10+출결10)	과탐 동일과목 I +II불가 수리+의학논술 인원변경(12→11)
	국/수/영/과(2절) 3합 4, 한4	○	**가톨릭대1**	논술	19 (-1)	논술70+교과30	수리논술 2~4문항 인원변경(20→19)
4과목 반영	국/수/과1/과2 3합 3, 영2, 한4 (과탐각각1과목 으로인정)		**연세대 (미래)**	논술 창의인재	15	논술100	과탐 동일과목 I +II불가 수리, 과학(물화생 택1, 과탐II포함)
4과목 반영 (합 6)	국/수/영/과(2) 4합 6	○	**아주대1**	논술전형	10	논술80+교과20	수리+생명과학
3과목 반영 (합 3)	국/수/영/과(2) 3합 3	○	**인하대2**	논술	9 (-3)	논술70+교과30	수리논술 인원변경(12→9)
	국/수/영/과(2절) 과탐포함 3합 3	○	**경북대1**	논술 (AAT)	10	논술70+교과30	수리논술 4문항 내외 **최저변화(과탐 포함)** 지정영역 필수 응시 과탐동일 I +II 가능 삭제
3과목 반영 (합 4)	국/수/영/과(2) 수학포함 3합 4, 한4	○	**부산대2**	지역인재	20	논술70+교과20+출결5 +봉사5	수리논술 지역 조건 해당자
	국/수/영/과(1) 3합 4, 한5	○	**경희대**	논술	15	논술70+교과21+출결4.5 +봉사4.5	수리 + 물화생 중 택1

최저 충족 곤란도 순으로 정렬 : 치의예과 논술전형

과목수	최저학력기준	미/기 필수	대학명	전형명	인원	전형방법	특이/변동 사항
3과목 반영	국/수/영/과(1) 과탐포함 3합 3	○	**경북대1**	논술 (AAT)	5	논술70+교과30	수리논술 4문항 내외 **최저변화(과탐 포함)** 지정영역 필수 응시 과탐동일 I+II 가능 삭제
	국/수/영/과(1) 3합 4, 한5	○	**경희대**	논술	11	논술70+교과21+출결4.5 +봉사4.5	수리+물화생 중 택1
	수능 최저 없음		**연세대**	논술전형	10	논술100(수학60+과학40)	**배점추가(수학60점+과학40점)** 화생 중 원서접수시 택1(과학II 출제가능)

한의예과 논술전형

과목수	최저학력기준	미/기 필수	대학명	전형명	인원	전형방법	특이/변동 사항
3과목 반영	국/수/영/탐(1) 3합 4, 한5	×	**경희대**	논술 (인문)	5	논술70+교과21+출결4.5 +봉사4.5	사회계열 논술 수리포함
	국/수/영/과(1) 3합 4, 한5	○	**경희대**	논술 (자연)	16	논술70+교과21+출결4.5 +봉사4.5	수리+물화생 중 택1

※ 참고) **물**-물리, **화**-화학, **생**-생명과학
물화생-물리, 화학, 생명과학
화생-화학, 생명과학

• 논술전형 방법

전형 방법	의예과	치의예과	한의예과
논술100%	성균관대, 연세대(미래)	연세대	
논술80%, 교과20%	아주대		
논술70%, 교과30%	가톨릭대, 인하대, 경북대	경북대	
논술70%, 교과20%, 출결5%, 봉사5%	부산대 지역인재		
논술70%, 출결15%, 봉사15%	경희대	경희대	경희대(자연, 인문)
논술60%, 교과40%	울산대		
논술60%, 교과20%, 비교과20%	중앙대		

• 의학계열 논술 출제 분야

	의예과	치의예과	한의예과
수리논술만	가톨릭대, 경북대, 부산대, 인하대	경북대	
수리논술 + 물리, 화학, 생명과학 중 택1	경희대, 연세대(미래), 중앙대, 성균관대	경희대	경희대(자연)
수리논술 + 화학, 생명과학 중 택1		연세대	
수리논술 + 생명과학	아주대		
수리논술 + 의학논술	울산대		
사회계열(수리논술 포함)			경희대(인문)

• 수리논술 – 의학계열 논술 중 수리논술 출제 범위

출제 범위	의예과	치의예과	한의예과
수학, 수학 I, 수학 II, 미적분	경북대, 아주대, 인하대	경북대	
수학, 수학 I, 수학 II, 택1(미적분, 기하)	부산대		
수학, 수학 I, 수학 II, 미적분, 기하	중앙대		
수학, 수학 I, 수학 II, 확률과 통계, 미적분	가톨릭대		
수학, 수학 I, 수학 II, 확률과 통계, 미적분, 기하	경희대, 연세대(미래), 울산대, 성균관대	경희대	경희대(자연)
수학, 수학 I, 수학 II, 미적분, 확률과 통계, 실용 수학, 기하, 경제 수학, 수학과제 탐구		연세대	
기타(사회계열 수리논술)			경희대(인문)

가령 연세대가 2015 개정교육과정 보통교과와 진로 교과를 출제 범위에 다 포함하고 있어도 모든 출제 범위에서 1문제씩 나온다는 뜻은 아니며, 어디서 출제되고 어디서 안 된다고 말하기 어렵다. 미적분, 기하, 확률과 통계를 모두 반영하더라도 사실 특정한 과목에서 출제하는 것이 아니라 통합형 문제이다. 전년도 문제 유형만 보더라도 알 수 있다.

고교 학점제로 교육과정을 선택할 수 있는 상황, 수능 수학 선택(미적분, 기하, 확률과 통계 중 택1)으로 바뀐 상황에서 수리논술의 시험 범위는 사실상 넓다. 수능 최저학력기준을 충족하기 위해 미적분, 기하, 확률과 통계 중 한 과목만 주력할 것이기 때문이다. 또한 재학생들은 교육과정에서 수강하지 않은 과목이 있을 수 있다. 그래서 여전히 재학생은 피하고 재수생이 선호하지 않을까 생각하지만, 한 과목만 선택하는 수능에 익숙해진 것이 아닌 수학을 좋아하고 과목 상관없이 모든 수학 과목을 연계하여 폭넓게 공부한 학생은 도전해 보라.

기하까지 시험 범위에 포함하면, 지원율 하락으로 이어질까 하는 생각이 들지만, 2022 수시모집 지원율을 보면 그렇지 않았다. 어느 수도권 선임사정관은 상위권 학생들은 기본적으로 미적분, 기하, 확률과 통계를 다 공부할 것이고 수학을 잘하는 학생이 논술전형에 많이 지원할 것으로 전망하였다.

그리고 대다수 대학에서 확률과 통계를 학생들이 배우지 않을 수도 있다는 사항을 잘 알고 있다고 하였다. 확률과 통계가 범위에서 제외되었더라도 하위 과목에서 다루는 경우의 수 등의 확률 문제들은 다룰 수 있다. 모의논술과 논술안내서를 참고하라. 확률과 통계가 출제 범위에 있더라도 비중이 높지 않을 것으로 예상하며 출제되지 않을 것 같다고 조심스럽게 이야기한 대학도 있다.

논술 대학들이 모여서 고교 현장의 목소리를 반영하여 논술 출제의 방향을 정할 것이며, 현직 교사의 의견, 출제 위원(교수)들의 의견을 수렴한다.

• 논술전형에서도 최저등급충족이 중요하다.

논술전형을 지원하는 학생은 수시보다는 정시에 유리한 학생이 지원한다고 말하는 이유가 논술 실력도 중요하지만, 높은 수능 최저를 충족시키는 것 또한 중요하기 때문이다. 논술전형의 경쟁률이 매우 높지만, 수능 최저등급을 미충족하는 학생들을 제외하면, 실제 경쟁률은 그렇게 높지는 않다. 지원 경쟁률과 크게 차이가 난다. 논술전형의 수능 최저등급은 다른 전형보다 높은 편이다. 수능 공부를 병행하면서 수시 논술전형을 잘 활용하도록 하자.

참고로 연세대학교 치과대학과 같이 논술성적만으로 선발하는 경우도 있다. 수능최저학력기준이 없었던 한양대학교는 2023년도에 논술전형에서 의예과를 선발하지 않는다.

논술전형은 논술성적과 교과성적 등을 반영하여 최종 합산 성적순으로 선발하며, 일정 성적 이하가 되면 불합격하는 과락 성적 점수를 정해 두지 않고 있다. 따라서 시험 난이도가 높아서 낮은 논술성적을 받더라도 상대적으로 다른 지원자보다 성적이 높으면 합격할 수 있다.

PART

3

지원자격에 따른 전략

- 학교장추천전형

- 지역인재전형

- 농어촌전형

- 기초생활수급자 및 차상위계층, 한부모가족지원대상자

- 농어촌 자격이 포함된 기타 기회균형 전형

- 농어촌 자격이 포함되지 않은 기타 기회균형 전형

- 가톨릭지도자추천

- 졸업연도 자격 확인

학교장추천전형

출신 고등학교의 교장 선생님의 추천을 받는 학교장추천전형은 대학마다 추천 인원의 제한이 있다. 가톨릭대 학생부종합 학교장추천전형 의예과는 학교당 1명 추천 인원을 두며 다른 전형들은 의예과를 포함한 모든 학과 지원자 수를 합산하여 학교당 추천 인원의 제한을 두고 있다.

학교장 추천으로 선발하는 전형 중에 지역균형으로 선발하는 학교는 가천대 교과, 가톨릭대 교과, 서울대 종합, 인하대 교과전형이 있다. 참고로 지역균형 선발은 대학 신입생 선발 시 지역 간 불균형 현상을 바로잡기 위해 특정 지역에 혜택을 주는 제도이다.

예전에는 재학생만 학교장 추천을 받을 수 있는 대학이 많았지만, 요즘에는 졸업생도 포함하여 추천 인원수를 넘지 않는 범위에서 추천할 수 있는 대학이 많으니 잘 살펴보자.

대학명	전형분류	전형명	인원	전형방법	최저학력기준	미/기필수	특이/변동 사항
의예과 학교장 추천 (수시 정원내)							
가천대1	교과	지역균형	5	1단계(10배):교과100 2단계:1단계50+면접50	국/수/영/과(2절) 3합 3	○	졸업생:비교과는 2학기까지 일괄(2022)→단계별(2023) 면접 비중 10% 증가
	※ 해당 학교장의 추천을 받은 사람						
가톨릭대1	종합	학교장추천	25(+1)	1단계(4배):서류100(자) 2단계:1단계70+면접30	국/수/영/과(2절) 3합 4, 한4	○	인원변경(24→25)
	※ 추천인원 : 의예과 1명						
	교과	지역균형	10	교과100(인적성면접P/F)	국/수/영/과(2절) 4합 5, 한4	○	과탐 선택 시 지정없음으로 변경 2015졸업생(2017에서 완화)부터 지원가능
	※ 추천인원 : 15명						
	※ 학교생활기록부 계열별 반영교과 중 각 교과영역에 해당하는 세부과목이 없는 경우 지원할 수 없음						
	※ 특성화고(종합고의 보통과 제외), 산업수요 맞춤형 고등학교(마이스터고), 방송통신고, 특수학교, 각종학교, 외국인학교, 산업체부설고등학교, 대안학교, 고등학교 학력인정 평생교육시설 출신자는 지원할 수 없음						
경희대	교과	지역균형	11	교과,비교과(출결,봉사)70 +교과종합평가30	국/수/영/과(1) 3합 4, 한5	○	'고교연계'의 명칭 및 방법 변경 학교추천 재학생만 지원가능
	※ 추천 인원 : 2022년 4월 1일 기준, 고등학교 3학년 재학 인원의 5% 이내(소수점 첫째 자리에서 버림하여 계산)						
	국내 고등학교 졸업예정자로서 3개 학기 이상의 교과 성적이 있는 학생으로 아래 본교 인재상 ①~④ 중 하나에 부합하여 학교장이 지정 기간 내에 추천한 학생이어야 합니다. ① 문화인재 : 풍부한 독서와 교과 외 활동을 통한 입체적 사유능력, 토론 및 글쓰기 능력, 문화·예술적 소양을 고루 갖춘 학생 ② 글로벌인재 : 외국어 능력, 세계 문제에 대한 관심과 활동 등을 기반으로 '지속가능하고 공평한 세계를 만드는 데 기여하고자 하는 학생 ③ 리더십인재 : 전교학생(부)회장, 학급(부)회장, 동아리(부)회장 등 리더십 활동, 팀워크에 기반한 사회 현장 활동을 통해 '더 나은 사회(공동체)' 건설에 헌신하고자 하는 학생 ④ 과학인재 : 주제탐구, 과제연구, 탐험, 발명, 창업 등 창의적 도전정신과 과학적 사고력이 남다른 학생						
고려대2	교과	학교추천	30	교과80+서류20	국/수/영/과(2) 4합 5, 한4	○	과탐 동일과목 I+II 불가
	※ 추천인원 : 2021년 4월 1일 기준 3학년 재적수의 4%(소수 첫째 자리에서 올림) 단, 3학년 재적수가 24명 이하인 고교는 1명						

의예과 학교장 추천 (수시 정원내)							
대학명	전형 분류	전형명	인원	전형방법	최저학력기준	미/기 필수	특이/변동 사항
서울대	종합	지역균형	42 (+2)	1단계(3배):서류100(자) 2단계:서류70+면접30	국/수/영/과(2) 3합 7	○	최저완화(3개 2→3합 7) 인원변경(40→42) 일괄(2022)→단계별(2023) 면접 방식 변경 재학생만 지원가능 과탐 서로 다른 분야의 I+II, II+II 조합 필수 교과이수기준 충족 확인
서울대	※ 추천인원 : 2명 ※ 각 고등학교는 반드시 학교장 직인이 날인된 추천자 명단을 서류제출 기간 내에 공문으로 제출해야 함						
서울대	종합	기회균형 -농어촌	1	1단계(2배):서류100(자) 2단계:1단계70+면접30	없음		재학생만 지원가능 교과이수기준 충족 확인
서울대	※ 추천인원 : 3명 ※ 각 고등학교는 반드시 학교장 직인이 날인된 추천자 명단을 서류제출 기간 내에 공문으로 제출해야 함						
연세대1	교과	추천형	22	1단계(5배):교과100 2단계:교과60+제시문면접40	없음		재학생만 지원가능

※ 추천인원 : 2021년 4월 1일 기준 3학년 재적수의 5%(소수 첫째 자리에서 버림)
※ 고교 전 교육과정을 국내 고교에서 이수
※ 특성화고 과정 이수자(일반고와 종합고의 직업과정 이수자 포함), 영재학교, 검정고시 출신자 제외

과목	교과 이수 요건	최소 이수 과목 수
공통과목	국어, 수학, 영어, 사회, 과학 교과영역에서 각 교과 당 1과목 이상 이수 해당 이수과목은 모두 원점수, 평균, 표준편차, 석차등급이 기재되어야 함	5과목
일반선택과목	국어, 수학, 영어, 사회, 과학 교과영역에서 5과목 이상 이수 해당 이수과목은 모두 원점수, 평균, 표준편차, 석차등급이 기재되어야 함	5과목
진로선택과목	국어, 수학, 영어, 사회, 과학 교과영역에서 1과목 이상 이수	1과목

※ 지원자는 고교과정 중 다음의 최소 이수 과목 요건을 충족하여야 함

을지대2	교과	지역균형	10	교과95+인성면접5	국/수/영/과(1) 4합 5	×	교과성적우수자→지역균형으로 과탐 2과목 필수
을지대2	※ 국내 고등학교 졸업(예정)자로서 학교장의 추천을 받은 자						
인하대2	교과	지역균형	8 (-2)	교과100	국/수/영/과(2) 3합 3	○	명칭(지역추천인재→지역균형) 인원변경(10→8)

인하대2

※ 추천인원 : 7명
※ 지원불가
• 특성화고, 종합 및 일반고 전문(실업)반 졸업(예정)자
• 특목고 중 예술고 체육고 마이스터고 졸업(예정)자
• 일반고 재학 중 직업교육과정 이수자
• 방송통신고, 대안학교(각종학교), 고등학교 학력인정 평생교육시설 출신자 및 일반 고등학교의 대안교육 위탁학생
• 학교생활기록부가 없거나 학교생활기록부 반영교과 점수를 산출할 수 없는 자

치의예과 학교장 추천 (수시 정원내)

대학명	전형분류	전형명	인원	전형방법	최저학력기준	미/기필수	특이/변동 사항
경희대	교과	지역균형	8	교과,비교과(출결,봉사)70 +교과종합평가30	국/수/영/과(1) 3합 4, 한5	○	'고교연계'의 명칭 및 방법 변경 재학생만 지원가능

※ 추천 인원 : 2022년 4월 1일 기준, 고등학교 3학년 재학 인원의 5% 이내(소수점 첫째 자리에서 버림하여 계산)
국내 고등학교 졸업예정자로서 3개 학기 이상의 교과 성적이 있는 학생으로 아래 본교 인재상 ①~④ 중 하나에 부합하여 학교장이 지정 기간 내에 추천한 학생이어야 합니다.
① 문화인재 : 풍부한 독서와 교과 외 활동을 통한 입체적 사유능력, 토론 및 글쓰기 능력, 문화·예술적 소양을 고루 갖춘 학생
② 글로벌인재 : 외국어 능력, 세계 문제에 대한 관심과 활동 등을 기반으로 '지속가능하고 공평한 세계'를 만드는 데 기여하고자 하는 학생
③ 리더십인재 : 전교학생(부)회장, 학급(부)회장, 동아리(부)회장 등 리더십 활동, 팀워크에 기반한 사회 현장 활동을 통해 '더 나은 사회(공동체)' 건설에 헌신하고자 하는 학생
④ 과학인재 : 주제탐구, 과제연구, 탐험, 발명, 창업 등 창의적 도전정신과 과학적 사고력이 남다른 학생

대학명	전형분류	전형명	인원	전형방법	최저학력기준	미/기필수	특이/변동 사항
연세대1	교과	추천형	12	1단계(5배):교과100 2단계:교과60+제시문면접40	없음		재학생만 지원가능

※ 추천인원 : 2021년 4월 1일 기준 3학년 재적수의 5%(소수 첫째 자리에서 버림)
※ 고교 전 교육과정을 국내 고교에서 이수
※ 특성화고 과정 이수자(일반고와 종합고의 직업과정 이수자 포함), 영재학교, 검정고시 출신자 제외

과목	교과 이수 요건	최소 이수 과목 수
공통과목	국어, 수학, 영어, 사회, 과학 교과영역에서 각 교과 당 1과목 이상 이수 해당 이수과목은 모두 원점수, 평균, 표준편차, 석차등급이 기재되어야 함	5과목
일반선택과목	국어, 수학, 영어, 사회, 과학 교과영역에서 5과목 이상 이수 해당 이수과목은 모두 원점수, 평균, 표준편차, 석차등급이 기재되어야 함	5과목
진로선택과목	국어, 수학, 영어, 사회, 과학 교과영역에서 1과목 이상 이수	1과목

한의예과 학교장 추천 (수시 정원내)

대학명	전형분류	전형명	인원	전형방법	최저학력기준	미/기필수	특이/변동 사항
가천대1	교과	지역균형	3	1단계(10배):교과100 2단계:1단계50+면접50	국/수/영/과(2) 2합 2 (탐구 적용 시 모두1)	○	졸업생:비교과는 2학기까지 일괄(2022)→단계별(2023) 면접 비중 10% 증가(2023)
	※ 해당 학교장의 추천을 받은 사람						
경희대	교과	지역균형 (인문)	3	교과,비교과(출결,봉사)70 +교과종합평가30	국/수/영/탐(1) 3합 4, 한5	×	'고교연계'의 명칭 및 방법 변경 재학생만 지원가능
	교과	지역균형 (자연)	8	교과,비교과(출결,봉사)70 +교과종합평가30	국/수/영/과(1) 3합 4, 한5	○	'고교연계'의 명칭 및 방법 변경 재학생만 지원가능

※ 추천 인원 : 2022년 4월 1일 기준, 고등학교 3학년 재학 인원의 5% 이내(소수점 첫째 자리에서 버림하여 계산)

국내 고등학교 졸업예정자로서 3개 학기 이상의 교과 성적이 있는 학생으로 아래 본교 인재상 ①~④ 중 하나에 부합하여 학교장이 지정 기간 내에 추천한 학생이어야 합니다.

① 문화인재 : 풍부한 독서와 교과 외 활동을 통한 입체적 사유능력, 토론 및 글쓰기 능력, 문화·예술적 소양을 고루 갖춘 학생
② 글로벌인재 : 외국어 능력, 세계 문제에 대한 관심과 활동 등을 기반으로 '지속가능하고 공평한 세계를 만드는 데 기여하고자 하는 학생
③ 리더십인재 : 전교학생(부)회장, 학급(부)회장, 동아리(부)회장 등 리더십 활동, 팀워크에 기반한 사회 현장 활동을 통해 '더 나은 사회(공동체)' 건설에 헌신하고자 하는 학생
④ 과학인재 : 주제탐구, 과제연구, 탐험, 발명, 창업 등 창의적 도전정신과 과학적 사고력이 남다른 학생

지역인재전형

※ 입학에서 졸업(졸업예정자 포함)까지 고등학교에서 전 교육과정을 '○○○ 소재 고등학교'에서 이수한 자

최초 입학일로부터 졸업일까지 ○○○ 소재 고등학교에서 전 교육과정을 이수해야 함
단 1일이라도 ○○○ 이외 지역의 고등학교를 재학한 경우 지원 자격 미달
부모가 ○○○ 지역에 거주하지 않아도 됨. 단, 전북대는 예외적으로 부, 모, 학생 모두 전북 지역에 거주

- 머리말에서 언급하였듯이 2023학년도에는 지방대학 의대, 치대, 약대, 한의대의 지역학생 선발 비율이 기존 권고 비율 30%(강원, 제주 15%)에서 의무 비율 40%(강원, 제주 20%)로 상향한다. 향후 변경되는 입학 전형계획을 참고할 것.
- 2023학년도에 중학교에 입학하는 학생부터는 ① 지방 소재 중학교에서 모든 과정(입학~졸업)을 이수하고, ② 해당 지방대학이 소재한 지역의 고등학교에서 모든 과정(입학~졸업)을 이수하여야 함.

지역인재전형이 지역 출신 학생만이 지원할 수 있으므로 다른 전형보다는 유리한 것은 사실이다. 하지만 일반전형에서는 수도권 학생이나 타 지역 학생들이 자신의 지역이나 메이저 대학의 의대로 빠져나갈 확률이 있기 때문에 수능 최저를 충족할 수 있다고 가정하면, 지역인재보다는 일반전형이 유리할 수도 있다. 입시결과와 지원율, 수능 최저학력기준의 변화를 잘 따져서 판단해 보고 지원하기를 바란다.

의예과 지역인재							
강원도 소재 고등학교							
대학명	전형분류	전형명	인원	전형방법	최저학력기준	미/기필수	특이/변동 사항
가톨릭관동대	교과1	강원인재	8	교과100	국/수/영/과(2절) 3합 5	○	최저완화(과탐 평→절) 명칭(지역인재→강원인재)
강원대	교과1	지역인재	15	교과100	국/수/과1/과2 수학포함 3합 6, 영2	○	과탐 각각 적용 동일과목 I+II 불가
연세대 (미래)	종합	강원인재	14	서류80(자)+면접20	국/수/영/과1/과2 4합 6, 영2, 한4	○	최저완화(3합4,영2→4합6) 과탐 동일과목 I+II불가
한림대	종합	지역인재	15	1단계(5배):서류100(자) 2단계:1단계70+면접30	국/수/영/과(2) 3합 4 (영어 포함시 영어1)	○	학업성취40/성장잠재30/인성30

의예과 지역인재

대구, 경북 소재 고등학교

대학명	전형분류	전형명	인원	전형방법	최저학력기준	미/기필수	특이/변동 사항
경북대	교과1	지역인재	12 (+2)	교과80+인적성면접20	국/수/영/과(2절) 과탐포함 3합 3	○	최저변화(과탐 포함) 인원변경(10→12) 지정영역 필수 응시 과탐동일 I+II 가능 삭제
	종합	지역인재	34 (+6)	1단계(5배):서류100 2단계:1단계70+면접30	국/수/영/과(2절) 과탐포함 3합 3	○	최저변화(과탐 포함) 인원변경(28→34) 지정영역 필수 응시 과탐동일 I+II 가능 삭제
계명대	교과2	지역인재	23 (+4)	1단계(10배):교과70+출결30 2단계:교과90+MMI10	국/수/영/과(1) 3합 3	○	수학&과탐2개필수응시 인원변경(19→23)
	종합	지역인재	6	1단계(7배):서류100 2단계:1단계80+면접20	국/수/영/과(1) 3합 4	○	수학&과탐2개필수응시
대구 가톨릭대	교과2	지역교과 우수자	17 (+2)	1단계(7배):교과100 2단계:1단계80+MMI면접20	국/수/영/과(1) 수학포함 3합 4	○	
동국대 (경주)	교과2	지역인재	10	교과100	국/수/과(1) 3합 4	×	전형방법변경(종합→교과)
영남대	교과2	지역인재	25	교과90(85+진로5)+출결10	국/수/영/과(1) 4합 5, 한4	○	과탐 2과목 필수

부산, 울산, 경남 소재 고등학교

대학명	전형분류	전형명	인원	전형방법	최저학력기준	미/기필수	특이/변동 사항
경상 국립대	교과1	지역인재	24 (+4)	교과100	국/수/영/과(1) 수학포함 3합 5	○	인원변경(20→24)
	종합	지역인재	3	1단계(3배):서류100 2단계:서류80+심층면접20	국/수/영/과(1) 수학포함 3합 5	○	
고신대	교과1	지역인재	25	1단계(10배):교과100 2단계:1단계90+MMI10	국/수/영/과(1) 수학포함 3합 4	△	1단계 7배수→10배수 교과 반영에서 졸업생도 3-1까지 반영 변경 확률과 통계 선택 시 내신평균등급+0.5보정
동아대	교과1	지역인재	30	교과100	국/수/영/과(1) 4합 6	○	2017졸업생부터지원가능
부산대	교과2	지역인재	30	교과100	국/수/영/과(2) 수학포함 3합 4, 한4	○	교과 반영에서 졸업생은 3-2까지 반영 변경
		※ 2학년 수료 예정자 중 상급학교 조기입학 자격을 부여받은 자 포함 ※ 초·중등 교육법 제2조에 따른 고등학교 외 고교 졸업 동등 학력자는 지원자격에서 제외					
	종합	지역인재	30	1단계(4배):서류100 2단계:1단계80+면접20	국/수/영/과(2) 수학포함 3합 4, 한4	○	
		※ 2학년 수료 예정자 중 상급학교 조기입학 자격을 부여받은 자 포함 ※ 국내 정규 고등학교는 고교 졸업 학력 인정학교에 한함 ※ 국내 고교에서 3개 학기 이상 성적을 취득한 국내 고교 졸업(예정)자에 한함					
	논술	지역인재	20	논술70+교과20+출결5+봉사5	국/수/영/과(2) 수학포함 3합 4, 한4	○	수리논술
		※ 2학년 수료 예정자 중 상급학교 조기입학 자격을 부여받은 자 포함					
울산대	종합	지역인재	4	1단계(5배):서류100(자) 2단계:1단계50+면접50	국/수/영/과(2) 3합 3, 한4	○	과탐 동일과목 I+II불가
인제대	교과1	지역인재	28	1단계(5배):교과100 2단계:교과67.5+면접32.5(실)	국/수/영/과(1) 4개 2	○	최저완화(3합4,영2→4개2)

의예과 지역인재

충청권(대전, 충남, 충북, 세종) 소재 고등학교

대학명	전형분류	전형명	인원	전형방법	최저학력기준	미/기필수	특이/변동 사항
건국대 (글로컬)	교과1	지역인재	12	1단계(3배):교과100 2단계:1단계80+면접20	국/수/영/과(2절) 3합 4, 한4	○	
건양대	교과1	지역인재 (최저)	10	1단계(5배):교과100 2단계:교과61.5+면접38.5(실)	국/수/영/과(2절) 3합 4	×	
	교과1	지역인재 (면접)	10	1단계(5배):교과100 2단계:교과61.5+면접38.5(실)	없음		
순천향대	교과2	지역인재	23 (+2)	교과100	국/수/영/탐(1) 4합 6	△	인원변경(21→23) 확률과 통계, 사탐 응시시 수능 최저 각각 0.5하향
	종합	지역인재	7	1단계(4배):서류100 2단계:1단계70+면접30	없음		1단계 3배수→4배수
을지대	교과2	지역인재	15	교과95+인성면접5	국/수/영/과(1) 4합 6	×	명칭(지역인재→지역의료인재) 과탐 2과목 필수
충남대	교과2	지역인재	23	교과100	국/수/영/과(2) 수학포함 3합 4	○	
	※ 초·중등 교육법 제2조에 따른 고등학교 외 고교 졸업 동등 학력자는 지원자격에서 제외						
충북대	교과2	지역인재	7	교과100	국/수/영/과(2) 수학포함 3합 5	○	
	※ 초·중등 교육법 제2조에 따른 고등학교에 한함.						

제주특별자치도 소재 고등학교

대학명	전형분류	전형명	인원	전형방법	최저학력기준	미/기필수	특이/변동 사항
제주대	교과1	지역인재	7 (+1)	교과100	국/수/영/과(2절) 수학포함 3합 6	○	인원변경(6→7) 최저완화(3합5→3합6)

의예과 지역인재

호남권 1(광주, 전남, 전북) 소재 고등학교

대학명	전형분류	전형명	인원	전형방법	최저학력기준	미/기필수	특이/변동 사항
전남대	교과1	지역인재	67 (+29)	교과100	국/수/영/과(2절) 수학포함 3합 5	○	인원변경(38→67) 최저변경(4합6→3합5 수학포함, 과1→과2절)
	※ 초·중등 교육법 제2조에 따른 고등학교 외 고교 졸업 동등 학력자는 지원자격에서 제외						
조선대	교과1	지역인재	42	교과90+출결10	국/수/영/과(1) 수학포함 3합 5	○	전형방법변경(종합27→교과42)

호남권 2(전북) 소재 고등학교

대학명	전형분류	전형명	인원	전형방법	최저학력기준	미/기필수	특이/변동 사항
원광대	종합	지역인재 전북	30	1단계(5배):서류100(자) 2단계:1단계70+면접30	국/수/영/과(1) 수학포함 3합 6	○	전북↔광주전남 전학 불인정
	※ 전북 ↔ 광주·전남 소재의 고등학교로의 전학은 인정하지 않음						
전북대	교과1	지역인재	46	교과100	국/수/영/과(2절) 4합 6	○	
	※ 부 또는 모와 학생 모두가 전북지역에 거주 ※ 초·중등 교육법 제2조에 따른 고등학교 외 고교 졸업 동등 학력자는 지원자격에서 제외						

호남권 3(광주, 전남) 소재 고등학교

대학명	전형분류	전형명	인원	전형방법	최저학력기준	미/기필수	특이/변동 사항
원광대	종합	지역인재 광주전남	10	1단계(5배):서류100(자) 2단계:1단계70+면접30	국/수/영/과(1) 수학포함 3합 6	○	전북↔광주전남 전학 불인정
	전북 ↔ 광주·전남 소재의 고등학교로의 전학은 인정하지 않음						

치의예과 지역인재

강원도 소재 고등학교

대학명	전형분류	전형명	인원	전형방법	최저학력기준	미/기 필수	특이/변동 사항
국립강릉 원주대	종합	지역인재	6	1단계(5배):서류100 2단계:1단계80+면접20	국/수/영/과(1) 수학포함 3합 6	×	

대구, 경북 소재 고등학교

대학명	전형분류	전형명	인원	전형방법	최저학력기준	미/기 필수	특이/변동 사항
경북대	교과1	지역인재	11 (+1)	교과 100	국/수/영/과(1) 과탐포함 3합 3	○	최저변화(과탐 포함) 인원변경(10→11) 지정영역 필수 응시 과탐동일Ⅰ+Ⅱ 가능 삭제
	종합	지역인재	11 (+1)	1단계(5배):서류100 2단계:1단계70+면접30	국/수/영/과(1) 과탐포함 3합 3	○	최저변화(과탐 포함) 인원변경(10→11) 지정영역 필수 응시 과탐동일Ⅰ+Ⅱ 가능 삭제

부산, 울산, 경남 소재 고등학교

대학명	전형분류	전형명	인원	전형방법	최저학력기준	미/기 필수	특이/변동 사항
부산대 (학석사)	교과2	지역인재	10 (-6)	교과100	국/수/영/과(1) 수학포함 3합 4, 한4	○	인원변경(16→10) 교과 반영에서 졸업생은 3-2까지 반영 변경
	종합	지역인재	20 (+12)	서류100	국/수/영/과(1) 수학포함 3합 4, 한4	○	인원변경(8→20) 학생부종합→지역인재신설

※ 2학년 수료 예정자 중 상급학교 조기입학 자격을 부여받은 자 포함
※ 초·중등 교육법 제2조에 따른 고등학교 외 고교 졸업 동등 학력자는 지원자격에서 제외

치의예과 지역인재

호남권 1(광주, 전남, 전북) 소재 고등학교

대학명	전형분류	전형명	인원	전형방법	최저학력기준	미/기필수	특이/변동 사항
전남대 (학석사)	교과1	지역인재	13 (+4)	교과100	국/수/영/과(1) 3합 6	○	인원변경(9→13) 최저완화(4합7→3합6) 과탐 2과목 필수 응시
				※ 초·중등 교육법 제2조에 따른 고등학교 외 고교 졸업 동등 학력자는 지원자격에서 제외			
전북대	교과1	지역인재	18	교과100	국/수/영/과(1) 3합 5	○	과탐 2과목 필수 응시 최저완화(과2→과1)
				※ 부 또는 모와 학생 모두가 전북지역에 거주 ※ 초·중등 교육법 제2조에 따른 고등학교 외 고교 졸업 동등 학력자는 지원자격에서 제외			
조선대	교과1	지역인재	24 (+4)	교과90+출결10	국/수/영/과(1) 3합 6	○	전형방법변경(종합→교과) 인원 변경(20명→24명)

호남권 2(전북) 소재 고등학교

대학명	전형분류	전형명	인원	전형방법	최저학력기준	미/기필수	특이/변동 사항
원광대	종합	지역인재 전북	19 (+2)	1단계(5배):서류100(자) 2단계:1단계70+면접30	국/수/영/과(1) 수학포함 3합 6	○	인원변경(17→19)
				※ 전북 ↔ 광주 · 전남 소재의 고등학교로의 전학은 인정하지 않음			

호남권 3(광주, 전남) 소재 고등학교

대학명	전형분류	전형명	인원	전형방법	최저학력기준	미/기필수	특이/변동 사항
원광대	종합	지역인재 광주전남	7	1단계(5배):서류100(자) 2단계:1단계70+면접30	국/수/영/과(1) 수학포함 3합 6	○	
				※ 전북 ↔ 광주 · 전남 소재의 고등학교로의 전학은 인정하지 않음			

한의예과 지역인재

대구, 경북 소재 고등학교

대학명	탐구 선택	전형 분류	전형명	인원	전형방법	최저학력기준	미/기 필수	특이/변동 사항
대구 한의대	과학	교과	지역인재	8	교과80+출결20	국/수/영/과(1) 3합 5	○	전형방법변경(종합→교과) 인원변경(11명→8명) 최저변경(4합9→3합5)
	사회	교과	지역인재	4	교과80+출결20	국/수/영/사(1) 3합 5	확통 필수	전형방법변경(종합→교과) 인원변경(6명→4명) 최저변경(4합7→3합5)
동국대 (경주)	사회 과학	교과	지역인재	12	교과100	국/수/탐(1) 3합 5	×	전형방법변경(종합→교과)

강원도 소재 고등학교

대학명	탐구 선택	전형 분류	전형명	인원	전형방법	최저학력기준	미/기 필수	특이/변동 사항
상지대	사회 과학	종합	지역인재II	9	교과30+비교과60+출결10	국/수/영/과(2절) 3합 5 미적분, 기하, 과탐 선택 아닐 시 3합 4	△	최저완화(2023영어포함)

충청권(대전, 충남, 충북, 세종) 소재 고등학교

대학명	탐구 선택	전형 분류	전형명	인원	전형방법	최저학력기준	미/기 필수	특이/변동 사항
대전대	사회 과학	교과	지역인재	14	교과90+출결10	국/수/영/탐(2. 한 포함) 3합 6	×	2023신설 전형방법변경(종합→교과) 인원변경(5명→14명) 탐구2과목에 한국사 포함
세명대	×	교과	지역인재	12 (+5)	교과100	국/수/영 3합 5, 영역별 2이내	×	2015졸업생부터 지원가능 인원변경(7→12, 종합 지역인재 5를 교과 지역인재로 통합)
	※ 검정고시 출신자 지원불가							

부산, 울산, 경남 소재 고등학교

대학명	탐구 선택	전형 분류	전형명	인원	전형방법	최저학력기준	미/기 필수	특이/변동 사항
동의대	×	교과	지역인재	9 (-1)	교과100	국/수/영 3합 5	×	인원변경(10→9)
부산대 (학석사)	과학	교과	지역인재	15	교과100	국/수/영/과(1) 수학포함 3합 4, 한4	○	교과 반영에서 졸업생은 3-2까지 반영 변경
	※ 2학년 수료 예정자 중 상급학교 조기입학 자격을 부여받은 자 포함 ※ 초·중등 교육법 제2조에 따른 고등학교 외 고교 졸업 동등 학력자는 지원자격에서 제외							

한의예과 지역인재

호남권 1(광주, 전남, 전북) 소재 고등학교

대학명	탐구선택	전형분류	전형명	인원	전형방법	최저학력기준	미/기필수	특이/변동 사항
동신대	사회과학	교과	지역학생	8	교과80+출결20	국/수/영/탐(1) 3합 5	×	자격폐지(2017이후 졸업자)
우석대	사회과학	교과	지역인재	9	1단계(4배):교과90+출결10 2단계:1단계70+면접30	국/수/영/탐(1) 수학포함 3합 6 미적분, 기하 선택 시 수학 1등급 상향	△	인문3명, 자연6명 통합 면접 10 감소

호남권 2(전북) 소재 고등학교

대학명	탐구선택	전형분류	전형명	인원	전형방법	최저학력기준	미/기필수	특이/변동 사항
원광대	사회과학	종합	지역인재 전북	8	1단계(5배):서류100(자) 2단계:1단계70+면접30	국/수/영/탐(1) 3합 6	×	
	과학	종합	지역인재 전북	10	1단계(5배):서류100(자) 2단계:1단계70+면접30	국/수/영/과(1) 수학포함 3합 6	○	

※ 전북 ↔ 광주 · 전남 소재의 고등학교로의 전학은 인정하지 않음

호남권 3(광주, 전남) 소재 고등학교

대학명	탐구선택	전형분류	전형명	인원	전형방법	최저학력기준	미/기필수	특이/변동 사항
원광대	사회과학	종합	지역인재 광주전남	5	1단계(5배):서류100(자) 2단계:1단계70+면접30	국/수/영/탐(1) 3합 6	×	
	과학	종합	지역인재 광주전남	8	1단계(5배):서류100(자) 2단계:1단계70+면접30	국/수/영/과(1) 수학포함 3합 6	○	

※ 전북 ↔ 광주 · 전남 소재의 고등학교로의 전학은 인정하지 않음

농어촌전형

의학계열 농어촌 지원 자격은 유형 I 과 유형 II 중 하나에 해당하면 된다. **단, 가천대 한의예과는 유형 I 만 해당한다.** 농어촌전형은 정원 외 전형이며, 다른 지원 자격과 같이 선발하는 기회균형 안에 농어촌 자격이 있는 경우는 정원 내로 선발하고 있다.

• 지원 자격

❶ 유형 I : 「지방자치법」 제3조에 따른 읍·면 지역 또는 「도서·벽지 교육진흥법시행규칙」 제2조에 따른 도서·벽지 중·고등학교에서 **중학교 입학 시부터 고등학교 졸업 시까지 전 교육과정**(6년)을 이수하고 졸업(예정)한 자로서 재학기간 중 **부모와 본인 모두가 농·어촌 또는 도서·벽지에 거주한 자**

❷ 유형 II : 「지방자치법」 제3조에 따른 읍·면 지역 또는 「도서·벽지 교육진흥법시행규칙」 제2조에 따른 도서·벽지 초·중·고등학교에서 **초등학교 입학 시부터 고등학교 졸업 시까지 전 교육과정**(12년)을 이수하고 졸업(예정)한 자로서 재학기간 중 **본인이 농·어촌 또는 도서·벽지에 거주한 자**

※ 농어촌 지역 거주시점 개시일: 해당 연도의 각 학교 입학 개시일(3월 2일 기준)

과목수	최저학력기준	미/기필수	대학명	전형	인원	전형방법	특이/변동 사항
4과목 반영 (합 5)	국/수/영/과(1) 4합 5, 한4	○	영남대2	농어촌	2	교과90(85+진로5)+출결10	2023신설 과탐 2과목 필수
4과목 반영 (합 6)	국/수/영/과(1) 4합 6	×	을지대2	농어촌	2	교과95+인성면접5	과탐 2과목 필수
3과목 반영 (합 4)	국/수/과(1) 3합 4	×	동국대 (경주)2	농어촌	2	교과100	영어 제외
	국/수/영/과(2절) 3합 4	×	건양대1	농어촌	2	1단계(5배):교과100 2단계:교과61.5+면접38.5(실)	
	국/수/영/과(1) 수학포함 3합 4	△	고신대1	농어촌	3	1단계(10배):교과100 2단계:1단계90+MMI10	2023신설 교과 졸업생도 3-1차까지변경 확률과 통계 선택 시 내신평균등급+0.5보정
	국/수/영/과(1) 수학포함 3합 4	○	대구 가톨릭대2	농어촌	2	교과80+출결20	
3과목 반영 (합 5)	국/수/영/과(2절) 3합 5, 한4	○	건국대 (글로컬)1	농어촌	2	1단계(5배):교과100 2단계:1단계80+면접20	
	국/수/영/과(2절) 3합 5	○	가톨릭 관동대1	기회균형 (정원내)	2	교과100	최저완화(과탐 평→절) 정원내 전형(기,국,농,특성,특수,서,만)
				농어촌	2		최저완화(과탐 평→절)
3과목 반영 (합 6)	국/수/영/과(2절) 수학포함 3합 6	○	전남대1	농어촌	2	교과100	2023신설
	수능 최저 없음		인제대1	농어촌	4	1단계(5배):교과100 2단계:교과67.5+면접32.5(실)	과학교과 20단위 이상 이수자만 지원가능

표 제목: **최저 충족 곤란도 순으로 정렬 : 의예과 농어촌 교과전형**

최저 충족 곤란도 순으로 정렬 : 의예과 농어촌 종합전형							
과목수	최저학력기준	미/기 필수	대학명	전형명	인원	전형방법	특이/변동 사항
4과목 반영 (과탐 각각 1과 목으로 인정)	국/수/영/과1/과2 4합 6, 영2, 한4	○	연세대 (미래)	고른기회 - 농어촌	1	서류80(자)+면접20	최저완화(3합4&영2→4합6) 과탐 동일과목 I+II불가
3과목 반영 (합 4)	국/수/영/과(2절) 과탐포함 3합 4	○	경북대	농어촌 (정원내)	2	서류100	인적성면접20 폐지 최저변화(과탐 포함) 지정영역 필수 응시 과탐동일 I+II 가능 삭제
3과목 반영 (합 5)	국/수/영/과(2) 수학포함 3합 5	○	단국대 (천안)	농어촌	2	1단계(5배):서류100 2단계:1단계70+면접30	2023신설
	국/수/영/과(1) 수학포함 3합 5	○	경상 국립대	농어촌	3	1단계(3배):서류100 2단계:서류80+심층면접20	
3과목 반영 (합 6)	국/수/영/과(1) 수학포함 3합 6	○	조선대	농어촌	2	서류100	최저완화(4합6→3합6,수학)
수능 최저 없음			동아대	농어촌	2	서류100	
			서울대	기회균형I - 농어촌	1	1단계(2배):서류100(자) 2단계:1단계70+면접30	재학생만 지원가능(추천) 기회균형(저)는 정시로 교과이수기준 충족 확인
			순천향대	농어촌	2	1단계(4배):서류100 2단계:1단계70+면접30	1단계 3배수→4배수
			연세대	기회균형I (정원내)	2	1단계(일정배):서류100(자) 2단계:교과60+제시문면접40	정원내 전형(기,국,농)
			원광대	농어촌	2	1단계(5배):서류100(자) 2단계:1단계70+면접30	
			인하대	농어촌	2	서류100	
			충남대	종합II - 농어촌	2	1단계(3배):서류100 2단계:1단계66.7+면접33.3	
			충북대	농어촌	1	서류100	전문성/인성/적극성
			한림대	농어촌	2	1단계(5배):서류100(자) 2단계:1단계70+면접30	학업성취40/성장잠재30/인성30
			한양대	고른기회 (정원내)	3	학생부종합평가100	'국,농,특성'은 재수생(2021졸업 생)까지 지원가능 정원내 전형(기,국,농,특성,특수)

						치의예과 농어촌 교과전형	
과목수	최저학력기준	미/기 필수	대학명	전형명	인원	전형방법	특이/변동 사항
3과목 반영	국/수/영/과(1) 수학포함 3합 6	×	국립강릉 원주대2	기회균형 (기,국,농,서)	2	교과100	

				최저 충족 곤란도 순으로 정렬 : 치의예과 농어촌 종합전형			
과목수	최저학력기준	미/기 필수	대학명	전형명	인원	전형방법	특이/변동 사항
3과목 반영	국/수/영/과(1) 과탐포함 3합 4	○	경북대	농어촌 (정원내)	2	서류100	인적성면접20 폐지 최저변화(과탐 포함) 지정영역 필수 응시 과탐동일Ⅰ+Ⅱ 가능 삭제
	국/수/영/과(2) 수학포함 3합 5	○	단국대 (천안)	농어촌	1	1단계(5배):서류100 2단계:1단계70+면접30	2023신설
	국/수/영/과(1) 수학포함 3합 6	×	국립강릉 원주대	농어촌	2	1단계(5배):서류100 2단계:1단계80+면접20	
	국/수/영/과(1) 3합 7	○	조선대	농어촌	1	서류100	최저완화(4합6→3합7)
수능 최저 없음			연세대	기회균형Ⅰ (정원내)	2	1단계(일정배):서류100(자) 2단계:교과60+제시문면접40	정원내 전형(기,국,농)
			원광대	농어촌	2	1단계(5배):서류100(자) 2단계:1단계70+면접30	

최저 충족 곤란도 순으로 정렬 : **한의예과 농어촌 교과**전형

과목수	최저학력기준	미/기 필수	대학명	탐구 선택	전형명	인원	전형방법	특이/변동 사항
3과목 반영 (차등조건)	국/수/영/과(2절) 3합 5 미적분, 기하, 과탐 선택 아닐 시 3합 4	△	상지대1	사회 과학	농어촌	3	교과100	최저완화(2023영어포함)
3과목 반영 (합 5)	국/수/영 3합 5, 영역별 20내	×	세명대1	×	농어촌	2 이내	교과100	2015졸업생부터 지원가능
	국/수/영/사(1) 3합 5	확통 필수	대구 한의대1	사회	고른기회 (기,국,농,만)	3 (-1)	교과100	인원변경(4→3) 만학도 만25세(30→25) 최저변경(4합7→3합5)
	국/수/탐(1) 3합 5	×	동국대 (경주)2	사회 과학	농어촌	3	교과100	
3과목 반영 (합 6)	국/수/영/과(1) 3합 6	○	대구 한의대1	과학	고른기회(기, 국,농,만)	5	교과100	만학도 만25세(30→25) 최저변경(4합9→3합6)
3과목 반영 (차등조건)	국/수/영/탐(1) 수학포함 3합 6 미적분, 기하 선택 시 수학 1등급 상향	△	우석대2	사회 과학	농어촌	1	교과90+출결10	
수능 최저 없음			대전대2	×	농어촌	3 이내	교과90+출결10	2023최저폐지

최저 충족 곤란도 순으로 정렬 : **한의예과 농어촌 종합**전형

과목수	최저학력기준	미/기 필수	대학명	탐구 선택	전형명	인원	전형방법	특이/변동 사항
3과목 반영 (합 6)	국/수/영/과(1) 3합 6	○	대구 한의대	과학	농어촌	5	서류100	전형방법변경(교과→종합) 최저변경(4합9→3합6)
수능 최저 없음			가천대	×	농어촌	1	1단계(4배):서류100(자) 2단계:1단계50+면접50	6년 자격만
			원광대	×	농어촌	3	1단계(5배):서류100(자) 2단계:1단계70+면접30	

정원 외 농어촌전형과 더불어, 대학별 수시 정원 내인 고른기회전형에서도 농어촌 자격을 갖추면 지원할 수 있는 경우가 많다.

다만 고른기회는 차상위계층/특성화고교 졸업자를 비롯하여, 대학별로 정해진 다른 자격들과 함께 지원하는 전형이라는 것을 고려해야 한다. 지원 자격별로 모집인원이 정해진 것은 아니지만, 워낙 적은 인원을 모집하기에 합격 유불리를 추정하고 분석하기 어려운 측면이 있다.

농어촌전형으로 지원하는 학생들은 학교생활도 우수하지만 내신 성적이 매우 좋은 학생이 많다. 농어촌전형에서 특히 자기소개서나 면접마저 없는 전형이라면, 내신 성적이 더욱 중요하지 않을까.

벽지 지역으로 태백시의 고등학교는 모두 농어촌전형에 지원할 수 있다. 상지대학교의 경우, 읍·면이 아니라도 인정되는 지역으로 신활력지역 및 소도시이며 교통 여건이 열악한 태백시, 삼척시를 인정지역으로 정하고 있다.

• 지원가능 기준

❶ 지원 자격은 연속된 연수만을 인정함.

❷ 농어촌 지역의 적용은 지원자의 재학 기간 당시의 행정구역 단위를 기준으로 함.

❸ 재학기간 중 읍/면 행정구역이 동 지역으로 개편된 경우에는 농어촌지역으로 인정함.
  (유의 사항 : 동으로 행정구역이 개편된 후 주소지를 이전한 경우는 농어촌 읍면지역으로 인정하지 않음)

❹ 농어촌지역 특성화고(대안학교, 「평생교육법」에 의한 학력인정학교 포함) 출신자는 가능함.

❺ 2개 이상의 학교에 재학한 경우, 해당 학교 모두가 농어촌지역에 소재한 학교이어야 함
  (동일지역이 아니라도 지원가능).

❻ 부모와 학생의 거주지 또는 거주지와 학교 소재지가 동일한 농어촌 지역이 아니라도 가능함.

❼ 부모가 이혼한 경우, 이혼 전의 부모 주소는 농어촌 지역이어야 하고, 이혼 시점부터 졸업까지 친권자(혹은 양육권자)의 주소지도 농어촌 지역이어야 함.

❽ 부 또는 모, 부모 모두가 사망·실종한 경우에는 법률상의 사망·실종일 이전까지의 주소지가 농어촌 지역이어야 하고, 법률상의 사망·실종일 이후부터는 생존하는 부 또는 모, 또는 친권(또는 양육권) 있는 자가 농어촌 지역에 거주하여야 함.

❾ 졸업예정자는 고교 졸업 시까지 농어촌 지역에 거주하여야 함(고교 졸업 이후의 주소지는 농어촌 지역이 아니어도 됨).

❿ 농어촌학생 특별 전형 지원자격 보완 입법 예고.
  재학기간과 거주기간은 연속된 연수만을 인정함(학업 중단 후 재입학할 경우에도 거주기간은 중간 단절 없이 연속되어야 함).

⓫ 학생과 부모의 거주는 각각의 주민등록상 거주기록과 일치해야 함.

• 지원불가 대상

❶ 유형 I 의 경우, 중학교 입학일부터 고등학교 졸업(예정) 시까지 부·모·학생 중 1인이 단 하루라도 주민등록상 거주지가 농어촌 지역이 아닌 곳으로 전출·입한 사실이 있는 자

❷ 중·고등학교 교육과정 중 일부를 농어촌 지역이 아닌 곳에 소재한 중·고등학교에 재학한 자(유형II의 경우, 초등학교 포함)

❸ 농어촌 지역에 소재한 특수목적고(과학고, 외국어고, 예술고, 체육고, 국제고 등) 출신자

❹ 중·고등학교 졸업 학력 검정고시 합격자(유형II의 경우, 초등학교 포함)

• 많이 실수하는 사례

❶ 졸업할 때까지 지원 자격을 유지하여야 함에도 불구하고, 대입 수시모집 농어촌전형으로 최종 합격자로 선정된 이후 주소를 이전한 경우가 많음.

❷ 유형 I 의 경우, 부모도 주민등록상 **농·어촌 또는 도서·벽지에 거주하여야 함에도 불구하고** 부동산 등의 이유로 동으로 주소이전이 이루어진 경우가 많음. 단 하루라도 동 지역으로 이전하면 지원 자격이 될 수 없음.

• 제출 서류

– 학교생활기록부(온라인 제공 미동의자만 제출)
– 지원자 자격 확인을 위한 서류

자격유형	제출서류	세부 제출 사항			
유형 I	① 지원자격심사 신청서 1부	【본교 서식】			
	② 부·모·지원자의 주민등록초본 각 1부	– 주민등록초본은 주민등록번호 명시 필수 – 주소변경내역 포함 필수 – 주소가 변경된 경우에는 세대주와 관계 사항을 모두 포함하여 발급된 서류 제출			
	③ 가족관계증명서 1부	– 가족관계증명서는 지원자 기준으로 제출 – 부모가 외국인일 경우 외국인등록사실증명서(군청, 읍·면·동 주민센터 발급)를 추가 제출			
	④ 중·고교 학교생활기록부 각 1부	지원자격 확인용	– 중학교 생활기록부는 별도 제출 – 고등학교 생활기록부는 온라인제공 동의 시 미제출		
	⑤ 기타 지원 자격 확인에 필요한 서류 각 1부	양육권 판결문 등(해당자)			
		중·고교 재학 전체 기간 중 해당자	부·모의 이혼	지원자 기본증명서 1부 및 부 또는 모 혼인관계 증명서 1부
			부·모의 사망	사망일자가 표기된 말소자 초본 1부 또는 제적등본 (사망자 기본증명서) 1부
유형 II	① 지원자격심사 신청서 1부	【본교 서식】			
	② 지원자의 주민등록초본 1부	– 주민등록초본은 주민등록번호 명시 필수 – 개인 인적 사항 변경내역과 모든 주소변경내역 포함 필수			
	③ 초·중·고교 학교생활기록부 각 1부	지원자격 확인용	– 초·중학교 생활기록부는 별도 제출 – 고등학교 생활기록부는 온라인제공 동의 시 미제출		

※ 지원 자격 확인이 필요한 경우에는 추가적으로 지원 자격 관련 서류 제출을 요구할 수 있음.

기초생활수급자 및 차상위계층, 한부모가족지원대상자

※ 중요

> 기회균형이나, 고른기회를 지원할 수 있는 자격 안에, '기초생활수급자 및 차상위계층' 뿐만 아니라 '농어촌, 국가보훈 대상자, 특성화고 졸업자, 특수교육대상자' 등을 자격으로 두는 전형이 '기초생활 수급자 및 차상위계층' 자격만 두는 전형보다 경쟁률이 높다. 특히 '농어촌전형'이 포함되어 있다면 농어촌 지역의 우수한 학생들이 몰릴 수도 있다. <u>따라서 '기초생활수급자 및 차상위계층' 자격이 된 다면, 그 지원 자격만 지원할 수 있는 전형을 먼저 고려하는 것이 좋다.</u>

「지역인재 선발 의무화 시행령」 개정 관련하여 「국민기초생활 보장법」 제2조 제2호에 따른 수급자 등 법 제15조 제4항 각 호에 해당하는 학생 선발인원 제정으로 인하여 모집단위별 모집인원 50명 이하일 때, 학생 최소 선발인원은 1명이고 50명 초과 100명 이하 2명, 100명 초과 150명 이하 3명, 150명 초과 200명 이하 4명, 200명 초과 5명을 선발해야 하므로 역시 기초 생활수급자 전형으로 선발하려는 대학이 생길 것이다. 이것도 역시 향후 전형계획 변경 사항을 살펴보자.

• 유형 I
「국민기초생활 보장법」 제2조 제1호(수급권자), 제2호(수급자)에 따른 대상자

					의예과 종합전형 (기초생활수급자)			
과목수	대학명	정원내외	전형명	인원	전형방법	최저학력기준	미/기 필수	특이/변동 사항
4과목 반영	연세대 (미래)	외	연세 한마음	1	서류80(자)+면접20	국/수/영/과1/과2 4합 6, 영2, 한4	○	최저완화(3합4&영2→4합6) 과탐 동일과목 I+II불가

• 유형II

「국민기초생활 보장법」 제2조 제1호(수급권자), 제2호(수급자)와 제10호(차상위계층)에 의한 대상자, 「한부모가족지원법」 제5조 또는 제5조의2에 따른 대상자

※ 중요: 전형명에서 (☐☐☐☐) 표시는 '기초생활수급자 및 차상위계층, 한부모가족 자격만' 지원할 수 있는 전형이다.

의예과 교과전형 (기초생활수급자 및 차상위계층, 한부모가족)

과목수	최저학력기준	미/기 필수	대학명	정원 내외	전형명	인원	전형방법	특이/변동 사항
4과목 반영 (합 6)	국/수/영/과(1) 4합 6	×	을지대2	정원외	기회균형	2	교과95+인성면접5	과탐 2과목 필수
3과목 반영 (합 4)	국/수/과(1) 3합 4	×	동국대 (경주)2	정원외	고른기회II	2 (+1)	교과100	명칭(사회배려자→고른기회) 인원변경(1→2)
3과목 반영 (합 5)	국/수/영/과(2절) 3합 5	○	가톨릭 관동대1	정원내	기회균형 (기,국,농,특수,특수, 서만)	2	교과100	최저완화(과탐 평→절)
	국/수/영/과(2절) 3합 5	○	가톨릭 관동대1	정원외	기초생활 및 차상위	2	교과100	최저완화(과탐 평→절)
3과목 반영 (합 6)	국/수/영/과(2절) 수학포함 3합 6	○	전남대1	정원내	사회적배려대상자 (기,국)	1	교과100	최저변경(4합7→3합6 수학포함, 과1→과2절)
	국/수/영/과(2절) 수학포함 3합 6	○	제주대1	정원외	고른기회	2	교과100	
	국/수/영/과(1) 수학포함 3합 6	○	조선대1	정원외	기초생활	2	교과90+출결10	최저완화(4합6→3합6,수학포함 추가) 교과 졸업생도 3-1까지변경

의예과 종합전형 (기초생활수급자 및 차상위계층, 한부모가족)

과목수	최저학력기준	미/기 필수	대학명	정원 내외	전형명	인원	전형방법	특이/변동 사항
4과목 반영 (합 6)	국/수/영/과(1) 수학포함 3합 5	○	경상 국립대	정원내	기초생활	1	1단계(3배):서류100 2단계:서류80+심층면접20	
	수능 최저 없음		순천향대	정원외	기초생활 및 차상위	2	1단계(4배):서류100 2단계:1단계70+면접30	1단계 3배수→4배수
			연세대	정원내	기회균형I (기,국,농)	2	1단계(일정배):서류100(자) 2단계:교과60+제시문면접40	
			원광대	정원외	기회균등	2	1단계(5배):서류100(자) 2단계:1단계70+면접30	2023지원자격 변경
			충남대	정원외	종합II 저소득	1	1단계(3배):서류100 2단계:1단계66.7+면접33.3	
			한양대	정원내	고른기회 (기,국,농,특성,특수)	3	학생부종합평가100	'국,농,특성'은 재수 생(2021졸업생)까지 지원가능

치의예과 교과전형 (기초생활수급자 및 차상위계층, 한부모가족)

과목수	최저학력기준	미/기 필수	대학명	정원 내외	전형명	인원	전형방법	특이/변동 사항
3과목 반영	국/수/영/과(1) 수학포함 3합 6	×	국립강릉 원주대2	정원내	기회균형 (기,국,농,서)	2	교과100	
	국/수/영/과(1) 3합 7	○	전남대1	정원내	사회적배려 대상자 (기,국)	1	교과100	최저완화(4합8→3합7) 과탐 2과목 필수 응시
		○	조선대1	정원외	기초생활	1	교과90+출결10	최저완화(4합6→3합7)

치의예과 종합전형 (기초생활수급자 및 차상위계층, 한부모가족)

과목수	최저학력기준	미/기 필수	대학명	정원 내외	전형명	인원	전형방법	특이/변동 사항
	수능 최저 없음		연세대	정원내	기회균형 I (기,국,농)	2	1단계(일정배):서류100(자) 2단계:교과60+제시문면접40	
			원광대	정원외	기회균등	2	1단계(5배):서류100(자) 2단계:1단계70+면접30	2023 지원자격 내용 약간의 변화

한의예과 교과전형 (기초생활수급자 및 차상위계층, 한부모가족)

과목수	최저학력기준	미/기 필수	대학명	탐구 선택	정원 내외	전형명	인원	전형방법	특이/변동 사항
3과목 반영 (합 5)	국/수/영 3합 5, 영역별 20이내	×	세명대1	×	정원외	기초생활/차상위/한부모	2 이내	교과100	
	국/수/탐(1) 3합 5	×	동국대(경주)2	사회 과학	정원외	고른기회II	3 (+2)	교과100	인원변경(1→3) 명칭(사회배려자→고른기회)
	국/수/영/사(1) 3합 5	확통 필수	대구 한의대1	사회	정원내	고른기회 (기,국,농,만)	3 (-1)	교과100	인원변경(4→3) 만학도 만25세(30→25) 최저변경(4합7→3합5)
	국/수/영/과(1) 3합 6	○		과학	정원내	고른기회 (기,국,농,만)	5	교과100	만학도 만25세(30→25) 최저변경(4합9→3합6)
	국/수/영/탐(1) 3합 6	×	동신대2	사회 과학	정원외	기초수급	2	교과80+출결20	
	국/수/영/탐(1) 수학포함 3합 6 미적분, 기하 선택 시 수학 1등급 상향	△	우석대2	사회 과학	정원외	기회균형	1	교과90+출결10	

한의예과 종합전형 (기초생활수급자 및 차상위계층, 한부모가족)

과목수	최저학력기준	미/기 필수	대학명	탐구 선택	정원 내외	전형명	인원	전형방법	특이/변동 사항
3과목 반영	국/수/영/과(1) 3합 6	○	대구 한의대	과학	정원외	기초생활 및 차상위	5	서류100	전형방법변경(교과→종합) 최저변경(4합9→3합6)
	수능 최저 없음		원광대	×	정원외	기회균등	2	1단계(5배):서류100(자) 2단계:1단계70+면접30	2023 지원자격 내용 약간의 변화

농어촌 자격이 포함된 기타 기회균형전형
: 국가보훈 대상자, 특성화고 졸업자, 특수교육대상자, 서해 5도, 만학도

이번에 다룰 지원 자격은 농어촌 자격과 동시에 선발하기 때문에 지원하는 학생이 <u>수준이 낮다고 볼수 없다.</u> 단지 지원 자격별로 보기 쉽게 나누어 정리해 보았으니 참고용으로 보자.

• 국가보훈 대상자 지원자격

국가보훈 대상자로서 다음의 「보훈관계법령」에 따라 교육지원을 받는 대상자(해당자 본인 및 자녀, ①항의 경우만 손자녀 포함)로서 보훈(지)청장이 발급하는 대학입학특별전형 대상자 증명서를 제출할 수 있는 자

❶ 「독립유공자예우에 관한 법률」 제4조
❷ 「국가유공자 등 예우 및 지원에 관한 법률」 제4조 제1항 제3호 ~ 제9호, 제1호 ~ 제18호, 제73조, 제73조의2
❸ 「5·18 민주유공자예우에 관한 법률」 제4조
❹ 「고엽제후유의증 등 환자지원 및 단체설립에 관한 법률」 제2조 제3호
❺ 「특수임무유공자 예우 및 단체설립에 관한 법률」 제3조
❻ 「보훈보상대상자 지원에 관한 법률」 제2조 제1항 제1호 ~ 제4호

• 서해 5도 지원자격

국내 고등학교 졸업(예정)자로서 학교생활기록부가 있는 자로 아래 ① 또는 ②의 조건 중 하나를 만족하는 자

❶ 서해 5도에서 친권자 또는 후견인과 함께 거주하면서 서해 5도에 설립된 중학교 및 고등학교의 모든 교육과정을 이수한 자
❷ 서해 5도에 거주하면서 서해 5도에 설립된 초등학교, 중학교 및 고등학교의 모든 교육과정을 이수한 자

• 특성화고 졸업자 지원자격

「초·중등교육법 시행령」 제91조 제1항에 따른 특성화고등학교(자연현장실습 등 체험위주의 교육을 전문으로 실시하는 고등학교 제외) 및 특성화고에서 제공하는 것과 같은 교육과정으로 운영되는 학과가 있는 일반고(종합고) 졸업(예정)자로서 학교생활기록부가 있는 자로 아래 ① 또는 ②의 조건 중 하나를 만족하는 자

❶ 대학이 지정한 지원 가능 모집단위에 해당하는 동일계열 인정 고교 기준학과를 이수한 자
❷ 고교의 기준학과가 대학의 기준학과와 다르더라도 대학의 모집단위와 관련된 전문교과를 30단위 이상 이수한 자
　※종합고의 일반고 교육과정 졸업(예정)자, 산업수요맞춤형고(마이스터고) 졸업(예정)자는 지원할 수 없음

• 특수교육대상자 지원자격

국내 고등학교 졸업(예정)자로서 학교생활기록부가 있는 자 또는 검정고시 출신자 등 법령에 의하여 이와 동등 이상의 학력이 있다고 인정된 자로 「장애인복지법」 제32조에 의하여 장애인으로 등록이 되어 있는 자

• 북한주민이탈자 지원자격

※ 국내·외 고등학교 졸업자(2022년 2월 졸업예정자 포함) 또는 법령에 의하여 고등학교 졸업 이상의 학력이 있다고 인정된 자(고등학교 졸업학력 검정고시 합격자 포함)인 북한이탈주민

• 만학도

ex) 25세 이상 지원가능

의예과 교과 특별 전형

지원 자격	대학명	전형명	인원	전형방법	최저학력기준	미/기 필수	특이/변동 사항
국가보훈 대상자 특성화고 졸업자 특수교육 대상자 서해 5도 만학도	가톨릭 관동대1	기회균형 (기,국,농,특성,특수, 서,만)	2	교과100	국/수/영/과(2절) 3합 5	○	최저완화(과탐 평→절)

의예과 종합 특별 전형

지원 자격	대학명	전형명	인원	전형방법	최저학력기준	미/기 필수	특이/변동 사항
국가보훈 대상자 특성화고 졸업자 특수교육 대상자	한양대	고른기회 (기,국,농,특성,특수)	3	학생부종합평가100	없음		'국,농,특성'은 재수생(2021 졸업생)까지 지원가능

치의예과 교과 특별 전형

지원 자격	대학명	전형명	인원	전형방법	최저학력기준	미/기 필수	특이/변동 사항
국가보훈대상자 서해 5도	국립강릉 원주대2	기회균형 (기,국,농,서)	2	교과100	국/수/영/과(1) 수학포함 3합 6	×	

치의예과 종합 특별 전형

지원 자격	대학명	전형명	인원	전형방법	최저학력기준	미/기 필수	특이/변동 사항
국가보훈대상자	연세대	기회균형 I (기,국,농)	2	1단계(일정배):서류100(자) 2단계:교과60+제시문면접40	없음		

한의예과 교과 특별 전형

지원 자격	대학명	탐구선택	전형명	인원	전형방법	최저학력기준	미/기 필수	특이/변동 사항
국가보훈대상자	내수 한의대	사회	고른기회 (기,국,농,만)	3 (-1)	교과100	국/수/영/사(1) 3합 5	확통 필수	인원변경(4→3) 최저변경(4합7→3합5)
		과학		5	교과100	국/수/영/과(1) 3합 6	○	최저변경(4합9→3합6)
만학도		사회		3 (-1)	교과100	국/수/영/사(1) 3합 5	확통 필수	인원변경(4→3) 만학도 만25세(30→25) 최저변경(4합7→3합5)
		과학		5	교과100	국/수/영/과(1) 3합 6	○	만학도 만25세(30→25) 최저변경(4합9→3합6)

농어촌 자격이 포함되지 않은 기타 기회균형전형

(중요) 다음 전형은 농어촌전형과 <u>동시에 선발하지 않는다.</u> 수능 최저를 충족할 수 있다면 합격 가능성이 커 보인다.

의예과 교과 특별 전형							
지원 자격	대학명	전형명	인원	전형방법	최저학력기준	미/기 필수	특이/변동 사항
국가보훈 대상자	전남대 학석사1	사회적배려대상자 (기,국)	1	교과100	국/수/영/과(2절) 수학포함 3합 6	○	최저변경(4합7→3합6 수학 포함, 과1→과2절)

치의예과 교과 특별 전형							
지원 자격	대학명	전형명	인원	전형방법	최저학력기준	미/기 필수	특이/변동 사항
국가보훈 대상자	전남대 학석사1	사회적배려대상자 (기,국)	1	교과100	국/수/영/과(1) 3합 7	○	최저완화(4합8→3합7) 과탐 2과목 필수 응시

의예과 종합 특별 전형							
지원 자격	대학명	전형명	인원	전형방법	최저학력기준	미/기 필수	특이/변동 사항
지원 자격은 오른쪽 내용과 같다	연세대 (미래)	기회균형	3	서류80(자)+면접20	국/수/영/과1/과2 4합 6, 영2, 한4	○	최저완화(3합4&영2→4합6) 과탐 동일과목 I+II불가
	지원자격 ※ 국가보훈 대상자 : 「국가보훈 기본법」 제3조 제2호의 '국가보훈대상자'로서 국가보훈관계 법령에 따른 교육지원 　대상자이며 [대학입학특별전형 대상자 증명서를 제출할 수 있는 자 ※ 민주화 운동 관련자 : 「민주화운동관련자 명예회복 및 보상 등에 관한 법률」 제2조 2항 각 호에 해당하는 자(민주 　화운동관련자 명예회복 및 보상심의위원회의 민주화운동관련자증서 발급 가능자) 또는 그의 자녀 ※ 직업군인 자녀 : 군 복무기간 총 15년 이상이며, 직업군인으로 재직 중인 자의 자녀(복무기간은 임관일로부터 산정 　하며, 휴직기간도 복무기간으로 인정함) ※ 소방공무원의 자녀 : 소방공무원으로 재직 기간이 10년 이상이며, 2021년 9월 현재 재직 중인 자의 자녀 ※ 장애인부모의 자녀 : 부모 중 1인 이상이 장애인 복지법 제32조에 의하여 장애인 등록(중증 장애인만 해당)을 필한 　장애인의 자녀 (중증장애인은 장애등급 폐지 전 1~3급에 준함) ※ 조손가정 : (외)할아버지, (외)할머니, 손자, 손녀로 구성된 가족으로서 부모가 사망하거나 생사가 분명하지 않은 　손자녀(한부모가족 지원사업 대상자 확인서 제출 가능한 자에 한함) ※ 국내·외의 벽·오지 근무경력이 있는 선교사 및 교역자 또는 의료봉사자의 자녀 : 국내·외의 벽·오지에서 2011년 1 　월 1일 ~ 2021년 9월 9일까지의 기간 동안 통산 근무경력 기간이 5년 이상이며 2021년 9월 9일 현재 해당 분야 　에 재직 중인 자의 자녀 ※ 다문화 가정 : 결혼 이전에 외국 국적이었던 친모(친부)와 국적이 대한민국인 친부(친모) 사이에 출생한 대한민국 　국적자(단, 결혼 이전에 외국 국적이었던 친모(친부)가 과거에 한국국적을 포기한 사실이 있을 경우 지원자격을 인 　정하지 아니함) ※ 다자녀가정 출신자 : 지원자, 부, 모 각각의 가족관계증명서로 다자녀(3자녀 이상) 가정 확인이 가능한 자						
특수교육 대상자	연세대 (미래)	특수교육 대상자 (정원외)	0	서류80(자)+면접20	국/수/영/과1/과2 4합 6, 영2, 한4	○	최저완화(3합4&영2→4합6) 과탐 동일과목 I+II불가
북한이탈주민	연세대 (미래)	기회균등 (정원외)	0	서류80(자)+면접20	국/수/영/과1/과2 4합 6, 영2, 한4	○	최저완화(3합4&영2→4합6) 과탐 동일과목 I+II불가

가톨릭지도자추천

　가톨릭학교 중에서 의과대학이 있는 대학은 <u>가톨릭대, 대구가톨릭대, 가톨릭관동대</u> 세 대학이다. 이 중에서 가톨릭지도자추천전형을 두고 있는 대학은 가톨릭대와 가톨릭관동대이며, 가톨릭관동대학교는 가톨릭지도자추천전형으로 의예과 학생 선발 인원을 올해 신설하였다. 필자도 대구가톨릭대학교에도 가톨릭지도자추천전형으로 의예과와 약학과 학생을 선발하면 좋겠다고 공식적으로 건의하였고 추후 가톨릭지도자추천전형으로 약간의 인원을 선발할 것을 기대하고 있다.

　가톨릭계 고등학교 출신이거나, 가톨릭 신자라면 관심을 가지고 지원해도 좋을 것 같다.

　가톨릭계 고등학교장의 추천을 받아도 되기 때문에 천주교 신자가 아니어도 지원 가능하다. 가톨릭 신자이고 열심히 활동을 한 학생이라면 자신의 경험과 연관을 지어 대답을 잘 이끌어 낸다면 긍정적으로 평가할 수도 있겠지만, 그것이 아니라도 가톨릭 정신에 입각한 생명윤리, 의사상을 잘 알고 있어야 한다. 참고로 세례만 받은 가톨릭 신자인 경우도 많다.

　필자의 애제자 중 한 명이 가톨릭대 가톨릭지도자추천전형에서 1단계 1위의 성적을 받았으나 면접으로 인해 떨어진 경험이 있다. 가톨릭지도자추천전형은 가톨릭에 대한 이해와 준비가 부족했다는 것을 면접 기출문제 복원을 통해 알 수 있었다.

　추천은 지원자격 요건이기 때문에 누구에게 추천받든지 결과와는 상관없다. 따라서 굳이 가까이에 있는 본당 신부나 가톨릭계 고교장에게 추천을 받지 않고 일부러 교구장, 주교 신부를 찾아간다든지 수도원장에게 찾아갈 필요는 없다.

의예과 가톨릭지도자 추천 전형(정원내)						
대학명	전형명	인원	전형방법	최저학력기준	미/기 필수	특이/변동 사항
가톨릭관동대	가톨릭지도자추천	2	1단계(6배):서류100 2단계:1단계70+면접30	국/수/영/과(2절) 3합 5	○	2023최저완화(과탐 평→절) 자기소개서폐지
고등학교 졸업(예정)자로서 아래 지원자격 중 하나에 해당하는 자 ① 가톨릭 사제 또는 현직 수도회 장상(총원장, 관구장, 지부장)의 추천을 받은 자 ② 가톨릭계 고등학교 교장의 추천을 받은 자(지원의 종교와는 무관함) ③ 가톨릭교회법이 인정하는 수도자로 수도회 장상의 추천을 받은 자						
가톨릭대	가톨릭지도자추천	2	1단계(3배):서류100(자) 2단계:1단계70+면접30	없음		
국내 고등학교 졸업(예정)자로서 아래의 ①항 또는 ②항에 해당되는 자 ① 가톨릭 사제 또는 현직 수도회 장상(총원장, 관구장, 지부장), 출신 가톨릭계 고등학교장의 추천을 받은 자(지원자의 종교나 신앙과는 무관함) ② 교회법에서 인정하는 첫 서원자 이상의 수도자(수사, 수녀) 중 소속 수도회 장상의 추천을 받은 자 (※ 단, 한 수도회에서 다수의 지원자를 추천 가능하나 모집단위별로는 1명만 추천 가능하며, 수도자는 의예과에 지원 불가함)						

졸업연도 자격 확인

재학생만 지원자격이 되는 경우는 아무래도 경쟁률이 상대적으로 낮을 수 있다. 한양대는 재수생까지 지원이 가능하며, 사실 의학계열을 지원하는 우수한 학생들에게 2017년도 이전의 졸업연도 자격은 무의미하다고 생각된다. 최상위권 학생들이 지원하는 의학계열이라는 특수성 때문에 재학생 중에서도 우수한 학생이 많으므로 N수생이 합격할 확률은 생각보다 높지 않다.

졸업년도	의예	치의예	한의예
재학생	경희대 교과 지역균형 서울대 종합 지역균형 연세대 교과 추천형	경희대 교과 지역균형 연세대 교과 추천형	경희대 교과 지역균형(인문, 자연)
2021	한양대 종합 일반 한양대 종합 고른기회		
2017	동아대 교과 지역인재		
2015	가톨릭대 교과 지역균형		세명대 교과 지역인재 세명대 종합 학생부종합 세명대 교과 농어촌

PART **4**

수시모집 전형 입시결과

● 교과 의예 – 치의예 – 한의예

● 종합 의예 – 치의예 – 한의예

● 논술 의예 – 치의예 – 한의예

· 2022학년도 수시모집 전형결과는 genius6706@naver.com으로 메일 보내주시면 늦어도 2022년 7월에 일괄 답장하겠습니다.

의예과 수시 교과 전형 입시결과										
대학명	2023 모집전형	년도 구분	모집	지원	경쟁률	최저통과 실경쟁률	합격최종 예비번호	전형결과		
								환산점	내신	구간
가천대	지역균형	2021	5	129	25.8		12		1.1	90%
		2022	5	97	19.4					
가톨릭 관동대	교과일반	2021	16	238	14.88			978.07	1.58	80%
		2022	9	222	24.67					
	강원인재	2021	8	82	10.25			986.46	1.36	80%
		2022	8	96	12					
	기회균형 (기,국,농,특성,특수, 서,만)	2021	2	47	23.5			997.64 (996.76)	1.06 (1.09)	80% (평균)
		2022	2	54	27					
	농어촌	2021	2	86	43			988.71	1.3	80%
		2022	2	64	32					
	기초생활 및 차상위	2021	2	36	18			959.77	2.07	80%
		2022	2	54	27					
가톨릭대	지역균형	2022	10	403	40.3					
강원대	일반	2021	10	319	31.9	92명충족	28 (미충원4)	119.54	1.15	최하
		2022	10	225	22.5					
	지역인재	2021	15	130	8.67	35명충족	15	115.8	2.4	최하
		2022	15	197	13.13					
건국대 (글로컬)	고른기회 I 지역인재	2022	12	113	9.42					
	고른기회 I 농어촌	2022	1	18	18					
건양대	일반 (최저)	2021	14	496	35.4		14 (미충원7)		1.33	최저
		2022	10	298	29.8					
	지역인재 (최저)	2021	15	261	17.4		24 (미충원4)		1.4	최저
		2022	10	173	17.3					
	지역인재 (면접)	2021	5	58	11.6		4		1.05	최저
		2022	10	66	6.6					
	농어촌	2021	2	76	38		2		1.4	최저
		2022	2	48	24					
경북대	지역인재 (교과)	2021	10	75	7.5	2.6	12 (미충원2)	324.56	1.8	85%
		2022	10	147	14,7					
경상 국립대	일반	2021	17	474	27.88	10.12	51	995.64	1.29	80%
		2022	14	320	22.86					
	지역인재	2021	12	322	26.83	8.58	20	996.25	1.25	80%
		2022	20	364	18.2					
계명대	일반	2021	17	254	14.9		15 (미충원6)		1.55	85%
		2022	17	378	22.24					
	지역	2021	19	260	13.7		14		1.3	85%
		2022	19	245	12.89					

의예과 수시 교과 전형 입시결과										
대학명	2023 모집전형	년도 구분	모집	지원	경쟁률	최저통과 실경쟁률	합격최종 예비번호	전형결과		
								환산점	내신	구간
고려대	학교추천	2021	34	676	19.88		28		1.1	추정
		2022	30	684	22.8					
고신대	일반고	2021	30	302	10.07		35		1.44	1단계
		2022	25	356	14.24					
	지역인재	2021	20	193	9.65		18		1.51	1단계
		2022	25	345	13.8					
대구 가톨릭대	지역교과 우수자	2021	15	247	16.5		5		1.7	90%
		2022	15	290	19.33					
	DCU 자기추천	2021	5	101	20.2		2		1.69	90%
		2022	5	133	26.6					
	농어촌	2021	2	43	21.5		정시이월2			
		2022	2	74	37					
동국대 (경주)	교과	2021	16	685	42.8		16		1.6	80%
		2022	13	763	58.49					
동아대	지역인재 교과	2021	30	415	13.83		41	895.1	1.37	70%
		2022	30	442	14.73					
부산대	지역인재	2021	15	256	17.07		17		1.31	70%
		2022	30	438	14.6					
순천향대	일반	2021	21	269	12.81	29	25	998.065	1.1	최저
		2022	20	283	14.15					
	지역인재	2021	21	159	7.57	31.4	20	993.846	1.31	최저
		2022	21	191	9.1					
연세대	추천형	2021	28	402	14.36		12		1.3	추정
		2022	22	225	10.23					
연세대 (미래)	교과 우수자	2021	14	282	20.14					
		2022	15	186	12.4					
영남대	일반	2021	8	233	29.13		22	676.16	1.48	80%
		2022	8	274	34.25					
	지역인재	2021	25	407	16.28		18	675.36	1.58	80%
		2022	25	340	13.6					
	의학창의인재	2021	8	190	23.75		4	472.92	1.55	80%
		2022	8	146	18.25					
을지대	지역균형	2021	10	198	19.8	13명충족	3 (미충원7)	1.25		50%
		2022	10	288	28.8					
	지역 의료인재	2021	12	170	14.2		5	1.36		50%
		2022	15	206	13.73					
	농어촌	2021	2	46	23		1 (미충원1)			
		2022	2	62	31					
	기회균형 (기)	2021	2	31	15.6		0			
		2022	2	26	13					

의예과 수시 교과 전형 입시결과										
대학명	2023 모집전형	년도 구분	모집	지원	경쟁률	최저통과 실경쟁률	합격최종 예비번호	전형결과		
								환산점	내신	구간
인제대	의예	2021	28	306	10.93		17	79.36	1.12	70%
		2022	28	263	9.39					
	지역인재	2021	28	254	9.07		10	78.98	1.2	70%
		2022	28	237	8.46					
	농어촌	2021	4	44	11		0	99.61	1.06	70%
		2022	4	31	7.75					
전남대	일반	2021	37	524	14.2		29	995.49	1.3	70%
		2022	24	415	17.29					
	지역인재	2021	38	352	9		40 (미충원4)		1.13	70%
		2022	38	399	10.5					
전북대	일반	2021	29	863	29.38		30 (미충원1)	998.33	1.54	70%
		2022	29	895	30.86					
	지역인재	2021	46	625	13.6		14	998.49	1.49	70%
		2022	46	464	10.09					
제주대	일반	2021	14	177	12.64		17 (미충원6)	998.7	1.18 (1.09)	80% (주요교과)
		2022	13	265	20.38					
	지역인재	2021	6	38	6.33		3 (미충원3)	995.2	1.35 (1.33)	80% (주요교과)
		2022	6	43	7.17					
조선대	일반	2021	43	671	15.6		30 (미충원26)	851.39 (비교과94.94) (면접48.84)	1.38	70%
		2022	42	512	12.19					
	기초생활	2021	1	28	28		2	40 (비교과34) (전공적합7.5)	1.44	평균
		2022	2	26	13					
충남대	일반	2021	23	387	16.8		39	(98.72)	1.17 (1.12)	70% (평균)
		2022	23	370	16.09					
	지역인재	2021	23	216	9.4		23 (미충원1)	(96.8)	1.39 (1.32)	70% (평균)
		2022	23	280	12.17					
충북대	교과	2021	4	352	88		6	78.82	1.59	평균
		2022	5	200	40					
	지역인재	2021	6	552	92		7	79.23	1.39	평균
		2022	7	203	29					

치의예과 수시 교과 전형 입시결과										
대학명	2023 모집전형	년도 구분	모집	지원	경쟁률	최저통과 실경쟁률	합격최종 예비번호	전형결과		
								환산점	내신	구간
국립강릉 원주대	기회균형 (기,농,국,서)	2021	1	17	17		0 (미충원1)			
		2022	2	58	29					
경북대	일반(교과)	2021	10	380	38	5.2	21 (미충원1)		1.85	85%
		2022	5	385	77					
	지역인재 (교과)	2021	10	334	33.4	7.7	13 (미충원3)		1.9	85%
		2022	10	352	35.2					
부산대 학석사	지역인재	2021	15	312	20.8		17		1.49	70%
		2022	16	276	17.25					
연세대	추천형	2021	12	120	10		6		1.6	추정
		2022	12	80	6.67					
전남대 학석사	일반	2021	15	388	25.49		42	992.32	1.51	70%
		2022	7	247	35.29					
	지역인재	2021	12	125	10		9 (미충원3)		1.26	70%
		2022	9	165	18.33					
전북대	일반	2021	6	307	51.2		12 (미충원1)	996.96	1.99	70%
		2022	6	501	83.5					
	지역인재	2021	18	132	7.3		0 (미충원10)	995.69 (997.05)	2.4 (1.96)	평균 (70%)
		2022	18	270	15					
조선대	일반	2021	26	1225	47.1		65 (미충원1)	446.96 (비교과49.99)	1.61	70%
		2022	28	797	28.46					
	기초생활	2021	1	18	18		0	37.5 (비교과40) (전공적합7.5)	1.85	50%
		2022	1	19	19					

한의예과 수시 교과 전형 입시결과										
대학명	2023 모집전형	년도구분	모집	지원	경쟁률	최저통과 실경쟁률	합격최종 예비번호	전형결과		
								환산점	내신	구간
가천대	지역균형	2021	5	167	33.4		5		1.2	90%
		2022	3	49	16.33					
대구 한의대	교과일반(자연)	2021	12	346	28.8	95명충족	42	998.96	1.7	90%
		2022	12	545	45.42					
	교과면접(인문)	2021	10	250	25	55명충족	14	996.94	1.4	90%
		2022	10	240	24					
	교과면접(자연)	2021	12	293	24.4	54명충족	14	994.41	1.5	90%
		2022	12	309	25.75					
	고른기회(인문) (기, 국, 농, 만)	2021	4	154	38.5	22명충족	2	999	1.7	90%
		2022	4	114	28.5					
	고른기회(자연) (기, 국, 농, 만)	2021	5	145	29	16명충족	1	998.96	1.9	90%
		2022	5	185	37					
대전대	교과면접	2021 (인문)	9	112	12.44		1		1.47	80%
		2021 (자연)	15	214	14.27		11		1.63	80%
		2022	21	309	14.71					
	교과중점	2021 (인문)	8	145	18.13		14		1.15	80%
		2021 (자연)	10	127	12.7		13		1.29	80%
		2022	14	297	21.21					
	농어촌	2021 (인문)	1	17	17		1		2.03	평균
		2021 (자연)	2	31	15.5		1		1.59	평균
		2022	3	67	22.33					
동국대 (경주)	교과	2021	22	607	27.6		22		1.8	80%
		2022	19	757	39.84					
동신대	일반	2021	10	424	42.4		26	989.5	1.3 (1.5)	평균 (80%)
		2022	12	389	32.42					
	지역학생	2021	10	372	37.2		20	978.4	1.5 (1.7)	평균 (80%)
		2022	8	212	26.5					
	기초수급	2021	2	65	32.5		0	979.1	1.5 (1.6)	평균 (80%)
		2022	2	49	24.5					

한의예과 수시 교과 전형 입시결과

대학명	2023 모집전형	년도구분	모집	지원	경쟁률	최저통과실경쟁률	합격최종예비번호	전형 결과		
								환산점	내신	구간
동의대	교과	2021	10	296	29.6		7	1000.05	1.01	평균
		2022	10	204	20.4					
	지역인재	2021	10	131	13.1		8	998.13	1.26	평균
		2022	10	136	13.6					
부산대학석사	학생부교과	2021	10	343	34.3		9		1.7	70%
		2022	5	243	42.6					
	지역인재	2021	10	155	15.5		2(미충원1)		2.14	70%
		2022	15	320	21.33					
상지대	일반	2021	10	465	46.5		9		1.43	최저
		2022	5	168	33.6					
세명대	지역인재	2021	7	135	19.29	34명충족	8		1.23	80%
		2022	7	98	14					
	농어촌전형	2021	20이내	34					1.9	80%
		2022	20이내	42						
	기초생활/차상위/한부모	2021	20이내	59					1.8	80%
		2022	20이내	48						
우석대	일반교과	2021교과(인문)	2	75	37.5		5		1	평균
		2021면접(인문)	3	29	9.7		0		1	평균
		2021교과(자연)	5	169	33.8		11		1	평균
		2021교과(자연)	6	108	18		1		1	평균
		2022교과(인문)	6	149	24.83					
		2022교과(자연)	8	266	33.25					
		2022지역(인문)	3	23	7.37					
		2022지역(자연)	6	102	17					
	농어촌	2022	1	18	18					
	기회균형	2022	1	11	11					

								전형결과		
대학명	2023 모집전형	년도구분	모집	지원	경쟁률	최저통과실경쟁률	합격최종예비번호	환산점	내신	구간
가천대	가천의약학	2021	20	666	33.3		14		2.6	70%
		2022	20	738	36.9					
가톨릭관동대	CKU종합	2021	8	120	15		3		1.34	평균
		2022	8	94	11.75					
가톨릭대	가톨릭지도자추천	2021	2	40	20		0			
		2022	2	37	18.5					
	학교장추천	2021	40	409	10.2		23		2.03-1.26	최저(평균)
		2022	24	416	17.33					
강원대	미래인재	2021	9	176	19.6		4		1.33	최하
		2022	9	217	24.11					
건국대(글로컬)	Cogito자기추천	2022	12	280	23.33					
경북대	일반	2021	15	440	29.33	3.07	14(미충원1)		1.83-1.88	70%(평균)
		2022	10	406	40.6					
	지역인재(종합)	2021	30	230	7.67	2.47	4		1.43	70%
		2022	28	242	8.64					
	농어촌	2022	2	35	17.5					
경상국립대	일반	2021	4	60	15		1	983.53(983.68)	1.18	80%(평균)
		2022	3	33	11					
	지역인재	2021	7	113	16.14		14	980.7(982.47)	1.09(1.33)	80%(평균)
		2022	3	51	17					
경희대	네오르네상스	2021	55	1140	20.7		47	92.1(서류)85.2(면접)	2.1	추정
		2022	55	1345	24.45					
계명대	일반	2021	4	133	33.3		0		1.35	평균
		2022	4	76	19					
	지역	2021	6	124	20.7		4		1.55	평균
		2022	6	175	29.17					
고려대	학업우수형	2021	34	558	46.41		51		1.6	70%
		2022	36	1076	29.89					
	계열적합형	2021	18	356	19.78		21		1.7	70%
		2022	15	371	24.73					
단국대(천안)	DKU인재	2021	15	403	26.87		12		1.24	평균
		2022	15	247	16.47					
동국대(경주)	지역인재	2021	7	153	21.9		9		2.1	80%
		2022	10	226	22.6					
	참사람	2021	7	223	31.9		3		2.5	80%
		2022	7	252	36					
동아대	농어촌	2021	2	28	14		2		1.14	평균
		2022	2	30	15					
부산대	지역인재	2021	30	453	15.1		8		1.98	평균
		2022	30	477	15.9					

의예과 수시 종합 전형 입시결과

대학명	2023 모집전형	년도 구분	모집	지원	경쟁률	최저통과 실경쟁률	합격최종 예비번호	전형결과		
								환산점	내신	구간
서울대	지역균형	2021	37	124	3.35		0		1.1	추정
		2022	40	240	6					
	일반	2021	68	626	9.21		0		1.4	추정
		2022	65	763	11.74					
	기회균형I -저소득	2021	2	21	10.5		0			
		2022	1	25	25					
	기회균형I -농어촌	2021	1	10	10		0			
		2022	1	12	12					
성균관대	학과모집	2021	25	525	21		48		1.3	추정
		2022	25	486	19.44					
순천향대	일반	2021	6	134	22.33		2	93.23(서류) 89.58(면접)	4.4 (1.93)	최저 (평균)
		2022	6	216	36					
	지역인재	2021	7	78	11.14		2	79.17(서류) 87.04(면접)	1.78 (1.13)	최저 (평균)
		2022	7	82	11.71					
	농어촌	2021	2	21	10.5		1	75(서류) 82.41(면접)	1.27	최저
		2022	2	28	14					
아주대	ACE전형	2021	20	467	23.35		3	3.12 (2.13)		최저 (평균)
		2022	20	732	36.6					
연세대	활동우수형	2021	55	645	11.73		21		1.8	추정
		2022	42	594	14.14					
	기회균형I (기,국,농)	2021	1	29	29					
		2022	2	62	31					
	북한이탈주민	2021	0	3						
		2022	0	5						
연세대 (미래)	학교생활우수	2021	19	273	14.37		8		1.4	추정
		2022	19	272	14.32					
	강원인재	2021	14	150	10.71		1		1.3	추정
		2022	15	151	10.79					
	기회균형 (국,세부기준)	2021	3	60	20					
		2022	3	119	39.67					
	기초생활연세한마음	2021	1	20	20					
		2022	1	16	16					
	농어촌	2021	1	14	14					
		2022	1	16	16					
	특수교육대상	2021	5 광역	3	2					
		2022	5 광역	7	3.6					
	북한이탈주민	2021	0	1						
		2022	0	1						
울산대	종합	2021	14	271	19.36		15	주요교과1.93 (주요교과1.32)	1.97 (1.34)	최저 (평균)
		2022	14	175	12.5					
	지역인재	2021	4	70	17.5		2		2.21 (1.53)	최저 (평균)
		2022	4	58	14.5					

의예과 수시 종합 전형 입시결과

대학명	2023 모집전형	년도구분	모집	지원	경쟁률	최저통과 실경쟁률	합격최종 예비번호	환산점	내신	구간
원광대	서류면접	2021	26	296	11.4		34	1.5		50%
		2022	26	351	13.5					
	지역인재 -전북	2021	30	250	8.3		32	1.3		50%
		2022	30	243	8.1					
	지역인재 -광주전남	2021	10	102	10.2		25	1.1		50%
		2022	10	92	9.2					
	기회균등(기)	2021	2	34	17		0	1.2		50%
		2022	2	19	9.5					
	농어촌	2021	2	20	10		0	1.1		50%
		2022	2	30	15					
이화여대	미래인재	2021	15	378	25.2		13		3.3	추정
		2022	13	401	30.85					
인하대	인하 미래인재	2021	15	404	26.9		5	2.12		최저
		2022	15	444	29.6					
	지역균형	2021	15	240	16	3.4	16	1.23		70%
		2022	10	200	20					
	농어촌	2021	2	20	10		0	1.13		최저
		2022	2	29	14.5					
전북대	큰사람	2021	9	193	21.4		5 (미충원5)	944.41	1.28	70%
		2022	9	126	14					
조선대	농어촌	2021	2	27	13.5		4	43.75 (비교과36) (전공적합8.75)	1.1	평균
		2022	2	27	13.5					
중앙대	다빈치형인재	2021	10	279	27.9		11		1.9	추정
		2022	9	355	39.44					
	탐구형인재	2021	10	198	19.8		11		2.5	추정
		2022	9	294	32.67					
충남대	종합I -PRISM	2021	19	174	9.2		8 (미충원10)		1.69	최저
		2022	19	258	13.58					
	종합II -농어촌	2021	2	24	10.5		0			
		2022	2	33	16.5					
	종합II -저소득	2021	1	23	23		1			
		2022	1	15	15					
충북대	종합I	2021	10	203	20.3		6	서류74.9 면접17.3	1.14	평균
		2022	4	137	34.25					
한림대	지역인재	2021	15	143	9.53		7	761.43 (782.86)	3.49 (2.39)	70% (평균)
		2022	15	162	10.8					
	농어촌	2021	2	33	16.5		0	809.78 (813.87)	1.28 (1.23)	70% (최고)
		2022	2	29	14.5					
한양대	일반	2021	36	685	19		74 205.60%		1.7	추정
		2022	36	916	25.44					

치의예과 수시 종합 전형 입시결과

대학명	2023 모집전형	년도구분	모집	지원	경쟁률	최저통과 실경쟁률	합격최종 예비번호	전형결과 환산점	전형결과 내신	전형결과 구간
국립강릉원주대	해람인재	2021	13	491	37.77		6 (미충원7)		2.65	최하
		2022	12	504	42					
	지역인재	2021	6	79	13.17		0 (미충원5)		1.85	평균
		2022	6	123	20.5					
	농어촌	2021	2	28	14					
		2022	2	25	12.5					
경북대	일반	2021	5	159	31.8	2.4	2 (미충원1)		3.65	70%
		2022	5	243	48.6					
	지역인재 (종합)	2021	15	174	11.6	1.8	2		2.16 (2.64)	70% (평균)
		2022	28	242	8.64					
	농어촌	2022	2	33	16.5					
경희대	네오르네상스	2021	40	525	13.1		20	89.9(서류) 85.4(면접)	2.3	평균 (추정)
		2022	40	533	13.33					
단국대 (천안)	DKU인재	2021	20	601	30.05		3		1.54	평균
		2022	20	420	21					
서울대 학석사	지역균형	2021	13	34	2.62		2		1.3	
		2022	10	53	5.3					
	일반	2021	27	200	7.41		6			
		2022	20	203	9.23					
연세대	활동우수형	2021	13	130	10		6		2.4	추정
		2022	12	144	12					
	기회균형I (기,국,농)	2021	1	11	11					
		2022	2	25	12.5					
	북한이탈주민	2021	0	2						
		2022	0	3						
원광대	서류면접(인)	2021	2	20	10		2		1.1	50%
		2022	2	21	10.5					
	서류면접(자)	2021	17	289	17		12		1.3	50%
		2022	17	228	13.41					
	지역인재 -전북	2021	17	187	11		10		1.5	50%
		2022	17	152	8.94					
	지역인재 -광주전남	2021	7	85	12.1		6		1.3	50%
		2022	7	72	10.29					
	기회균등(기)	2021	2	18	9		1		1.4	50%
		2022	2	14	7					
	농어촌	2021	2	14	7		3		1.3	50%
		2022	2	18	9					
전북대	큰사람	2021	2	30	15		0 (미충원2)			
		2022	2	51	25.5					
조선대	농어촌	2021	2	19	9.5		3	40 (비교과36) (전공적합8)	1.29	평균
		2022	1	12	12					

한의예과 수시 종합 전형 입시결과										
대학명	2023 모집전형	년도구분	모집	지원	경쟁률	최저통과 실경쟁률	합격최종 예비번호	전형결과		
								환산점	내신	구간
가천대	가천의약학	2021	11	167	15.2		3		2.2	70%
		2022	12	188	15.67					
	농어촌(종합)	2021	1	22	22		1		1.5	70%
		2022	1	7	7					
경희대	네오르네상스 (인문)	2021	13	212	16.3		2	91.5(서류) 87.4(면접)	1.7	평균 (추정)
		2022	12	210	17.5					
	네오르네상스 (자연)	2021	30	354	11.8		1	90(서류) 89.3(면접)		평균 (추정)
		2022	30	329	10.97					
대구 한의대	일반(자연)	2021	10	332	33.2	79명충족	12	986.45	2.5	90%
		2022	11	275	25					
	일반(인문)	2021	8	136	17	62명충족	13	984.95	1.9	90%
		2022	6	74	12.33					
대전대	혜화인재	2021 (인문)	2	48	24		1		2.18	최하
		2021 (자연)	3	72	24		3		2.56	최하
		2022	5	226	45.2					
동국대 (경주)	참사람	2021 (자연)	6	217	36.2		3		2.2	80%
		2021 (인문)	4	135	33.8		0		1.4	80%
		2022	6	200	33.33					
동의대	학교생활우수자	2021	7	222	31.71		3	637.75(서류) 264.64(면접)	1.5	평균
		2022	10	297	29.7					
상지대	학생부종합	2021	5	211	42.2		1	1.95		최저
		2022	10	270	27					
	지역균형	2021	9	74	8.22		0	2.12		최저
		2022	9	69	7.67					
세명대	지역인재	2021	5	77	15.4	6명충족	0	1.73		80%
		2022	5	89	17.8					
원광대	서류면접(인)	2021	5	108	21		2		1.3	50%
		2022	5	99	19.8					
	서류면접(자)	2021	13	218	16.8		12		1.6	50%
		2022	13	222	17.08					
	지역인재 -전북(인)	2021	8	46	5.8		2		1.3	50%
		2022	8	38	4.75					
	지역인재 -광주전남(인)	2021	5	33	6.6		1		1.3	50%
		2022	5	30	6					
	지역인재 -전북(자)	2021	10	103	10.3		3		1.9	50%
		2022	10	119	11.9					
	지역인재 -광주전남(자)	2021	8	92	11.5		4		1.6	50%
		2022	8	91	11.38					
	기회균등(기)	2021	2	20	10		1		1.4	50%
		2022	2	16	8					
	농어촌	2021	3	22	7.3		0		1.2	50%
		2022	3	25	8.33					

의예과 수시 논술 전형 입시결과

대학명	2023 모집전형	년도 구분	모집	지원	경쟁률	최저통과 실경쟁률	합격최종 예비번호	전형결과 환산점	전형결과 내신	전형결과 구간	논술점수
가톨릭대	논술	2021	21	4513	214.9	106.8	3		4.59 (2.38)	최저 (평균)	
		2022	20	5328	266.4						
경북대	논술 (AAT)	2021	20	2629	131.45	39.8	1		2.85		212.08
		2022	10	2733	273.3						
경희대	논술	2021	21	4416	210.3	88.4	1				88.9
		2022	15	3161	210.73						
부산대	논술-지역인재	2022	20	1306	65.3						
아주대	논술 전형	2021	10	2488	248.8			5.98		최저	59.5~39.5
		2022	10	4686	468.6						
연세대 (미래)	논술-창의인재	2021	15	4744	316.27						
		2022	15	4935	329						
울산대	논술	2021	12	1364	113.67	372명충족	1	378	5.13	최저	348~270
		2022	12	1728	144						
인하대	논술	2021	10	4878	487.8	63.8	2	2.81		최저	(평)80.95 (최저)78
		2022	12	5838	486.5						
중앙대	논술	2021	26	5650	217.31	32.7					
		2022	18	3499	194.39						

치의예과 수시 논술 전형 입시결과

대학명	2023 모집전형	년도 구분	모집	지원	경쟁률	최저통과 실경쟁률	합격최종 예비번호	전형결과 환산점	전형결과 내신	전형결과 구간	논술점수
경북대	논술 (AAT)	2021	5	857	171.4	32.4	0		3.22	평균	190.5
		2022	5	1319	263.8						
경희대	논술	2021	15	2402	160.1	56.1	0				82.1
		2022	11	1931	175.55						
연세대	논술전형	2021	14	1835	131.07						
		2022	10	1191	119.1						

한의예과 수시 논술 전형 입시결과

대학명	2023 모집전형	년도 구분	모집	지원	경쟁률	최저통과 실경쟁률	합격최종 예비번호	전형결과 환산점	전형결과 내신	전형결과 구간	논술점수
경희대	논술 (인문)	2021	7	1744	249.1	88.1	1				90.9
		2022	5	1518	303.6						
경희대	논술 (자연)	2021	23	2230	97	25.9	3				73.4
		2022	16	1895	118.44						

전형 입시결과는 대학 홈페이지 자료를 근거로 작성하였다. 대학마다 제공하는 내용은 조금씩 차이가 있어 합격자의 평균 성적 및 70% 성적부터 최종 합격자의 성적까지 보기 쉽게 표로 나타냈다. 입시결과를 모두 공개하지 않거나 일부 공개하지 않은 대학도 있다. 모두 공개하지 않은 대학은 종합전형으로만 선발하는 학교이며, 공개하지 않은 전형도 모두 종합전형 결과이다. 또한 소수 인원을 선발하는 전형의 결과는 공개하지 않는다. 대학 입학사정관에게 직접 문의하거나 정보력이 좋은 학교 선생님에게 자문을 하자. 학교 선생님이 주로 사용하는 대입상담프로그램에는 많은 입시결과 데이터가 있다.

교과전형에서 합격자의 내신 합산성적보다는 대학별 환산점수 결과로 분석하기 바란다. 환산점수는 대학 홈페이지에서 개인의 성적을 입력한 후 확인할 수 있다. 또한 대입정보포털 '어디가(adiga.kr)'와 대입 상담포털 '어디가샘(sam.adiga.kr)'에서 대학별 점수산출서비스를 보통 7월에 운영한다.

종합전형에서 교과성적은 정량적으로 반영하지 않기 때문에 전형결과를 절대적으로 생각하지 말고 참고자료로만 활용해야 한다.

논술전형에서의 교과성적은 정량적으로 반영하지만, (수능 최저를 충족했다는 가정 아래) **논술 점수가 합격/불합격에 제일 큰 영향을 준다.**

성적결과는 3년 치를 비교 분석해 봐야 한다. 전년도 성적이 높았다면 내려갈 가능성이 있고, 전년도 성적이 낮았다면 올라갈 가능성이 있다. 의학계열에서도 미세하지만, 그런 양상을 보인다.

다시 말하지만, 전형결과는 수능 최저의 변동, 모집인원의 변동, 성적 반영방법 변경, 면접의 변화 등을 종합적으로 고려하여 분석해야 한다.

PART

5

교과성적 반영의 이해

● 교과전형 지원 전략

● 교과 반영 학기

● 반영 교과
  • 교과 가중치가 있는 대학
  • 학년별 반영 비율이 있는 대학
  • 학년별 반영 비율이 삭제된 대학
  • 이수단위 미반영 대학: 동의대, 세명대
  • Z점수 반영 대학: 연세대, 연세대(미래)

● 학생부 교과성적(진로선택과목 제외) 등급별 점수 기준

● 진로선택과목 반영방법

● 공통, 일반선택, 진로선택 반영 비율이 있는 대학

● 석차 등급이 없는 과목(진로선택 과목 등)이 없는 학생 - 졸업생 등 그 외

● 참고자료

교과전형 지원 전략

> **1** 이번에 다룰 '교과성적 반영의 이해' 내용을 개략적으로 이해한다.
> **2** 자신에게 유리할 것으로 보이는 대학을 선정한다.
> **3** '어디가' 홈페이지나 각 대학 입학처 홈페이지에서 자신의 고등학교 내신 성적을 입력하여 대학별 환산점수를 산출한다.
> **4** 3개년 치 환산점수 입시 결과로 합격 가능성을 예측해 본다.

교과성적을 반영하는 **논술전형**에서의 교과성적 반영방법도 교과전형과 거의 모두 동일하다. 하지만 논술전형에서는 논술평가 성적이 합격/불합격에 제일 큰 영향을 주므로 접근하는 전략은 다르다.

별다른 표기를 하지 않았으면, **공통과목과 일반선택의 활용지표**는 모두 '석차등급'과 '이수단위'이며 **진로선택과목의 활용지표**는 '성취도'이다.

교과전형에서 대학마다 내신을 반영하는 방법이 다르므로 성적을 산출해 보면 학생에게 유리한 대학, 혹은 불리한 대학이 있을 수 있다. 또한 석차등급에 따른 환산점수의 격차가 크고 작음에 따라서도 차이가 있으므로 각 대학의 성적산출 방식으로 학생의 성적을 정확하게 계산하고, 이를 활용하여 예년 커트라인과 비교해 보아야 할 것이다. 아울러 대학에서 제공하는 입시결과도 내신점수가 아닌 환산점수를 봐야 한다.

학교생활기록부 반영방법은 생각보다 복잡하다. 지원하고자 하는 대학 홈페이지에 직접 성적을 입력하여 대학별 전형성적을 산출하는 방법이 있고, 학교 선생님과 함께 대교협 프로그램에서 산출해 보는 것을 추천한다.

• 교과전형은 3개년 치의 추이를 분석하되, 모집요강의 변화를 꼭 살펴봐야 한다.

모집인원이 줄면 커트라인이 올라가고, 인원이 늘면 커트라인이 낮아질 수 있다.

수능 최저등급이 완화되면 커트라인이 높아지고 강화되면 커트라인이 낮아질 수 있다.

모집인원이나 수능 최저등급 등의 변화가 없는데도, 전년도에 커트라인이 높았다면 올해는 낮아지고, 전년도에 커트라인이 낮았다면 올해는 높아지는 경향이 있다. 이는 심리적인 요인일 수도 있고, 작년 결과만을 보고 지원하는 경우가 많다는 사실일 수도 있다.

교과 반영방법 등 사소한 것이라도 변화가 있다면, 입시결과에 영향을 줄 수 있다.

입시가 완벽하게 예측할 수 없다는 것은 독자들도 알고 있겠지만, 일반적으로 모집요강의 변화는 꼭 살펴보고 판단하자.

교과 반영 학기

반영 학기	대학명
3학년 1학기까지 (모두)	가천대, 가톨릭관동대, 가톨릭대, 강원대, 건국대(글로컬), 건양대, 경북대, 경상국립대, 경희대 지역균형, 고신대(작년에는 2), 대구한의대, 동아대, 상지대, 세명대, 아주대 논술, 연세대(재학생만 지원가능), 인제대, 전남대, 전북대, 제주대, 조선대(작년에는 2)
3학년 2학기까지 (졸업생)	국립강릉원주대, 경희대, 계명대, 고려대, 단국대(천안), 대구가톨릭대, 대전대, 동국대(경주), 동신대, 동의대, 부산대(작년에는 1), 순천향대, 연세대(미래), 영남대, 우석대, 울산대 논술, 을지대, 인하대, 중앙대 논술, 충남대, 충북대
종합전형으로만 선발하는 대학	서울대, 성균관대, 원광대, 이화여대, 한림대, 한양대

※ 조기졸업자가 지원할 수 있는 대학은 2학년 1학기까지의 성적을 반영
※ 3학년 1학기까지 반영하는 가천대는 특이하게도 비교과(출결, 봉사)는 졸업생 3학년 2학기까지 반영(3학년 2학기 태도를 보겠
   다는 의도!)

재학생은 당연히 3학년 1학기까지의 성적을 대입에서 활용하게 된다.
다만, 졸업생의 경우는 재학생과 동일하게 3학년 1학기까지만 반영하거나 3학년 2학기까지 모두 반영하는 대학으로 나뉜다.

반영 교과

체육, 예술, 교양 교과(군) 미반영 등급 또는 성취도로 표기되지 않은 교과목('이수/미이수', '·' 등) 미반영

반영 교과		대학명
전과목		고려대, 대전대, 울산대, 충남대, 성균관대 논술, 연세대
국어 수학 영어 사회 과학	+한국사	가톨릭대, 국립강릉원주대, 강원대, 경북대, 동신대(2023)한국사 추가, 연세대(미래)–한국사는 사회교과에 포함, 영남대, 을지대, 전남대, 전북대, 조선대(2023)한국사 추가
	+한국사 +한문	동의대(2023)한국사 추가
		경상국립대, 상지대, 충북대, 중앙대 논술(2023)사회 추가
국어 수학 영어 과학	+한국사	계명대(2023)사회 삭제, 대구한의대(자연)
		가천대, 가톨릭관동대, 건국대(글로컬), 경희대, 단국대(천안), 대구가톨릭대, 동국대(경주)성적산출 대상 교과의 과목수가 10과목 이상이어야 함, 동아대, 부산대 논술(2023)한국사 삭제, 아주대, 인하대
국어 수학 영어 사회	+한국사	대구한의대(인문)
		경희대(인문)

대학명	특이 사항
고신대	국, 수, 영 + 사 또는 과 중 이수단위가 많은 교과 반영
영남대	1학년 – 국수영사과한국사 / 2, 3학년 – 국수영과한국사
충북대	1학년 – 국수영사과 / 2학년 – 국수영과

반영 교과는 학생이 어떤 교과군에서 몇 개의 과목을 선택할지에 대한 가이드가 될 수 있다. 전략을 잘 세워 자신에게 유리한 과목에서 좋은 점수를 받을 수 있도록 하자. 다만 자신이 지원하는 연도에는 반영 비율이 달라질 수 있으니 미리 예고되는 대입전형 시행계획 등도 참고하자.

모든 3학년까지 모든 과정을 이수하고 난 후, 교과 성적 산출에서 좀 더 좋은 점수를 받을 수 있는 대학을 고려할 수 있다.

사회가 포함되는지, 포함되지 않는지도 중요하고 추가로 한국사가 포함되는지, 포함되지 않는지 살펴보자.

동의대는 한문 교과의 성적도 반영한다. 이수하지 않았어도 지원할 수 있다.

과학을 포함하지 않고 사회를 포함하는 모집단위는 경희대와 대구한의대 인문계열 모집이다.

한국사를 사회 교과에 포함하는 경우와 다른 교과로 보는 경우가 있다.

시상과목 수 미만 이수자는 부족한 과목 수만큼 최저등급으로 반영하는 등 대학 자체 기준에 따라 처리하니 수시모집요강을 꼭 참고하여 불이익을 받는 대학은 피할 수 있도록 하자.

- **(중요) 상위 몇 과목만 반영하는 대학**

대학명	특이 사항
건양대	국수영 전과목, 과학 최고 8과목
부산대 교과	공통과목 국수영사과한국사 중 6과목, 일반선택과목 국수영과 중 3과목, 진로선택과목 국수영사과 중 3과목
상지대	**반영과목 : 국어, 수학, 영어, 사회(한국사 포함), 과학 교과의 모든 과목** **교과 별 1개 과목씩 한 학기에 5과목 반영** 학년, 학기, 과목에 상관없이 25개 동일 비율로 반영 반영과목이 25개 미만 시 1개 과목 당 최저등급(9등급, 1단위) 반영
세명대	**필수 교과 : 국수영 상위 15개 과목. (단, 1개 교과에서 6개 과목까지만)** **선택 교과 : 사과한국사 상위 5개 과목. 1개 교과에서 3개 과목까지만**
순천향대	국어, 수학, 영어, 사회(한국사 포함), 과학 교과 중 우수 3개 교과 전과목 (2023)사회교과 추가, 한국사는 변동 없음
우석대	국어, 수학, 영어, 사회(한국사 포함), 한국사 중 상위 15과목 동일 등급이면 이수단위가 높은 순으로 반영
인제대	의예 : **국수** 모든 과목, 과학 2과목 약학 : **국수영** 모든 과목, 과학 2과목
제주대	공통교과 : 국수영사과, 일반선택 8과목
중앙대 논술	반영 교과의 상위 5개 과목(작년엔 상위 10개 과목)

상위 몇 과목만 포함하는 경우, 다른 대학에 지원했을 때보다 확실히 높은 교과성적이 산출된다. 경험상 상위 몇 과목만 반영하였더니 전체과목 평균 성적보다 압도적으로 높았던 케이스는 극소수긴 하였지만, 전국에는 더 많은 케이스가 있을 것 같다. 이 점을 잘 활용하면 대박 반전의 기회를 노릴 수 있다.

- **교과 가중치가 있는 대학**

대학명	특이 사항
가천대	국수영과 반영교과의 높은 점수 순으로 40%, 30%, 20%, 10% (작년 35%, 25%, 25%, 15%에서 변화됨)
단국대(천안)	국어20%, 수학30%, 영어30%, 과학20%
아주대	국어20%, 수학30%, 영어30%, 과학20%

성적이 좋은 교과에 가중치가 높다면 환산점수가 유리할 수 있겠다.

단국대(천안)과 아주대학교에는 수학, 영어가 국어, 과학보다 가중치가 10% 높다.

반영 교과의 높은 점수 순으로 40%, 30%, 20%, 10%를 주는 가천대의 평가 방식도 매력적이다. 가천대 의대, 한의대의 합격자 성적은 1점 극초반이다.

• 학년별 반영 비율이 있는 대학

대학명	1학년	2학년	3학년	특이 사항
대전대	30%	70%		작년과 동일
동아대	30%	70%		작년과 동일

학년별 반영 비율이 있는 대전대와 동아대는 2학년 때 성적이 하락한 학생보다 2학년 때 성적이 향상한 학생이 유리하다.

• 학년별 반영 비율 내용이 삭제된 대학

대학명	1학년	2학년	3학년	특이 사항
가톨릭관동대	30%	40%	30%	2023 학년별 가중치 삭제
동신대	30%	40%	30%	2023 학년별 가중치 삭제
아주대	20%	80%		2023 학년별 가중치 삭제

대다수의 일반고에서는 3학년 때 진로선택과목이 많고 일반선택과목 수가 적다. 2022학년도 입시 같은 경우, 학년별 반영이 있는 대학에 지원하면 3학년 때 일반선택과목에서 모두 1등급을 받아 1~2학년 때, 조금 부족했던 과목을 만회할 수 있었다. 이제 모두 학년별 가중치는 없어졌다. 입시 결과에 변화가 있을 수 있다.

• 이수단위 미반영 대학: 동의대, 세명대

성적을 산출함에 있어서, 이수단위는 큰 영향을 준다. 예를 들어, 학기에 6단위(1주일에 6시간 수업) 수업이 있다고 하면 성적 산출할 때 보통 곱하기 6을 한다. 가령 영어가 6단위, 과학이 2단위였다고 하면 단위수가 많은 영어 성적을 더 잘 받는 것이 유리하다. 하지만 동의대와 세명대는 이수단위를 반영하지 않기 때문에 1단위 수업이라도 반영되는 과목이면 중요한 셈이다.

• Z점수 반영 대학: 연세대, 연세대(미래)

학생부 교과성적(진로선택과목 제외) 등급별 점수 기준

석차등급과목 평균 성적 = Σ(과목별 등급점수 × 이수단위) ÷ Σ(반영교과 이수단위)

대학명	1등급	2등급	3등급	4등급	5등급	6등급	7등급	8등급	9등급
가천대	100	99.5	99	98.5	98	97.5	85	60	30
가톨릭관동대	석차등급과 이수단위를 활용하여 평균 성적을 직접 계산								
가톨릭대	100	99	98	97	96	95	94	88	64
국립강릉원주대	100	95	90	85	80	75	70	65	60
강원대	1000	970	940	910	880	850	750	500	280
건국대(글로컬)	10	9.5	9	8.5	8	7	6	4	0
건양대	100	98	96	94	92	90	88	86	84
경북대	400	350	300	250	200	150	100	50	0
경상국립대	150	135	120	105	90	75	60	40	0
경희대	100	96	89	77	60	40	23	11	0
경희대 논술	100	99	97	94	90	85	73	49	0
계명대	70	61.25	52.5	43.75	35	26.25	17.5	8.75	0
고려대	100	98	94	86	70	55	40	20	0
고신대	1000	995	990	985	980	970	960	920	0
단국대(천안)	100	99	98	97	96	95	70	40	0
대구가톨릭대	100	99.2	97.8	95.4	92	88	84.6	82.2	80
대구한의대	100	99	95	90	85	80	70	50	10
대전대	석차등급과 이수단위를 활용하여 평균 성적을 직접 계산								
동국대	100	99	98	96	90	80	60	40	20
동신대	100	93.75	87.5	81.25	75	68.75	62.5	56.25	50
동아대	10	9	8	7	6	5	4	3	0
동의대	25	22	19	16	13	10	7	4	0
부산대	100	99	98	97	96	95	90	60	0
성균관대 논술	40	39.8	39.5	39	38	30	20	10	0
세명대	석차등급을 활용하여 성적을 직접 계산(단위수 미적용)								
순천향대	100	98	96	94	92	89	86	83	80
아주대	10	9.9	9.8	9.5	9	8.5	7.5	6.5	0
연세대	100	95	87.5	75	60	40	25	12.5	5
	50%는 위 등급별 점수 기준을 환산하고 나머지 50%는 Z점수에 대하여 석차백분율을 적용한 성적을 직접 계산								
연세대(미래)	Z점수에 대하여 석차백분율을 적용한 성적을 직접 계산								
영남대	석차등급과 이수단위를 활용하여 평균 성적을 직접 계산								
우석대	100	95	90	85	80	75	70	65	60
을지대	100	98	96	94	92	90	70	40	10
인제대	석차등급과 이수단위를 활용하여 평균 성적을 직접 계산								
인하대	10	9.8	9.6	9.4	9	8	4	2	0
인하대논술	10	9.6	9.5	9.4	9.3	9.2	7.2	3.6	0
전남대	100	95	90	85	80	75	70	65	60
전북대	9.8	9.3	8.8	8.3	7.8	6.8	4.6	2.4	0.2
제주대	1000	980	960	940	920	900	880	860	840
조선대	45	40	35	30	25	20	15	10	5
중앙대	10	9.96	9.92	9.88	9.84	9.8	9.6	8	4
충남대	100	90	80	70	60	50	40	30	20
충북대	10	9.5	9	8.5	8	7	6	4	0

진로선택과목 반영방법

반영 방법	과목수	대학명(반영 등급, 반영 점수)
미반영		가천대, 가톨릭대, 건양대, 단국대(천안), 대전대, 동국대(경주), 동의대, 성균관대 논술, 세명대, 순천향대, 아주대, 우석대, 을지대, 인제대, **인하대 논술**, 중앙대 논술, 충남대
환산등급	모두	대구한의대(A:1등급, B:2등급, C:3등급) 동아대 지역인재(A:1등급, B:3등급, C:5등급)
환산등급	상위 1과목	고신대(A:1등급, B:3등급, C:5등급)
환산등급	상위 2과목	가톨릭관동대(A:1등급, B:2등급, C:4등급) 작년엔 모든 교과
환산등급	상위 3과목	계명대(A:1등급, B:2등급, C:3등급, 1개 과목 최대 반영 이수단위는 2단위) 　　　　作년엔 상위 2과목, 1개 과목 최대 반영 이수단위는 3단위 영남대(A:1등급, B:3등급, C:5등급) **인하대(A:1등급, B:2등급, C:4등급)** 작년엔 미반영
가산점 (환산평균)	모두	연세대(A:20, B:15, C:10), 5단계 평가의 경우 A/B→A, C/D→B, E→C 연세대(미래)(A:100, B:80, C:50), 5단계 A:100, B:90, C:80, D:70, E:50 조선대(A:10, B:9, C:8)
가산점 (환산평균)	상위 1과목	동신대학교(A:10, B:6, C:2)
가산점 (환산평균)	상위 3과목	강원대(A:15, B:9, C:3) 경북대(A:20, B:12, C:4) 경상국립대(A:3, B:2, C:1) 작년엔 상위 5과목 경희대(A:100, B:50, C:0) 작년엔 상위 4과목 부산대(A:100, B:99, C:98) 작년엔 (A:0.5, B:0.3, C:0.1) 상지대(A:10, B:6, C:2) 전남대(A:5, B:3, C:1, 이수단위 미반영) 전북대(A:0.25, B:0.15, C:0.05, 이수단위 미반영)
가산점 (합산)	상위 2과목	대구가톨릭대학교(A:0.5, B:0.4, C:0.3)

※ 진로선택과목 반영 시 단위수에만 적용되며 성적 산출 시 제외 대학: 건양대

※ 진로선택과목 이수단위 미반영 대학: 강원대, 상지대, 전남대, 전북대

진로선택과목의 반영교과는 앞서 다룬 내용과 같다(공통, 일반선택, 진로선택 반영교과는 같다)**.**

• **진로선택과목 반영방법이 특이한 대학**

반영 방법	과목수	대학명(반영 등급, 반영 점수)
가산점	국수영사과	국립강릉원주대(A가 3개면 취득 점수의 3%, 2개면 2% 가산. 만약 총점이 1,000점 이상일 경우 1,000점으로 함) 취득 점수가 최소 **970.9점**이면 3%가산하여 1000점을 받을 수 있음.
	상위 2과목	건국대(글로컬)(A:30, B:20, C:10) 공통 및 일반 선택 과목 중심의 반영점수(1,000점 만점)의 3% 이내 가산점 적용 취득 점수가 최소 **970점**이면 3%가산하여 1000점을 받을 수 있음.
변환석차등급	전과목	고려대(변환석차등급 합산, 아래에 자세히)

• **성취도 평가 3단계 평가**

80점 이상 A,　60점 이상 80점 미만 B,　60점 미만 C

예시) 생활기록부에 나타나는 진로선택과목

〈진로 선택 과목〉

학기	교과	과목	단위수	원점수/과목평균	성취도 (수강자수)	성취도별 분포비율	비고
1	국어	고전 읽기	3	93/63.2	A(73)	A(31.5), B(28.8), C(39.7)	
	사회 (역사/도덕포함)	사회 과제 연구	2	96/97.4	A(13)	A(100), B(0.0), C(0.0)	
	예술	미술 감상과 비평	2	85/61.1	A(73)	A(12.3), B(39.7), C(47.9)	
2	영어	영어권 문화	3	96/47.4	A(72)	A(22.2), B(13.9), C(63.9)	
	과학	고급생명과학 실험 I	2	80/88.3	A(19)	A(94.7), B(5.3), C(0.0)	
	예술	미술 감상과 비평	2	100/94.8	A(72)	A(100.0), B(0.0), C(0.0)	
	기술·가정/제2외국어/ 한문/교양	윤리학	2	100/98.9	A(19)	A(100.0), B(0.0), C(0.0)	
이수단위 합계			16				

　단위수와 원점수/과목평균 성취도(수강자수) 성취도별 분포비율이 대학에 제공된다. 이 중에서 **교과전형에서 활용되는 내용은 성취도**(A, B, C)**와 단위수**이다.

진로선택과목의 반영 방법은 크게 성취도에 따른 환산점수를 부여(단순 환산점수 반영, 단위수 반영, 원점수와 평균을 반영, 성취도별 비율 반영)하는 대학과 원점수를 이용한 환산점수를 반영하는 대학, 진로선택과목을 미반영하는 대학 그리고 정량이 아닌 정성평가로만 평가하는 대학으로 나뉜다.

일반학과에서는 진로선택과목 성적이 전체 교과성적에 얼마나 큰 영향을 줄 것인지 하는 의문이 있지만, 최상위권 학생들이 지원하여 작은 점수로 당락이 바뀌는 의학계열을 희망하는 학생이라면 반영하는 진로선택과목은 모두 A를 받아야 할 것이다.

진로선택과목 반영과목 수만큼만 진로선택과목에서 A가 있으면 된다. 하지만 전 과목을 반영하는 가톨릭관동대, 고려대, 연세대, 연세대(미래), 대구한의대, 동아대 지역인재에 지원하려면 가급적 모든 진로선택과목에서 A의 성적을 받아 두어야 한다.

계명대의 경우 진로선택과목은 상위 3개 과목을 반영하며, 1개 과목 최대 반영 이수단위는 2단위라는 점에서 진로선택반영과목 선택에 신경을 써야 한다. 즉, 국어, 수학, 영어, 한국사, 과학 교과 중 3개의 교과에서 A를 받아야 한다.

경희대는 A, B, C의 급 간 격차가 크다. 또한 대학별 부여 점수 차이에서 느끼는 체감이 다를 수 있는데 예를 들어, 성취도 A의 점수가 경북대가 20점인데 부산대가 0.5점이라고 해서 부산대의 진로선택과목 영향력이 적은 것은 아니다. 대학마다 반영 계산법이 다르기 때문이다.

• 고려대학교 변환 석차등급

성취도별 비율을 반영하는 고려대의 진로선택 점수산출 방식이 눈에 띈다. 아래의 고려대학교 교과전형 산출 방식을 살펴보자. 진로선택과목 반영에 있어서 성취도별 학생 비율을 고려하게 된다. 자신이 A를 받았고, A를 받은 학생이 전체의 20%라면 학생이 받은 변환 석차등급은 1.2(1+0.2)가 된다. 이는 학생이 잘 해야 할 뿐만 아니라 학교에서도 신경을 써야 한다는 말이 된다. 일선 고교 현장에서는 성취도별 비율을 점수에 반영하는 대학으로 인하여 무조건 많은 학생에게 높은 등급을 부여하게끔 하는 것이 아니라 등급별로 적정 비율을 유지할 수 있도록 고려하고 있다.

---

① 교과평균등급 산출 방법

㉮ 교과평균등급 $= \dfrac{\Sigma(\text{과목별 석차등급 또는 변환석차등급}^{주1)} \times \text{이수단위})}{\Sigma \text{이수단위}}$

주1) 성취도 교과의 변환석차등급 산출 방법

과목별 성취도	변환석차등급 산출식
A	$1 + \dfrac{\text{성취도 A의 학생비율}}{100}$
B	성취도 A의 학생비율에 해당하는 석차등급* $+ \dfrac{\text{성취도 B까지의 누적 학생비율}}{100}$
C	성취도 B까지의 누적 학생비율에 해당하는 석차등급* $+ \dfrac{\text{성취도 C까지의 누적 학생비율}}{100}$

* 성취도 누적학생비율에 따른 석차등급 기준

누적비율 (%)	0 ~4.0	4.1 ~11.0	11.1 ~23.0	23.1 ~40.0	40.1 ~60.0	60.1 ~77.0	77.1 ~89.0	89.1 ~96.0	96.1 ~100
석차등급	1	2	3	4	5	6	7	8	9

교과전형으로 지원하려고 마음을 굳혔다면 진로선택과목을 상위 몇 과목만 챙기는 것이 하나의 방법일 수 있다.

교과전형으로 전략을 세웠다면, 오히려 3학년 때 일반선택과목만 집중해서 우수한 성적을 받는 것이 유리한 고지를 점령하는 것이다. 진로선택과목 공부하는 시간에 일반선택과목을 공부하거나, 수능 최저를 위해 수능 공부를 하는 것이 나을 수 있다. 교과전형에서 보통 진로선택과목의 반영은 주로 3과목 정도를 하는데, 진로선택과목을 전체 반영하는 고려대를 제외하고는 전략적으로 딱 3과목만 A를 받아 두는 방법을 사용해 보자.

공통과목과 일반선택과목은 점수로 환산되어 반영하는 반면, 진로선택과목은 가산점의 형식으로 반영되기 때문에 상대적으로 공통과목과 일반선택과목의 비중이 진로선택과목보다 크다는 점을 명심하자.

교육과정이 바뀌면서 일반고 교육과정에서는 대게 3학년 때, 등급이 나오는 일반선택과목이 별로 없다. 사실상 교과전형에서 많은 비중을 차지하는 공통과목과 일반선택과목은 2학년 때 거의 마무리가 된다. 수험생들은 이러한 사실을 일찍 깨닫고 하루라도 빨리 대입을 준비하여야 한다.

즉, 예전 상담에서는 학년별 가중치가 3학년에 제일 높은 대학이 많아 지금이라도 열심히 공부하라고 격려를 해 주었다면, 지금은 학년별 반영 비율이 거의 없고 3학년 때는 진로선택과목이 많기에 1학년 때부터 내신을 관리하라고 지도한다. 경각심을 주기 위해 필자는 2학년 학생들에게 "교과전형을 생각한다면 지금 열심히 관리하고 3학년 때 놀아라."라고 이야기한다. 물론 3학년이 되면, 수능 최저등급을 맞추기 위한 노력을 하라고 이야기하겠지만 말이다.

물론 종합전형을 준비하는 학생들은 진로선택과목도 소홀히 하지 말자.

공통, 일반선택, 진로선택 반영 비율이 있는 대학

대학명	공통	일반선택	진로선택	기타 사항
건국대(글로컬)	40%	60%		진로선택 과목 가산점 3%
경희대	80%		20%	진로선택 반영 교과 상위 3개의 환산점 평균 (A:100, B:50, C:0)
대구한의대	85%		15%	
부산대	30% 6과목	50% 10과목이상	20% 3과목	**2023 신설** 동일교과명은 이수학기 수에 상관없이 1과목으로 인정함
연세대	30%	50%	20%	국수영사과한국사를 제외한 기타 과목에서 석차등급 9등급, 성취도 C인 과목으로 최대 5점까지 감점
연세대(미래)	30%	50%	20%	
영남대	85%		5%	진로선택 환산등급 A:1등급, B:3등급, C:5등급
	출결 10%			
울산대	80%		10%	진로선택 2과목 성취(석차)등급 평균을 환산 합산(과학 차등점수) 과학 A:20, B:16, C:12 과학 외 A:10, B:8, C:6
	출결 10%			
제주대	30%	70%		진로선택 3과목 환산 합산 (A:1000, B:970, C:940) 공통교과, 일반선택, 진로선택 중 1개 이상 없는 경우는 반영비율이 다름

공통과목, 일반선택과목, 진로선택과목 가중치가 얼마인지 살펴보자. 공통과목보다 일반선택과목의 가중치가 더 높은 대학이 있다.

석차 등급이 없는 과목(진로선택과목 등)이 없는 학생
– 졸업생 등 그 외

진로선택과목을 미반영하는 대학은 재학생 및 2022년 졸업생과 2022년 이전 졸업생의 전형 산출법이 동일하지만, 진로선택과목을 반영하는 대학은 차이가 있다. 재학생, 2022년 졸업생, 2022년 이전 졸업생, 조기 졸업자, 학교생활기록부 없는 자(검정고시 등)의 전형 산출법이 다르니 모집요강을 참고하도록 하자.

교과전형에서 2007년 2월 이전 졸업자 중에서 '석차 등급은 없지만 석차가 있는 경우'는 주로 석차백분율을 이용하여 점수를 계산하는 대학이 많다.

$$과목별\ 석차백분율= [\{과목별\ 석차+(동석차\ 인원수-1)/2\} \div 재적수] \times 100$$

등급	1	2	3	4	5	6	7	8	9
백분율 (누적률)	4% 이내	4%초과 ~ 11%이내	11%초과 ~ 23%이내	23%초과 ~ 40%이내	40%초과 ~ 60%이내	60%초과 ~ 77%이내	77%초과 ~ 89%이내	89%초과 ~ 96%이내	96%초과 ~ 100%이내

석차가 없고 평어만 있거나 검정고시의 경우 최고점은 재학생이나 졸업생의 최고점에 비해 점수가 낮아 의학계열에서는 합격자가 나올 수 없는 구조다.

반영 교과전체 평균등급 구간을 나누어 가산점을 부여하는 대학은 경북대, 대구가톨릭대, 동신대, 부산대, 전남대, 전북대다.
경북대학교는 교과점수의 5%를 가산한다.

반영교과 전체 평균등급 구간을 나누어 점수를 부여하는 대학은 연세대(미래), 울산대다.

참고자료

• 공통, 일반선택 반영과목 예시

교과	반영과목
국어	고전, 고전문학, 고전 읽기, 고전문학의감상과비평, 고전문학감상, 국어(I,II), 국어생활, 논술, 독서, 독서(I), 독서논술, 독서생활, 독서와문법(I,II), 문법, 문학(I,II), 문학의이해, 실용국어, 심화국어, 소설창작입문, 언어탐구, 작문, 취업 실무 국어, 토론과논술, 현대문학의감상과비평, 화법, 화법과작문(I,II), 과제 탐구, 국어연구방법론, 독서토론, 문장론, 문학 개론, 문학과 매체, 문학적 감성과 상상력, 언어와 매체, 영화 감상과 비평, 작문과 통합논술, 현대문학 감상
영어	고급영어회화, 공업영어, 공통영어, 관광영어, 기본영어, 기초영어, 농업영어, 무역영어, 비즈니스영어(회화), 상업영어, 생활영어, 세계문학, 실무영어(독해와작문), 실용영어(I,II), 실용영어독해와작문, 실용영어회화, 심화영어(회화), 심화영어독해(I,II), 심화영어독해와작문, 심화영어작문, 심화영어회화(I,II), 영미문학, 영미문학읽기, 영어, 영어(I,II), 영어10-a, 영어10-b, 영어2, 영어강독, 영어권문화(I,II), 영어기본(I,II), 영어독해(I,II), 영어듣기와의사소통, 영어독해와작문, 영어문법(I,II), 영어작문(I,II), 영어청해, 영어회화(I,II), 원어민영어회화, 응용영문법, 전공실무영어, 진로영어, 해사영어, 호텔실무영어, Advanced English Critical Reading, Public Speaking and Presentation, Writing an Essay, 기초회화, 심화 영어 작문 I, 심화 영어 I, 심화논술, 영문학, 영어 비평적 읽기와 쓰기
수학	AP미적분학, (AP) 미적분학 I, 고급수학(I,II), 고급수학(의)기본, 공업수학, 공업수학의 기초, 공통수학, 기하, 기하와벡터(심화), 기초수학, 경제 수학, 농업 수학, 미분과적분, 미적분학 I, 미적분(I,II), 미적분과통계기본(심화), 미적분과통계심화, 수리탐구, 수리탐구(I,II), 수학(I,II), 수학과제 탐구, 수학심화, 수학II(-A,-B), 수학II심화, 수학10-가, 수학10-나, 수학연습I, 수학연습II, 수학의기본(I,II), 수학의활용, 실용수학, 심화수학(I,II), 응용수학, 이산수학, 인문수학, 자연수학, 적분과통계, 향상수학, 확률과 통계, 과제연구, 고등학교 통합논술 3, 생활 속의 수학적 사고, 수학 과제연구, 수학적 사고와 적분, 수학적 사고와 통계, 수학탐구, 실용 통계, 통합수학 I, 통합수학II
사회 (역사, 도덕 포함)	(공통)사회, 경제(지리), 관광지리, 고전과 윤리, 국민윤리, 국사, 국제경영, 국제관계와국제기구, 국제경제(I,II), 국제문제, 국제법, 국제정치(I,II), 국제정치경제, 국토지리, 기업경영, 농업경영, 도덕, 동아시아사(근·현대사), 법과사회, 법과정치, 비교문화(I,II), 사회문화, 사회문제 탐구, 사회·문화, 사회과학논술, 사회과학방법론, 사회-국사, 상업경제, 생활경제, 생활과논리, 생활과윤리, 세계문제, 세계사, 세계이해, 세계지리, 시민윤리, 시사토론, 여행지리, 역사, 윤리, 윤리와 사상, 인간사회와환경, 인류의미래사회, 인문지리, 일반사회, 정치(경제), 전통윤리, 지리(I,II), 지역과사회, 지역과역사, 지역이해, 통합사회 I, 통합사회(1,2), 한국의 전통문화, 한국의현대사회, 한국지리, 한국근현대사, 한국사, 한국 사회의 이해, 거시경제학, 기업과 경영, 마케팅과 광고, 사회 과제 연구, 사회 탐구 방법, 사회철학, 사회·문화 과제연구, 세계 문제와 미래 사회, 세계 역사와 문화, 심리학(AP Psychology), 역사과제연구, 정치와 법, 창업 일반, 한국 사회의 이해, 현대 세계의 변화
과학	AP물리1, AP일반생물학, (AP)일반물리 I, (AP)일반물리학I, (AP)일반물리학II, (AP) 일반화학 I, (고급,심화)물리, (고급,심화)생명과학(I,II), (고급,심화)생물, (고급,심화)지구과학(I,II), (고급,심화)화학, 공업화학, (공통)과학(I,II), 과제연구, 과제연구(I,II), (공통)과학과제연구(I,II), 과학교양, 과학기초, 과학사, 과학실험, 과학융합, 과학재량, 과학사 및 과학철학, 과학탐구, 과학탐구실험, 통합과학 특강, 물리(I,II,실험), 물리학II, 생명과학특강 I, 생명과학실험 I, 생명과학(I,II,실험), 생물 1(SAT Biology), 생물(I,II,실험), 생태와환경, 생활(과)과학, 심화 생물, 역사속의의과학기술, 융합과학, 워크숍, 일반물리 I, 일반물리학 I, 일반생물학, 일반화학 I, 일반화학 II, 일반화학(AP Chemistry), 정보과학(I,II), 제조화학, 지구과학 I(인문사회), 지구과학(I,II,실험), 정보과학, 컴퓨터과학, 현대과학과기술, 화학 1(SAT Chemistry), 화학(I,II,실험), 화학공학, 환경과학, Physics I, 고급 물리학, 과학교양, 로봇 하드웨어 개발, 로봇기초, 물리학 과제연구, 물리학 실험, 물리학 I, 생명과학 과제연구, 생명과학 I의 이해, 생명과학II, 생명과학세미나, 심화생명과학실험, 융합과학탐구, 인체구조와기능, 전자 회로, 통합과학, 프로그래밍, 화학 과제연구, 화학과제연구 I, 화학세미나, 화학세미나 I, 화학실험 I, 환경과녹색성장, 미래주제연구, 융합과학 탐구, 융합프로젝트, 생명과학II

※ 반영교과별 과목표에 없는 교과목의 경우, 본교에서 정한 기준에 따라 처리할 수 있음

※ 진로선택교과 및 대체과목으로 인정되는 교과목의 경우, 진로선택교과 반영방법으로 적용될 수 있음

• 진로선택 반영과목 예시(진로선택 대체과목)

교과	반영과목
국어	실용국어, 심화국어, 고전 읽기
영어	실용영어, 영미문학읽기, 진로영어, 영어권 문화
수학	수학과제탐구, 경제수학, 기하, 실용수학
사회 (역사, 도덕 포함)	사회문제탐구, 여행지리, 고전과 윤리
과학	물리학II, 화학II, 생명과학II, 지구과학II, 융합과학, 생활과 과학, 과학사

※ 반영교과별 과목표에 없는 교과목의 경우, 대학에서 정한 기준에 따라 처리할 수 있음

• Z점수에 대한 이해

  연세대학교 교과전형(추천형) 1단계 정량평가와 연세대학교 미래캠퍼스 교과우수자전형 1단계 전형에서 Z점수를 활용한다. 서울캠퍼스와 미래캠퍼스의 교과성적 반영 차이는 반영과목 B의 유무 정도이며, 느낌은 비슷하나 약간의 차이가 있으니 고려하자.

  Z점수를 산출해 보지 않고 지원하면 예상과는 다른 결과를 맞이할 수 있다. 흔히 말하는 내신 평균 1.2인 학생이 떨어지고 1.5인 학생이 1차를 통과할 수 있다.

연세대학교(서울)

1. 학생부교과전형[추천형] 1단계 정량평가

가. 반영교과

– 반영과목 A와 반영과목 B로 구분하여 전과목을 반영함

구분	반영 교과	배점
반영과목 A	국어, 수학, 영어, 사회(한국사, 역사, 도덕 포함), 과학	100점(공통과목 30%, 일반선택과목 50%, 진로선택과목 20%)
반영과목 B	반영과목 A를 제외한 기타 과목	반영과목 A 점수에서 최대 5점 감점

나. 반영방법

○ 반영과목 A

1 공통과목 30%, 일반선택과목 50%, 진로선택과목(전문교과 포함) 20% 비율로 총 100점 만점으로 반영하며 학년별 비율은 적용하지 않음

2 공통과목/일반선택과목: 석차등급을 활용한 등급점수(50%)와 원점수, 평균, 표준편차를 활용한 Z점수(50%)를 교과 이수단위 가중 평균하여 반영함

가) 등급점수 반영방법

교과등급	1등급	2등급	3등급	4등급	5등급	6등급	7등급	8등급	9등급
반영점수	100	95	87.5	75	60	40	25	12.5	5

나) Z점수 반영방법

– 과목별 원점수, 평균, 표준편차를 이용하여 표준점수인 Z점수를 계산함

$$Z점수 = (원점수 - 평균) ÷ 표준편차$$

※ Z점수는 소수점 첫째 자리까지 반올림하여 계산하며, 점수가 3.0보다 크거나 –3.0보다 작을 경우에는 각각 3.0과 –3.0으로 간주함

– 계산된 표준점수(Z)에 대하여 다음 표와 같이 석차백분율을 적용함

Z 점수	석차백분율	Z 점수	석차백분율	Z 점수	석차백분율	Z 점수	석차백분율
3	0.0013	1.5	0.0668	0	0.5	−1.5	0.9332
2.9	0.0019	1.4	0.0808	−0.1	0.5398	−1.6	0.9452
2.8	0.0026	1.3	0.0968	−0.2	0.5793	−1.7	0.9554
2.7	0.0035	1.2	0.1151	−0.3	0.6179	−1.8	0.9641
2.6	0.0047	1.1	0.1357	−0.4	0.6554	−1.9	0.9713
2.5	0.0062	1	0.1587	−0.5	0.6915	−2	0.9772
2.4	0.0082	0.9	0.1841	−0.6	0.7257	−2.1	0.9821
2.3	0.0107	0.8	0.2119	−0.7	0.758	−2.2	0.9861
2.2	0.0139	0.7	0.242	−0.8	0.7881	−2.3	0.9893
2.1	0.0179	0.6	0.2743	−0.9	0.8159	−2.4	0.9918
2	0.0228	0.5	0.3085	−1	0.8413	−2.5	0.9938
1.9	0.0287	0.4	0.3446	−1.1	0.8643	−2.6	0.9953
1.8	0.0359	0.3	0.3821	−1.2	0.8849	−2.7	0.9965
1.7	0.0446	0.2	0.4207	−1.3	0.9032	−2.8	0.9974
1.6	0.0548	0.1	0.4602	−1.4	0.9192	−2.9	0.9981
						−3	0.9987

※ 단, Z점수를 이용하여 산출한 석차백분율이 해당 과목의 석차등급에 해당하는 석차백분율 범위를 벗어날 경우에는 다음과 같이 석차백분율을 적용함

교과등급	1등급	2등급	3등급	4등급	5등급	6등급	7등급	8등급
석차백분율	0.04	0.11	0.23	0.4	0.6	0.77	0.89	0.96

❸ 진로선택과목(전문교과 포함): 3단계 평가 A/B/C를 기준으로 A=20, B=15, C=10로 계산하여(5단계 평가의 경우 A/B → A, C/D → B, E → C로 계산함) 교과 이수단위 가중 평균하여 반영함

○ 반영과목 B
– 석차등급 9등급 또는 성취도 C(3단계 평가 A/B/C 기준)인 경우에 한하여 이수단위를 기준으로 최대 5점까지 감점함

반영과목 B 감점점수=(반영과목 B중 석차등급 9등급 또는 성취도 C인 과목의 이수단위의 합 ÷ 반영과목 B 이수단위의 합) × 5

○ 등급 또는 성취도로 표기되지 않은 교과목('이수/미이수', '∙' 등)
– 반영하지 않음

연세대 미래캠퍼스

교과성적 반영방법

전형	교과영역 반영방법	학년별 반영비율
교과우수자 전형 (1단계 교과점수)	국어, 수학, 영어, 사회(한국사, 역사, 도덕 포함), 과학	전 학년(100%)

1. 교과성적 반영비율(100점 만점)

– 공통과목 : 일반선택과목 : 진로선택과목 = 30 : 50 : 20

2. 공통과목/일반선택과목 과목별 성적계산

가. Z점수 = (원점수 − 평균) ÷ 표준편차

※ Z점수는 소수점 첫째 자리까지 반올림하여 계산

※ Z점수가 3.0보다 크거나 −3.0 보다 작을 경우 각각 3.0과 −3.0으로 간주

나. Z점수에 대하여 다음 표와 같이 석차백분율을 적용함

[석차 백분율 표는 연세대학교(서울) 석차백분율 표와 같음.]

※ 단, Z 점수를 이용하여 산출한 석차백분율이 해당 과목의 석차등급에 해당하는 석차백분율 범위를 벗어날 경우에는 다음과 같이 석차백분율을 적용함

등급	1등급	2등급	3등급	4등급	5등급	6등급	7등급	8등급
석차백분율	0.04	0.11	0.23	0.4	0.6	0.77	0.89	0.96

다. 과목별 점수 계산

– 과목별 점수=100×(1−석차백분율)

라. 교과총점 계산

– 교과구분(공통과목, 일반선택과목, 진로선택과목)별로 교과총점을 계산

교과구분별총점 = Σ(과목별점수×과목별단위수)÷Σ과목별단위수

마. 총점(최종)=(공통과목 총점×0.3)+(일반선택과목 총점×0.5)+(진로선택과목 총점×0.2)

3. 진로선택과목(전문교과 포함) 과목별 점수 계산(100점 만점)

가. 3단계 평가의 경우 : A=100, B=80, C=50

나. 5단계 평가의 경우 : A=100, B=90, C=80, D=70, E=50

다. 2015개정교육과정 미적용자(2020학년도 이전 졸업자)

1 등급 기준: 1~3등급=A, 4~6등급=B, 7~9등급=C

2 원점수 기준: 80점 이상=A, 60점 이상=B, 60점 미만=C

3 등급 기준 점수와 원점수 기준 점수 중 높은 점수 적용

PART | # 6

종합전형 전략

● 학생부종합전형 안내서

● 학생부종합전형 평가 요소

● 인성이 중요하다

● 교육과정

● 공동교육과정, 소인수 수업, 온라인 공동교육과정

● ☆생활기록부 기록에 신경 쓰라

● 자기소개서

● 종합전형에서도 수능 최저 준비를 열심히 하라

● 수능 사회탐구 선택 전형(인문계 모집단위) 전략

● 고교 블라인드로 인하여

● 참고자료

● 의학계열 수시 6장을 구성하는 방법

2023학년도 입시(예비 고3)와 2024학년도 입시(예비 고2)에는 큰 차이가 있다. 2024학년도 대입에서는 수상경력, 자율동아리, 개인봉사활동 실적, 독서, 영재 발명교육 관련 내용은 대입에 반영하지 않는다. 하지만 이와 관련하여 어떻게 대비를 하는지도 기술하였기 때문에 유념하여 아래 내용을 읽도록 하자.

의학계열의 학과는 워낙 치열한 경쟁을 보이는 학과이므로 학생들의 우수성은 크게 차이가 없다고 생각해도 된다. 치열하게 공부한 학생 가운데 묵묵히 학교생활에 충실한 학생이나 소박해 보이는 학생도 선발된다고 한다. 서울대학교뿐만 아니라 모든 학교에서도 학생부종합전형에 취지에 맞는 학생이 선발된다고 이야기를 한다. 학생들도 우선 학교생활에 진정성을 가지고 충실하게 참여하도록 하자.

대입 전형이 간소화되고 대입 전형 공정성 방안이 강조되고 있다. 대입이 긍정적인 방향으로 가고 있는 것은 사실이나, 대학마다 선발하고자 하는 방법과 인재상이 다른 것도 사실이며 평가하는 사람의 생각이 다양한 것도 사실이다. 지피지기이면 백전백승이듯이 자신이 가고자 하는 대학의 선발방법에 대해서 잘 알고 있는 것은 중요하다.

수능에서 평균 3등급을 받은 학생이 연세대 의대에 합격했다는 기사를 보았을 것이다. 대다수 대학에서 수능 최저를 폐지하였는데, 의치한 대학도 마찬가지이다. 수능 최저를 완화한 대학도 많다. 이 학생은 수능 최저학력기준이 있었더라면 불합격했을 것이고 실제로 수능 최저학력기준이 있는 다른 대학은 모두 불합격했다.

기사로 처음 접한 사람들은 믿을 수 없다는 반응을 보였지만, 이미 아주 훨씬 오래전부터 이런 결과가 많이 있었다. 서울대는 물론이거니와 최저등급을 두지 않은 전형에서의 합격자는 수능 성적이 저조할 수도 있는 것이다.

내신이 1점대 극초반이면서 학생부 생활기록부의 양과 질이 풍부하고 학생의 우수한 특성과 고교생활에서의 스토리텔링이 잘 드러나면서 이 모든 것이 대학이 선발하고자 하는 학생상에 부합된다면 선발될 수 있는 것이다.

대학 입장에서는 공정하게 학생을 선발했고, 학생은 의사로서의 자질이 충분한 것이다. 또한 수능 성적이 낮다고 해서 대학에서 학업을 따라가지 못하는 것이 아니다. 필자의 경험으로 미루어 봐서, 이런 학생들이 오히려 대학에서 주도적으로 이끌어 가면서 우수한 학업역량을 보여 주었다.

의치한을 희망하는 학생들은 내신 관리도 중요하고 이제부터 다루는 모든 내용에 대해 준비하고 있어야 한다. 특히 메이저 의치한 대학은 전국의 최우수 학생들이 경쟁하기 때문에 조금만 흠이 있어도 떨어진다는 느낌이다. 적어도 서류에서만큼은 거의 완벽에 가까운 학생이 합격하는 느낌이다. 또한 수도권의 메이저 의치한 대학에 지원하는 학생들은 수능 최저를 충족할 수 있는 학생들이 많고, 최상위권 학생들의 생활기록부도 좋지 않을 리 없으며 면접에서도 준비된 학생들이 많다. 지방 의대에 지원하는 인력풀도 메이저 대학보다는 덜하겠지만, 우수한 학생이 몰리는 것은 당연하다.

종합전형에서 일반고의 합격자는 내신 평균이 대부분 1.0~1.50이다. 물론 조금 낮은 사례도 존재하지만, 특히 내신 2.0 아래의 합격자는 특목고, 자사고의 합격자일 가능성이 높다. 참고로 내신 성적이 우수한 학생이 합격하는 것이 아니라 서류에서 우수한 학생을 선발하였더니 내신 성적도 우수했다.

이제부터 다루는 종합전형 전략은 학교생활에서 필요한 내용과 학생부를 항목별로 쪼개어 학생들이 신경을 써야 할 부분과 전략을 제시해 보았다. 하지만 학생부종합전형은 말 그대로 종합적으로 평가하는 전형이기 때문에 정형화된 합격 전략은 없다는 점을 명심하자(예를 들어 의학계열에 합격하려면 뭐를 꼭 해야 하고, 뭐를 어떻게 해야 하고 이런 것은 없다). **학생생활기록부에서 보이는 전체적인 학생의 이미지가 매우 중요하며 이를 면접을 통해 확인한다.**

학생부종합전형 안내서

　자신이 지원하려고 하는 대학의 학생부종합전형 안내서를 필히 읽어 보도록 하자. 이제부터 이야기하고자 하는 내용이 전반적으로 실려 있다. 물론 의학계열만이 아닌 전체적인 이야기를 다루고 있기 때문에 의학계열과 관련된 부분을 잘 읽어 내는 것이 중요하다.

　지피지기백전백승(知彼知己百戰百勝)이다. 주로 일반적인 이야기를 다루고 있지만, 사소한 것이라도 잘 캐치를 한다면 의외의 수확을 얻을 수 있다. 필자는 전국의 의학계열 입학사정관과 대화하면서 특이한 부분을 바로 찾아낼 수 있었다. 그런데 그런 내용들이 어디에 있냐면 학생부종합전형 안내서와 모집요강에 모두 있다.

　다른 학교와 다른 전형방법의 특이점을 찾아보고 준비하자.

　의대, 치대, 한의대, 약대 중 2개 이상을 가지고 있는 대학은 학과마다 선발의 차이점이 선명하다. 미세한 차이라도 잘 읽어 보고 준비하도록 하자.

학생부종합전형 평가 요소

　대학별 학생부종합전형 평가 기준이 나와 있다. 자신의 생활기록부에서 드러난 자신의 역량이 대학별 기준과 어느 정도 일치하는지 점검해 보자. 역시 담임 선생님, 진학담당 선생님과 충분한 상담을 진행하도록 하자. 대학마다 입학사정관과 소통할 수 있는 다양한 방법도 마련하고 있으니, 대학 홈페이지에 공지된 행사를 참고해 보자.

　학생부종합전형의 평가요소와 평가항목에 대한 연구는 계속되어 오고 있다. 일반적으로 평가 요소는 '학업역량, 전공적합성, 인성, 발전가능성'으로 알고 있으며, 대학에서는 평가요소별 평가항목에 따른 세부 평가내용을 제시하고 있다. 평가요소나 항목의 용어는 대학마다 다르게 사용하더라도 학생을 평가하는 기준은 '학업역량, 전공적합성, 인성, 발전가능성' 이 네 가지에서 벗어나지 않는다. 어느 하나 소홀히할 수 없다.

　의학계열은 학업역량에서 매우 우수한 학생들이 지원한다. 우수한 학업역량을 드러내는 방법은 내신성적을 받는 것과 이제부터 다룰 내용들을 참고하길 바란다. 그리고 매우 중요한 인성은 다음 쪽에 다룬다. 전공적합성은 의학계열에 대한 관심인데, 같은 수준의 학업역량을 보이면 아무래도 조금이라도 전공에 대한 관심이 있는 학생이 유리하다. 이는 대학의 평가항목에서 전공적합성을 높은 비율로 반영한다는 것을 찾을 수 있으며 전공적합성은 생활기록부의 여러 항목으로 평가할 수 있다. 전공적합성을 계열적합성으로 확대해서 평가하기도 하지만, 한의예과는 전공적합성을 중요하게 생각하는 경향이 있다.

• 국립강릉원주대 학생부 평가항목 및 반영 배점 예시

평가항목	인재상	평가요소	반영비율 (반영점수)	반영점수 합계
발전가능성	창(創):창의도전	① 창의적체험활동상황* ② 수상경력(비교과) ③ 독서활동상황	25% (200)	800
인 성	통(通):소통협력	① 행동특성및종합의견* ② 출결상황, 수상경력(인성) ③ 독서활동상황	20% (160)	
학업역량	기(基):자기주도	① 교과학습발달상황* ② 수상경력(교과) ③ 독서활동상황	25% (200)	
전공관심도	모집단위인재상	① 전공별 관련 교과목 및 요구역량 ② 학과별 선발 목표에 맞추어 종합평가	30% (240)	

* 가장 중요한 평가지표

• 한림대학교 학생부 평가항목 및 반영 배점 예시

1. 학생부종합전형 서류평가기준

평가항목		세부내용
구분	세부 항목	
학업성취 역량 40%	학업성취도	학업능력 지표{교과목의 석차등급 또는 원점수(평균/표준편차)}와 교과목 이수현황, 노력 등을 기반으로 평가한 교과의 성취수준이나 학업적 발전 정도
	학업태도 / 학업의지	학업을 수행하고 학습을 해나가는 자발적인 의지와 태도 학습자가 스스로 학습 목표를 설정하고 적절한 학습 전략을 선택하여 계획을 수립 및 실행하는 과정
	자기주도적 학습능력	타인의 도움 없이 학습자가 자신의 학습요구를 진단하고 학습목표를 설정하고 그 학습에 필요한 인적·물적 자원을 확보하고 적절한 학습전략을 선택해서 실행하고 자신이 성취한 학습결과를 평가하는 데 있어 주도권을 갖는 태도
	전공적합성	전공 관련 교과목 이수 및 성취도 전공에 대한 관심과 이해, 전공 관련 활동과 경험
성장잠재 역량 30%	책임감	맡아서 해야 할 의무나 임무, 자신이 행사하는 모든 행동의 결과를 부담하고자하며 이를 중요하게 여기는 마음, 이를 행한 경험
	자기관리능력	자아정체성과 자신감을 가지고 자신의 삶과 진로에 필요한 기초 능력과 자질을 갖추어 자기주도적으로 살아갈 수 있는 능력
	진취성	적극적으로 나아가 일을 이룩하고자 하는 태도 변화를 포착하여 적극적으로 수용하고 현재의 상황에 안주하지 않고 나아가려는 의지 및 시도 경험
	자기주도성	스스로 목표를 설정하고 적절한 전략을 선택하여 계획을 수립하고 실행하는 성향
인성 역량 30%	근면성실성	책임감을 바탕으로 꾸준히 노력하여 자신의 의무를 다하는 태도와 행동
	타인배려성	상대방을 존중하고 이해하여 원만한 관계를 형성하는 태도와 행동
	리더십	공동체의 목표 달성을 위해 구성원의 화합과 단결을 이끌어가는 역량
	대인관계 및 의사소통능력	타인과 원만한 관계를 형성하고 상대방의 의견을 경청하고 공감할 수 있으며 자신의 정보와 생각을 효과적으로 전달할 수 있는 역량

2. 세부영역별 평가기준

가. 학업성취역량(대학에서 학업을 수행할 수 있는 기초수학능력)

평가 자료	주요 확인 사항
• 학교생활기록부 : 교과학습발달상황[교과성취도(전체 교과 성적 및 성적추이)], 세부 능력 및 특기 사항, 수상경력(교과) • 자기소개서 : 학습경험과 교내활동 중심으로 진로와 관련한 노력	• 진학(전공)하기에 적합한 학업성취를 보이는가? • 학업성취도 변화추이가 어떻게 되는가? • 보통교과, 탐구교과 등 교과 간 성취도 차이가 있는가? • 학습태도가 바르고 성실하며 자기주도적인 학습이 이루어졌는가? • 진학(전공)과 관련하여 구체적인 지원 동기나 목표가 있는가? • 지원학과에 대한 흥미나 관심을 보이는가? • 지원학과 관련 활동 내용이 있는가? • 지원학과 관련 교과목 성취도가 우수한가? • 지원학과에서 요구하는 역량이 개인특성과 부합하는가?
점수 척도	
높은 점수 (매우우수~우수)	• 대학에 진학해서 전공을 이수할 수 있는 기초학력수준 이상의 성취 수준을 보이고 교과학습에서 우수한 평가를 받으며 지적호기심과 탐구심을 발휘한 경험이 있음 • 대학 진학 및 전공을 선택함에 있어 구체적인 지원 동기와 향후 목표를 살펴볼 수 있으며 이와 관련된 고등학교 활동을 다양하게 찾아볼 수 있음

나. 성장잠재역량(현재수준(상황)보다 질적 향상을 이룰 가능성)

평가 자료	주요 확인 사항
• 학교생활기록부 : 세부능력 및 특기 사항, 수상경력 (비교과), 독서활동상황, 창의적체험활동 • 자기소개서 : 학습경험과 교내활동 중심으로 진로와 관련한 노력	• 학교생활에서 지속적이고 꾸준한 모습을 보이는가? • 주어진 역할에 대하여 책임감을 가지고 마무리한 경험이 있는가? • 교과와 비교과영역을 적절히 안배하여 시간 관리를 한 것으로 보이는가? • 종합적으로 자기통제력이 나타나는가? • 다양한 체험활동, 독서활동이 이루어졌는가? • 현실에 안주하지 않고 변화하기 위해서 능동적으로 대처하고 변화하고자 하는 경험이 있는가? • 스스로 자신의 문제를 해결한 경험이 있는가? • 스스로 계획이나 목표를 세우고 일을 추진한 경험이 있는가?
점수 척도	
높은 점수 (매우우수~우수)	• 주어진 역할이나 학교생활에서 전반적으로 책임감 있는 태도를 보이며 임무를 완수함 • 스스로 목표를 설정하고 자신의 노력을 통해서 현재의 상황을 개선 경험이 있음 • 다양한 경험에 참여했거나 꾸준한 참여를 실천한 경험이 있음

다. 인성역량(공동체 일원으로서 필요한 바람직한 사고와 행동)

평가 자료	주요 확인 사항
• 학교생활기록부 : 출결상황, 창의적 체험활동상황, 행동특성 및 종합의견 • 자기소개서 : 타인과 공동체를 위해 노력한 경험과 배운 점	• 교칙(출석 등)을 준수하고 성실히 학교생활에 임했는가? • 교칙 미준수 또는 문제 행동에 대해 개선하고자 노력한 경험이 있는가? • 공동의 목표를 위해서 타인과 잘 화합하고 조정한 경험이 있는가? • 봉사에 능동적으로 참여하고 향후 봉사나 사회적 기여 가능성이 보이는가? • 구체적으로 나눔과 배려를 실천한 경험이 있는가? • 조직(구성원)을 이끌어나가거나 방향을 제시한 경험이 있는가? • 원만한 인간관계를 형성하고 관계지향적인 성향을 가지고 있는가? • 상대방의 의견을 경청하고 공감하며 자신의 의견을 효과적으로 전달한 경험이 있는가?
점수 척도	
높은 점수 (매우우수~우수)	• 교칙을 철저히 준수하고 학교생활에 전반에서 성실한 태도를 보여 교사나 교우들로부터 긍정적인 피드백을 받음 • 조직을 이끌어 본 경험을 통해 리더십을 인정받거나 구성원으로서 관계지향적인 태도나 봉사하는 태도를 찾아볼 수 있음 • 공감능력을 갖고 원활한 의사소통을 통해 문제를 해결한 경험이 있음

인생이 중요하다

의학계열을 희망하는 학생에게 가장 중요한 요소를 꼽으라고 하면 필자는 단연 인성이라고 생각한다. 대다수의 대학이 면접을 하는 이유도 의사로서의 인성을 가지고 있는지 판단하기 위함이다. 다수 대학에서는 1차에서 선발된 학생들은 모두 매우 우수한 학생이라고 생각한다. 또한 1단계에 1점 극초반의 학생이나 중반의 학생이나 1단계 통과자는 모두 우수한 학생임이 틀림없다고 생각한다. 2단계에서는 면접 비중이 크고 1단계 결과가 뒤집히는 경우가 많다.

인성은 면접으로도 평가할 수 있지만, 학교생활기록부를 통해서도 평가할 수 있다. 학교생활에서 나눔, 배려, 협력하는 모습을 보이도록 노력하자. 특히 행동특성 및 종합의견은 학생의 인성을 평가할 수 있는 주요한 항목이다. 인성을 나타내는 영역은 나눔과 배려, 소통, 도덕성, 협업, 성실성, 리더십이 있는데, 모두 중요하다. 다만 모든 것을 다 표현할 필요는 없다. 어떤 의사가 될지를 한번 생각해 보고, 환자를 먼저 생각하는 의사로서 배려와 소통이 중요하다고 생각되면, 이런 부분이 생활기록부에 잘 녹아 있으면 되겠다.

그런데, 인성은 하루아침에 길러지는 것은 아니다. 교사로서 학생들이 바른길로 가도록 지도하는 일은 힘든 일이다. 학생이 바른길로 가기 위해 모든 학교 구성원이 노력하지만, 바라는 대로 항상 될 수 있는 것은 아니기에 교사들은 의학계열을 희망하는 공부 잘하는 학생이 인성마저 훌륭한 학생이기를 바라는 마음도 있다. 실력 있는 의사도 분명 중요하다. 실력 있는 의사가 인품도 훌륭하면 좋겠다. 개인적인 바람이다.

• 히포크라테스 선서

히포크라테스는 '의학의 아버지' 혹은 '의성'이라고 불리는 고대 그리스의 의사이다.

히포크라테스 선서는 고대 그리스 의사였던 히포크라테스가 말한 의료의 윤리적 지침이자 기원전 히포크라테스에 의해 쓰인 선서이며 현대의 의사들이 의사가 될 때 하는 선서로 잘 알려져 있다.

이제 의업에 종사하는 일원으로서 인정받는 이 순간, 나의 생애를 인류 봉사에 바칠 것을 엄숙히 서약하노라.

• 나의 은사에 대하여 존경과 감사를 드리겠노라.
• 나의 양심과 위엄으로써 의술을 베풀겠노라.
• 나의 환자의 건강과 생명을 첫째로 생각하겠노라.
• 나는 환자가 알려 준 모든 내정의 비밀을 지키겠노라.
• 나의 위업의 고귀한 전통과 명예를 유지하겠노라.
• 나는 동업자를 형제처럼 생각하겠노라.
• 나는 인종, 종교, 국적, 정당정파 또는 사회적 지위 여하를 초월하여 오직 환자에게 대한 나의 의무를 지키겠노라.
• 나는 인간의 생명을 수태된 때로부터 지상의 것으로 존중히 여기겠노라.
• 비록 위협을 당할지라도 나의 지식을 인도에 어긋나게 쓰지 않겠노라.

이상의 서약을 나의 자유 의사로 나의 명예를 받들어 하노라.

• 영등포 요셉의원 "가난한 환자는 하느님이 내게 주신 선물입니다."

"진료비를 한 푼도 낼 수 없는 이들이 다른 어떤 환자들과도 바꿀 수 없는 귀한 보물임을 발견한 것도 이 진료실이며, 그런 이유 때문에 지난 세월 진료실을 떠날 수 없었다. 돌이켜 보면 이 환자들은 내게는 선물이나 다름없다. 의사에게 아무것도 해 줄 수가 없는 무능력한 환자야말로 진정 의사가 필요한 환자가 아닌가?"

2003년 5월 선우경식(요셉) **원장의 「착한이웃」 기고문 中**

• 이태석 신부

이태석 신부는 남수단에서 행복했던 이유를 이렇게 고백합니다.

"첫 번째 기쁨은 순수한 마음으로 톤즈 사람들에게 사랑을 나누는 기쁨입니다. 두 번째 기쁨은 나눔을 받은 사람들이 행복해하는 모습을 보는 기쁨, 즉 되돌아오는 기쁨이 그것입니다."

우리는 가진 것이 있어야만 나눈다고 생각합니다. 정말 가진 것이 없어서 나누지 못하는 것일까요?

가진 것이 없어서 나누지 못하는 것이 아니라, 사랑이 부족해서 나누지 못하는 것은 아닐는지요?

이태석 재단 홈페이지 '신부님을 기억하며' 中

교육과정

• 의학계열 2015 개정 교육과정 선택 가이드

일반선택 과목	기초	화법과 작문, 영어 전체, 수학 전체
	탐구	생활과 윤리, 윤리와 사상, 정치와 법, 화학Ⅰ, 생명과학Ⅰ
	체육, 예술	
	생활, 교양	심리학, (한의예과)한문Ⅰ, 중국어Ⅰ
진로선택 과목	기초	
	탐구	화학Ⅱ, 생명과학Ⅱ, 융합과학, 생활과 과학 등
	체육, 예술	
	생활, 교양	(한의예과)한문Ⅱ, 중국어Ⅱ

종합전형은 원점수, 평균, 표준편차, 이수자수를 모두 고려하기 때문에 정량적인 수치를 절대적으로 생각하지 않아도 된다. 즉, 의학계열에 합격하려면 내신 1점 초반이 되어야 한다는 압박은 갖지 않아도 된다. 다만 자신이 수강한 수업 내에서는 학업역량이 제일 우수한 학생이어야 할 것이다. 또한 교과 세부능력 특기 사항에서 그 역량이 자세하게 드러나야 한다.

의치한 모든 대학에서 생명과학, 화학 교과의 학업 역량을 단연 중요하다고 공통으로 이야기한다. 그리고 다른 과목들은 대학마다 이야기의 차이는 조금씩 있다. 하지만 의치한을 희망하는 최상위권 학생들은 사실 어느 과목 하나 중요하지 않은 과목이 없다는 이야기도 공통적이다.

언급하였다시피 과학탐구 선택에 있어서 생명과학, 화학을 중요하게 생각한다. 물리 선택도 괜찮긴 하지만, 지구과학은 아니다. 화학-물리-수학이 학문적으로 연결이 되고 있는 것도 주목하라. 상황대처능력, 문제해결력, 논리적 사고와 판단력은 수학적 역량을 통해서 볼 수 있으며, 임상이 아닌 기초 연구를 하겠다는 학생은 특히 수학 과목이 중요하다.

의대, 치대는 대학에 와서 원서와 영어로 된 의학 용어와 영어 수업이 주를 이루기 때문에 고등학교에서 영어 과목을 중요하게 생각한다.

한의대는 한문을 특별히 중요하게 생각하는 대학이 많다. 만약 한문이 교육과정에 없다면, 그 또한 감안해서 평가는 할 것이다. 하지만 교육과정에 편성되어 이수하였다고 해서 마냥 좋은 것만은 아니다. 받은 한문 성적이 매우 저조하다면, 그 또한 마이너스가 될 것이다. 중국어를 수강하는 것도 추천한다.

일부 대학은 국어의 중요성도 많이 언급한다. 국어 과목에서 의사로서 필요한 역량이 보인다고 생각하기 때문이다. 의사가 환자를 대하는 데 있어 언어력도 중요하기에 화법과 작문이 중요하다. 상담을 많이 하는 정신과 의사는 더욱 관련 능력이 필요하다.

그 밖의 과목으로는,
생명을 다루는 분야이기 때문에 종합적인 인성도 중요하다. 따라서 의료윤리, 생명윤리와 관련하여 생활과 윤리, 윤리와 사상 교과가 도움이 된다. 또한 환자의 심리를 생각하면 심리학에서도 역량을 드러낼 수 있다. 대학에서 의료법에 대해서도 공부하기 때문에 정치와 법도 이수하면 도움이 된다.

종합전형을 열심히 준비하다 보니까 사회 혹은 기술·가정 등 흔히 말하는 비주요 교과에서 등급을 놓치는 경우도 이해한다. 하지만 주요 교과의 성적보다 확연하게 낮은 성적을 받았다면 종합전형에서는 부정적인 평가를 받을 수 있다. 가령 국영수과사는 1등급인데, 주요 교과가 아닌 과목들을 5등급을 받은 경우, 편향적으로 공부하였다고 생각할 수 있다.

진로선택과목도 이수한 모든 과목이 평가된다. 교과전형에서도 언급하였듯이 진로선택과목은 모두 A를 받아야 의치한에서 경쟁력이 있다. 절대평가인 진로선택과목은 A를 충분히 받을 수 있다고 평가자는 알고 있다. 물론 여기서도 중요한 것은 A,B,C라는 성취도보다는 교과 세부능력 특기 사항이다.

3학년 때 진로선택과목이 주를 이루기에, 학년이 올라갈수록 성적이 상승 그래프를 그려 수시모집에서 극적인 결과를 가져오는 사례는 종합전형에서도 줄어들 것이다.

학교에서 개설되지 않는 과목이 있거나 자신이 원하는 대로 교과를 선택하지 못하는 현실적인 부분도 분명히 존재한다. 그러나 대학은 주어진 환경에서 얼마만큼 성실하게 참여하는지를 감안하려 할 것이다. 이는 서울대학교에서도 공식적으로 발표한 내용이다. 다만 다음 페이지에 나오는 추가 교육과정을 통해 자신이 처해 있는 현실을 극복하려는 노력을 한다면 좀 더 긍정적인 평가를 받을 수 있을 것이다.

공동교육과정, 소인수 수업, 온라인 공동교육과정

학교 여건에 따라 학생이 원하는 과목을 개설할 수 없는 학교가 대다수일 것이다. 그래서 발 빠른 학교에서는 공동교육과정과 소인수 수업을 개설하여 학생들의 수요를 충족시켜 주기 위해 노력하고 있다. 이마저도 학생이 원하는 과목이 없을 때는 온라인으로 하는 공동교육과정도 있다. 온라인 공동교육과정은 말 그대로 온라인으로 이루어지는 수업이기 때문에 개설 강좌 수가 많아 선택의 폭이 넓다.

개설되지 못해 어쩔 수 없이 수강하지 못한 것과 개설되어 수강할 수 있었는데 듣지 않은 것은 큰 차이가 있다. 교육적 여건이 열악한 지역으로 교과 선택에 어려움이 있는 학생들을 위해 대학에서는 면접에서 다른 어떤 노력을 기울였는지 질문하는 등 다방면으로 도움을 주려 할 것이다. 하지만 그전에 할 수 있다면 적극적으로 참여해 두자.

이러한 추가 교육과정의 과목을 적극적으로 이수하는 것으로 진로에 대한 관심과 학업 역량, 자기주도성을 나타낼 수 있으며 이러한 노력이 긍정적으로 평가할 수 있으니 남들과 차별화된 자신만의 자기주도성을 적극적으로 나타내길 바란다.

• 선택과 집중을 잘해야 한다.

자신의 진로와 전혀 관계없는 교육과정을 너무 많이 이수할 필요는 없다. 추가교육과정을 여러 과목 수강해서 시간을 많이 뺏길 필요는 없다. 꼭 들을 필요가 있는 과목이고, 자신의 지적 욕구를 충족시킬 수 있는 과목을 선택하는 것이 좋다.

학생의 능력과 여건이 되는 범위 내에서 신청하고 수강해야 할 것이다(이러한 추가적인 교육과정을 이수한다고 정규교육과정의 성적이 낮으면 오히려 역효과임을 명심하자~!)

〈진로 선택 과목〉

학기	교과	과목	단위수	원점수/과목평균	성취도 (수강자수)	성취도별 분포비율	비고
1	수학	고급 수학 II	2	97/82.6	A(11)	A(72.7) B(27.3) C(0.0)	
2	영어	심화 영어 I	2	100/96.5	A(20)	A(100.0) B(0.0) C(0.0)	공동, 타기관

학기	교과	과목	단위수	원점수/과목평균	성취도 (수강자수)	성취도별 분포비율	비고
2	과학	융합과학 탐구	2	96/84.8	A(12)	A(66.7) B(33.3) C(0.0)	공동
	과학	고급화학실험 I	2	100/96.4	A(17)	A(100.0) B(0.0) C(0.0)	
이수단위 합계			8				

다른 학교와 함께하는 공동교육과정은 비고에 '공동'이라고 표현되어 있다. 자신의 학교가 아닌 다른 학교에서 실시하는 과목은 '타기관'이라는 표현이 있다.

과목을 선택함에 있어서는 전공의 의지를 평가하는 과학, 화학, 생명과학, 수학, 영어 등이 되겠다.

종합전형 평가에 있어서 무엇을 얼마나 성취하였는지는 세특에 잘 나타내야 하고, 대신 원점수는 평균에서 크게 벗어나지 않은 점수이면 괜찮을 것 같다.

〈진로 선택 과목〉

학기	교과	과목	단위수	원점수/과목평균	성취도 (수강자수)	성취도별 분포비율	비고
2	수학	생활 속의 수학적 사고	2	98/88	A(15)	A(86.7) B(13.3) C(0.0)	공동

참고로 '생활 속의 수학적 사고'는 수학 교사인 필자가 매년 개설하는 과목이다. 수학의 본질에 대해 알고 수학의 역사를 배우면서 수학의 흥미를 주는 매력적이고 알찬 수업을 구성하고 있다. 또한 학생들의 다양한 사고를 위한 추가적인 활동도 병행하고 있다. 한국교원대학교 명예교수인 신현용 교수님께서 지도하고 계신다.

PART

6-☆

생활기록부 기록에 신경 쓰라

- 무엇보다 제일 중요한 교과 세부능력 특기 사항
- 최상위권 학생들의 역량
- 교과세특 풍성화를 위한 활동
- 개인별 세부능력 특기 사항
- 행동특성 및 종합의견은 추천서다
- 창의적 체험활동(자율, 동아리, 봉사, 진로) Tip
- 폭넓은 독서 활동을 하라
- 수상

생활기록부 기록에 신경 쓰라

고등학교마다 생활기록부 기록의 차이는 존재할 수 있고, 대학은 주어진 현실대로 평가하기 때문에 기록을 충실히 해 준 학교가 더 나은 평가를 받을 수밖에 없는 현실이다. 대학에서는 학교생활에 충실한 학생, 학생부에 그려지는 학생을 만들어 달라고 주문한다.

또한 선생님을 잘못 만나서 "망했다."라는 말을 하기 전에 자신이 먼저 선생님과 소통하려고 노력해 보았는지부터 생각하라. 요즘 같은 시대에 생활기록부의 중요성을 모르는 선생님은 하나도 없다. 그러니 아무것도 하지 않으면 아무 일도 일어나지 않는 것처럼 적극적인 소통부터 시도해 보라.

자신의 생활기록부 기록이 경쟁력이 있다고 생각하면 종합전형을 쓴다. 물론 자신이 생각했을 때와 교사나 전문가, 입학사정관이 생각했을 때는 분명히 다르기 때문에 주변 전문가에게 자문을 구하는 것이 좋다.

생활기록부 글자 수가 줄어, 예전과는 달리 다른 학생들과 같은 공통된 내용이나 학생의 단순 활동만을 열거하는 것을 지양하고 학생이 가진 강점을 중점적으로 기록하는 것이 좋다.

생활기록부 내용은 근거를 가지고 구체적이고 개별적인 사실을 기록하면 좋다. 수업시간이나 창체활동에서 배운 내용의 지식적인 내용 열거보다는 학생 개인이 한 활동에 초점을 맞추도록 하라. 깊이 있는 탐구를 하고 다양한 매체를 활용해 보자.

무엇보다 제일 중요한 교과 세부능력 특기 사항
: 줄여서 교과세특, 500자(1500byte)

• **깊이 있는 교과 활동을 하라.**

> 우선, 무엇보다도 교과활동(수업)이 가장 중요하기 때문에 학생들은 수업시간의 모든 활동에 적극적으로 참여하여야 합니다. 이는 과목별 세부능력 특기 사항(줄여서 과세특)에 기재하게 되는데 이때, 수업시간 어떤 자세로 임했고 어떤 내용을 배웠으며 자기주도적인 활동을 통해 나아가 어떤 성취를 보였는지가 중요합니다.
>
> 학종에서는 교사가 90을 주어 학생이 60을 받아먹는 것이 아니라, 교사가 60을 주더라도 학생이 90을 해내는 것을 중요하게 생각합니다. 학교가 학생들을 위해 다양한 프로그램을 운영하는 것도 물론 중요하지만, 그것만이 전부는 아니라는 것입니다. 학교가 준 것보다 더 자신의 것으로 소화하는 것이 중요합니다. 똑같은 것을 배웠더라도 더 많이 체화한 학생을 대학은 원합니다.
>
> **2016년 필자의 특강 中**

• **학업역량에 대한 기록이 무엇보다도 중요하다.**

생활기록부에서 제일 중요시하는 기록은 교과세특이라는 점을 명심하자~! 수업 중에 학생의 장점이나 특별한 역량, 노력과 성취도가 드러나도록 하자. 또한 교과와 관련하여 학생의 흥미와 적성, 관심 분야와 진로가 드러나면 좋다.

학교마다 기록의 양과 질의 차이는 있을 수 있다. 중요한 것은 교과 과정 안에서 성장 가능성을 판단한다(서울대 이하 다수의 입학사정관들의 생각).

참여형 학습을 경험한 학생들을 좋아한다.
대학에서의 수업도 그렇게 진행한다. 학생 참여형 수업을 강조하고 중시하는 대학교라면 더욱 고등학교에서 그런 경험을 중요하게 생각할 것이다.

• **학생들을 평가하는 교사 Tip**

　평소에 학생을 관찰하고 메모하는 것을 추천한다. 예전에는 미니 수첩을 사용하여 기록 후 문서화를 했다면 요즘 시대는 스마트 기기 메모장을 사용하는 선생님들이 많다.

　아무래도 교사는 학급 내, 수업 시간 내에 활동을 많이 하면 생활기록부에 기록할 내용이 많을뿐더러 개별적이고 구체성을 띠게 쓰기 쉽다. 교사가 다양한 활동을 기획하거나, 학생이 할 수 있는 활동의 아이디어를 제공해 보자.

• **좋은 평가를 받기 위한 학생 Tip**

　모든 활동에 적극적으로 참여하여 교사가 제공한 활동을 뛰어넘도록 하자. 학교생활기록부는 학교생활에 있어서 적극성이 드러나야 한다. 대학은 개인의 의미 있는 활동을 생활기록부를 통해서 찾으려고 한다.

　다른 동료들과 함께 토론하고 연구하는 인재를 원한다. 혼자만 죽도록 공부하는 시대는 지났다. 물론 장시간 앉아서 끈기 있게 연구할 수 있는 능력은 중요하다는 점 알아 두자~!

참고로
[2024학년도 대입부터 영재·발명교육 실적 대입 미반영]

〈교과 세부능력 및 특기 사항 기재 도움 자료〉

　생활기록부 기록이 해를 거듭할수록 수준이 올라가고 있는데, 학교생활기록부 종합 지원포털 도움 자료에서 다양한 사례를 잘 설명하고 있으므로 필히 살펴보면 좋을 것 같다.

　https://star.moe.go.kr/web/contents/m20600.do

　그 외에도 각 대학에서 제공하는 학생부종합전형 가이드북에도 예시가 잘 나와 있다.

• 교과 세부능력 특기 사항 기재 예시(필자가 기록한 기하 교과세특)

〈학업성취도〉

질문 수준과 수학적 능력이 월등히 뛰어나 단연 1등급 '1위'를 차지함. 내신 서술형 마지막 문제(난이도 상)였던 정사영 문제를 다른 학생과는 달리 좌표평면으로 재해석하여 문제를 해결함.

〈자기주도적 연구〉

포물선 수업과 물리2의 광학을 배우면서 초점을 구하는 공식을 스스로 유도해 내었고, 교과 연계 확장하여 공부함.

벡터의 내적에 대한 관심은 벡터의 외적으로 이어져 스스로 수학 자율동아리를 조직, '고급수학'을 공부하면서 벡터의 외적의 크기를 이용해 공간 좌표상에서 삼각형의 넓이 및 평행사변형의 넓이를 구하고, 점과 직선의 식이 주어졌을 때 이 점과 직선을 지나는 평면의 방정식을 외적을 이용하여 구함.

또한 이차곡선의 특성을 분석하는 데 재미를 느껴 이차곡선에서 1차항과 xy가 생기는 것을 회전 행렬과 관계가 있다는 사실을 공부함. 회전한 이차곡선의 특징을 통해 편미분 방정식의 관심으로 이어짐.

〈참여 수업〉

킬러 문제(최고난도)를 시간제한을 두고 많이 풀어 보는 학생이며, 최고난도 문항 전담 발표자일 정도로 준비된 학생임. 문제 풀이의 독창적인 다양한 방법으로 풀이하는 것을 즐겨함. 최상위권 3명이 꾸준히 도와 가며 서로서로 멘토 멘티가 되어 수학 실력을 늘려 감.

필자는 생활기록부 모든 항목에서 가끔 '학업성취도', '자기주도적 연구', '참여 수업' 이렇게 주제를 나누어 서술하면서 가독성을 높이는 방법을 사용할 때가 있다. 필자의 아이디어로 순심고에서 2011년부터 생활기록부에 사용하였고, 대학에서 생활기록부 기록 우수 사례로 거론된 바 있다.

사실 주제를 쓰는 것도 글자 수를 차지하기 때문에 굳이 이 방법을 사용할 필요는 없다고 생각한다. 다만, 줄 바꿈을 하면서 문단을 구분지어 주는 것은 가독성을 높이기 위해 충분히 고려해 볼 만한 사항이다.

학업성취도: 총평을 서술하였고, 객관적인 사례를 통해 학생의 특별한 우수함이 드러난다.

필자의 친한 동료 선생님 중에 한 분이 쓴 세특 중에 가장 인상 깊은 총평을 소개한다.

'학생의 성취도가 동학년 학생 중 단연 최고라 할 정도로 뛰어나며 이미 고등교육과정에서는 이 학생에게 더 이상 가르칠 내용이 없다고 판단됨.'

독자 여러분의 느낌은 어떤가?

자기주도적 연구: 성취 기준에 근거한 내용에 심화 확장하여 공부한 내용을 자기주도적으로 공부한 태도로 보여 준다. 또한 동아리를 결성하여 당시 교육과정에 편성되지 않은 고급수학을 학습한 노력이 보인다. 현재 종합전형에서 공동교육과정 등과 더불어 교육과정의 한계를 극복하는 사례로 활용할 수 있다.

참여 수업: 의학계열을 진학하는 학생으로 한계를 뛰어넘은 학생의 능력을 표현하였으며 인성 및 태도를 보여 준다.

마지막에 언급된 최상위권 3명 중 2명이 의학계열에 합격하였다. 1명은 수학과.

필자가 수학 교사라 하는 말이 아니라 수학은 매우 중요하다. 수학은 범학문적인 과목이다. 수학을 통해 길러질 수 있는 문제 해결력과 논리력은 각종 의료문제나 사회문제를 잘 해결할 수 있는 데 도움을 줄 수 있다고 생각한다. 학생부종합전형에서 수학의 중요성은 연구가 진행될 정도로 중요한 사안이며 실제로 필자와 같이 생각하는 평가자들이 있다.

• 교과 세부능력 특기 사항 기재 예시(대학 제시 사례)

학업태도의 중요성: 교사가 평가한 학업태도의 한 줄 평가로 진정성을 느낄 수 있음.

> 화법과 작문: 수업시간에 한 번도 자는 모습을 본 적이 없을 만큼 성실히 임하는 학생임. 수업시간의 교사 발문에 단순하고 직설적인 어법으로 답변하면서도 언어 감각에 대해 자신이 부족한 면을 잘 알아 스스로 보완하고 고쳐야 할 부분을 찾아 적극적으로 해결해 나가려는 노력이 돋보이는 학생임(생략).

출처: 한양대 학생부종합전형 가이드북

수행평가의 창의성: 자신의 학업적인 역량, 전공에 대한 관심을 보여 줄 수 있고 그 깊이에 따라 발전가능성, 창의성이 드러남. 성적을 받기 위한 요소로만 간과하지 말고 질적인 수준과 아이디어의 창의성을 높이기 위해 노력할 필요가 있음.

> 화학II: (생략) **화학제품 부작용에 대한 수행평가 주제로 탈리도마이드를 선정하고** 이에 대해 탐구하는 과정에서 광학 이성질에 관한 **이론적 내용을 알아보는 데에만 그친 것이 아니라,** 당시 동물실험 결과와 실제 인체에서의 효과가 달라질 수밖에 없었던 이유에 대해 친구들과 고민하는 모습을 보임. 뿐만 아니라 본인이 제기한 가설의 타당성에 대해 교사에게 물어보면서 자신의 사고과정을 검증하려는 태도도 보여 줌.

최상위권 학생들의 역량

의학계열을 희망하는 최상위권 학생들이라면, 분명 다른 학생들보다는 뛰어난 학업역량을 가지고 있을 것이다.

평가자가 좋아할 만한 역량은 무엇일까? 다음은 의학계열을 희망하는 최상위권 학생들이 보인 역량을 토대로 교사들이 생활기록부에 주로 사용하는 용어를 정리한 것이다. 여러 교과에서 선생님들의 공통되는 평가가 있다면 그 모습은 진짜 학생의 모습이 아닐까? 물론 아래 단어들이 적혀 있다고 해서 선발되는 것은 아니다.

스스로, 자기주도성, 호기심, 흥미, 고민, 이해, 분석, 적용, 질문, 발표, 도전, 실험, 발전, 연구, 끈기, 인성, 나눔, 배려, 소통, 리더십, 의사소통, 집중력, 신중함, 탐구역량, 학업역량, 사고력, 창의성, 키워드, 자료분석, 멘토링, 튜터링

남들과 다른 사고와 풀이 방법
공식 암기가 아닌
친구들에게 설명하기를 좋아함
킬러문항을 풀기를 즐겨함

의치한에 지원하는 학생은 어떤 학생일까?
❶ 집념, 끈기, 노력
❷ 의료윤리, 소명의식, 의료인의 자세, 봉사정신
❸ 상황대처능력
❹ 실험정신, 연구정신
❺ 협업, 협진
❻ 진정성

교과/세특 풍성화를 위한 활동

1 수업에서 학습한 내용에서 호기심 유발
2 수업에 적극적인 참여(탐구활동, 수행평가, 참여수업(발표), 팀프로젝트, 과제)
3 추가학습, 심화탐구

내용심화-교육과정 내용을 심화하여 깊이 있는 학문을 공부한다. 때로는 대학교에서 배우는 내용까지 공부하기도 한다. 다만, 학생이 할 수 있는 수준에서 이루어져야 한다.

영역확장, 융합탐구-수학, 물리를 공부한 사례처럼 학문적 연계를 통한 융합학습을 많이 한다. 학문 간 연계 범위는 매우 넓다.

이런 지적 호기심을 채우기 위해 하는 가장 쉬운 방법은 독서이다.

매체 활용, 자율동아리 조직, 소모임 활동 혹은 그룹스터디, 멘토링 혹은 스튜칭을 통해 활동을 계획하고 실천하는 것을 추천한다.

지적 호기심이 많아 자기주도성을 가지고 추가 활동을 잘 구성하는 것이 중요하다.

사실 교과세특 탐구 주제도 예시도 이제는 많이 정리된 시대이다. 필자는 수학 교사로서 감염병과 재생산지수 등의 수학적 모델링 활동을 많이 하였는데,

의학계열에 진학을 희망하는 학생들이 2020년~2021년 코로나19 시기를 겪으며, 이 교과 활동은 식상할 정도로 학생들이 많이 했다. 하지만 이런 보편화 된 활동이라도 의학과 관련된 활동 자체를 중요하게 생각하는 대학도 있기에 무엇이든지 최선을 다하는 것이 좋다.

선배들이 해 온 교과세특 탐구 주제를 참고할 수도 있고 자신이 새로운 활동을 계획할 수도 있다. 하지만 중요한 것은 학생이 호기심을 가지고 진정성 있게 참여하는 것이 중요하다.

• 교사의 아이디어 제공 Tip~! 예시

교육과정 충실(이차곡선) → 교육과정 확장(이심률, 편미분)
교육과정 충실(내적) → 교육과정 심화(외적), 외적은 과목연계 물리2

• 주의

진로 희망 사항이 대학에 제공되지 않지만, 생활기록부를 보면 이 학생이 의학계열을 지망하는 학생이라는 것을 충분히 읽어 낼 수는 있다. 하지만 굳이 생활기록부의 모든 항목에 의학계열 이야기를 다룰 필요는 없다. 교과세특에서는 그 과목을 얼마나 어떻게 성취했는지가 중요하다고 필자는 생각한다.

전공적합성을 과도하게 드러내면서 성취 수준이 드러나지 않는 평가를 경계한다. 대표적인 사례로 영어 교과에서 영어로 된 의학자료를 읽는 활동(전공적합성)만 기록되어 있기보다는 수업을 통해서 어휘력과 독해력이 증가하여 의학계열에 진학하여도 충분한 역량을 갖추었다는 것이 중요하다. 또한 앞서 감염병과 재생산지수의 수학적 모델링 활동에서도 활동 자체(전공적합성)보다는 수학적 모델링을 할 수 있는 능력과 계산 능력이 더 중요하다.

생활기록부에 의학계열에 진학하기 위한 학업역량, 전공적합성, 발전가능성, 인성이 드러난다면 의예과를 지망하는 학생들도 치의예과를 지원하거나 한의예과를 지원하여 합격할 수도 있고, 그 반대의 경우도 합격할 수도 있다고 다수의 대학에서 말한다. 이건 결과 사례로 드러나는 사실이다. 하지만 의예과, 치의예과, 한의예과가 추구하는 교육 목표는 당연히 다르기에 각 과에 대해서 잘 알고 생활기록부를 준비한다면 면접 등의 평가에서 조금은 나을 수도 있지 않을까 하고 생각한다.

개인별 세부능력 특기 사항(개세특)
: 줄여서 개세특, 500자(1500byte)

학교생활기록부 기재요령에 보면 개인별 세부능력 특기 사항을 입력할 수 있는 몇 가지 항목이 있다. 이 중 일반고등학교에서 유용하게 활용할 수 있는 것은 '수업량 유연화에 따른 학교 자율적 교육활동' 항목이다. 이는 특정 과목의 세부능력 및 특기 사항으로 한정하기 어려운 경우에 활용할 수 있다.

• 개념
고등학교 1단위(50분 수업) 17회의 수업 중 1회의 수업은 학교가 해당 교과 또는 타 교과 융합형의 프로젝트 수업, 보충 수업, 동아리 활동 연계 수업, 과제 탐구 수업 등 자율적 교육과정을 운영할 수 있다.

• 자율적 운영과정 운영 예시
– 진로집중형: 진로설계 체험, 고등학교 1학년 대상 진로집중학기제 운영 시간
– 학습몰입형: 교과별 심화 이론, 과제 탐구 등 심층적 학습 시간 운영
– 보충수업형: 학습 결손, 학습 수준 미흡 학생 대상 보충수업
– 동아리형: 학습동아리 연계 운영, 교과에 관한 학생 주도적 학습 시간 운영
– 프로젝트형: 교과 융합학습 등 주제 중심의 프로젝트 수업, 직업 체험 프로젝트 수업

• 운영
학교의 자율적 교육활동이 계획되어야 한다.
개인별 세부능력 특기 사항 기록 권한은 담임에게 있다.

• Tip
대세는 융합교육이라 생각한다. 특정 교과에 한정하지 않은 범교과적인 학습이 일어날 수 있도록 하자.
필자는 수학 교사로서 수학+과학, 수리물리, 그리고 수학+음악+미술 등 다양한 교과 융합수업을 지도해 보았다. 미술+의학 활동의 우수한 사례도 본교에서 볼 수 있었는데, 이렇듯이 과목별로 교사별로 다양한 아이디어가 있다.
교과 관련하여 심화 탐구도 괜찮다. 이과 계열의 계열에 적합한 활동과 화학, 생명과학 등 의학과 관련된 동아리형, 프로젝트형 활동도 추천하는 바이다.

행동특성 및 종합의견은 추천서다.
: 줄여서 행특, 500자(1500byte) with 추천서

추천서가 폐지되면서 사실상 추천 역할을 담당

행동특성 및 종합의견은 담임교사가 학생의 1년 동안 활동 내용을 종합하여 기록하는 항목으로, 1~2학년 두 개 학년의 기록만 대학에 제공한다.

학업역량, 전공적합성, 인성, 발전가능성을 모두 파악할 수 있으며 학생의 모든 모습을 세세하게 이야기할 수 있는 매우 중요한 항목이다.

어느 한 역량만 집중되지 않도록 해야 한다. 의학계열을 희망하는 학생이면 학업역량도 인성도 매우 중요하다. 의학계열 학생부종합전형의 평가요소로 인성을 매우 중요하게 생각하는 것은 사실이다. 그러나 학생의 인성이 너무 훌륭하다고 해서 인성과 관련된 이야기(미담 등)로만 500자를 채우는 것은 절대 추천하지 않는다.

행동특성 및 종합의견란은 생활기록부 전반에서 서술되어 있는 학생의 우수함을 다시한번 강조하는 역할을 하기도 하고, 생활기록부 전반에서 미처 서술하지 못한 학생의 역량을 보충하는 역할도 할 수 있을 것이다.

행동특성 및 종합의견 작성 Tip

학생 관찰, 평소에 메모

중요도 순으로 작성

주요 평가요소 모두 반영

(EPISODE를 활용하여도 된다.)

- **행동특성 및 종합의견 예시 – 학종 평가요소 모두 반영**

추천서나 행특을 작성하기 위해 구성한 초안

의대에 추천할 때, 인성이 바른 학생을 추천할 수 있어서 행운이라 생각합니다. 지원자는 본교 최상위권 OOO 교육과정의 정석 코스를 밟은 학생 중에서도 단연 최고 학생으로서 가톨릭 고등학교인 본교의 인재상에도 부합한 학생으로 자랐습니다. 본교에 계신 '모든' 선생님이 학생의 인성을 칭찬합니다. 2학년 때, 믿고 의지했던 담임 선생님이 암에 걸려 충격을 받은 적이 있습니다. 잠시 방황은 있었지만 선생님을 위해 의사가 되어 고치기 어려운 병도 쉽게 고칠 수 있는 연구를 하겠다고 굳은 다짐을 한 예쁜 마음을 가진 학생이기도 합니다. 난치병에 걸린 다른 학생을 위해 발 벗고 모금 운동을 하는 모습에서 타인의 고통에 마음 아파할 줄 알며, 친구나 후배의 멘토가 되어 고민 상담을 들어주는 것에서 상대방의 말에 귀 기울이는 모습을 보입니다. 그래서 많은 친구와 후배가 학생을 잘 따릅니다. 어렸을 때부터 몸에 배인 습관처럼 마음이 선하여 돈이 목적이 아닌 어려운 사람들을 위해 봉사하는 삶을 살 준비가 되어 있으며 바이러스로부터 생명을 지키는 의사로서 사명감을 가질 것이라 생각합니다.

올해 특히 최상위권 이과 쏠림이 두드러진 가운데서도 묵묵하게 최선을 다하였습니다. 또한 세포, 유전자에 대한 관심이 대단한 학생이며 학문을 연구하고 지식을 탐구하는 데 있어서는 고등학교 교육과정이나 입시에 구애받지 않고 자신의 지적 호기심을 해결하는 모습이 인상적입니다. 관심 있는 주제를 끝까지 파고드는 성격으로 과학 이외에도 다방면에서 두각을 나타냈습니다. 학생의 주된 관심사는 세포, 바이러스 등인데 관련 논문이나 서적을 옆에 끼고 사는 것을 볼 수 있었습니다. 생명과학 경시대회에서 2등과의 격차가 커서 따라올 수 있는 학생이 없었다고 합니다. 교과와 연계한 학술제에서 학생의 뛰어난 프리젠테이션 발표는 학생이 주도적으로 활동을 설계하고 팀원을 잘 이끌고 왔다는 리더십을 충분히 엿볼 수 있었고, 실험에 한계가 있었던 세포 내적 요인은 논문과 서적으로 보완해 왔다는 점에서 학생의 노련함이 보였습니다.

의학 관련 활동을 많이 준비했고, 이공계 전반에서 두각을 나타냈습니다. 의학과 연계된 정치 경제적 흐름에 대한 관심을 많이 가졌고, 메르스, 에볼라 등 의료와 관련된 상황을 인식하고 자신의 생각을 정리하는 활동을 했습니다. 이러한 병들을 역학조사를 하는 통계적 지식에 관심을 가져도 보고 면역학뿐만 아니라 외과, 병을 치료하는 약학, 그리고 한의에도 관심을 가지기도 했습니다. 본교 수학 체험 전에 참여하여 STAFF 역할과 쌍대정다면체 부스운영에 책임감을 가지고 활동하여 행사를 빛낸 사실이 있습니다. 화학 교사가 말하길 화학II를 심화하여 깊이 있는 내용까지 접근하였고, 화학으로 교내 대회에 참여했더라도 우수한 성적으로 입상했을 것이라 말하였습니다.

끊임없이 노력하는 학생입니다. 1학년 영어 Reading & Discussion 수업에서 활동 초반에는 영어로 발표하는 것을 다소 어려워하는 듯했으나 발표를 거듭할수록 이를 극복해 대본에 의존하지 않고 자연스럽게 자신의 생각을 전달할 수 있게 되었고 이를 통해 스스로 많은 노력을 기울였음을 엿볼 수 있었다고 합니다.

수학 교과에서 어떤 시험이든 시험 문제 출제자의 의도를 잘 파악하고 있습니다. 궁금해서 물어보니 이미 기출문제는 미리미리 모두 공부하여 자기 지식으로 만든 영향이 컸다고 합니다. 또한 심화수업에서 수리논술 성격의 문제를 풀이하며 수학 실력을 더욱 향상시켰습니다. 초월함수와 삼각함수의 연장선에서 테일러 공식을 연구하며 $n = 0$이면 테일러 공식이 평균값 정리가 된다는 사실과 $\lim\limits_{n \to \infty} \dfrac{f^{(n+1)}(C)}{(n+1)!}(x-a)^{n+1}$ 의 극한이 0임을 통해 n을 충분히 크게 택하면 $f(x)$의 근사치를 정확하게 구할 수 있다는 사실을 스스로 증명하였습니다.

학업역량, 전공적합성, 인성, 발전가능성 모두 잘 드러나는 학생의 모습을 작성해 보았습니다. 이 많은 내용을 골고루 포함하는 방법, 생활기록부 다른 영역까지 활용하여 생활기록부 전반에 잘 녹여 내는 방법, 생활기록부 전반에 드러나지 않은 학생의 역량을 쓰고 나머지는 삭제하는 방법, 각 대학에서 유리하게 평가될 부분 위주로 남기고 나머지는 삭제하는 방법 등으로 활용하였습니다.

창의적 체험활동(자율, 동아리, 봉사, 진로) Tip

자율활동: 500자(1,500byte)

동아리활동: 500자(1,500byte)

+의학계열 주제 탐구활동

진로활동: 특기 사항과 희망분야를 합하여 700자(2,100byte)

봉사활동

• 생활기록부 내용의 유기적 연결

앞서 말했듯이 대학에서 제일 중요하게 생각하는 항목이 교과 세부능력 특기 사항이고 이런 교과활동과 유기적으로 연계된 비교과활동을 평가하여 학생들을 선발한다.

흔히들 놓치는 부분인데 자율활동, 진로활동에서도 학생의 역량을 평가할 수 있는 개별적인 활동이 드러나야 한다. 교과세특에서 학업 역량이나 학생의 관심사와 진로를 드러낼 수 있고 리더십, 협동 등의 인성도 드러낼 수가 있다.

• 자율활동

– 학급부서활동(진로 연계 등) 및 다양한 학급활동(+임원활동)

– 학생회활동(+임원활동)

– 멘토링, 그룹스터디, 독서프로그램, 자치회

학교 자율활동으로 할 수 있는 활동은 다양하기 때문에 진로활동에 들어갈 법한 느낌의 내용도 자율활동에 들어갈 수 있다.

(중요)학급이나 학교에서 단체로 활동한 내용은 지양하라.

예전에는 자율활동으로 개교기념 행사, 초청특강, 수학여행 등의 단체로 활동을 담는 경우가 많았다. 단체활동은 거의 의미가 없다. 물론, 코로나19 이전의 수학여행도 테마별로 시행하고 초청특강도 진로 세분화하여 실시하기도 하였다. 또한 단체로 한 자율활동 안에서 학생이 남들과 다른 생각을 가지고 의미 있게 참여하였다면 자율활동 기록이 의미가 있을 수 있다. 예를 들어 단체로 한 생명윤리교육이더라도 그 안에서 특별함을 찾아 추가적인 토론으로 이어졌다면 의학계열을 희망하는 학생에게 큰 의미로 와닿을 수 있겠다.

하지만 500자 안에 굳이 자신이 1년 동안 한 모든 활동 중에서 위에서 말한 단체활동을 기록했을 때 의미가 있을지 궁금하다. 아울러 500자 안에 3~4개의 활동(추가 확장 활동 포함)을 기록하였을 때, 학생의 우수성을 담아내기에 적당하다고 생각한다.

학급 간부라고 해서 무조건 좋은 것은 아니고, 간부라도 진정성 있게 활동한 모습이 있어야 한다. 어떤 것에 임하더라도 그 안에서 최선을 다하는 모습을 보여 주면 좋겠다.

• 동아리활동

　단순하게 진로와 관련된 동아리에 가입하는 것보다는 진로에서 필요로 하는 역량을 기를 수 있는 동아리 활동을 하라. 담임 선생님의 충분한 상담이 필요하다.

　대학마다 평가하는 방법은 다르지만, 의학계열에서 공통으로 중요하게 생각하는 과목은 어찌 되었건 화학과 생명과학임은 틀림없으므로 의학계열에 희망하는 학생이라면 화학과 생명과학과 관련된 동아리를 추천하는 편이다.

　학교 사정에 따라 원하는 동아리 선택이 잘 이루어지지 않았을 때는 적어도 화학, 생명과학 교과나 수상에서 학생이 우수성이 뒷받침해 주어야겠다. 수학동아리, 영어동아리 활동 등에서도 학생의 우수함을 충분히 드러낼 수 있다.

• + 자율동아리

[2023학년도 대입에는 자율동아리는 연간 1개(30자)만 기재]
[2024학년도 대입부터 자율동아리 미반영]

　창체활동으로 동아리활동 1개 이외에 자율적으로 조직한 자율동아리 활동을 1개 입력할 수 있다. 단, 자율동아리명을 입력하되 필요시 동아리 소개를 30자 이내(동아리명과 공백 포함)로 입력할 수 있다(고1부터는 자율동아리활동 실적을 대입에서 활용하지 않는다).

　생활기록부에 동아리 소개는 30자 이내로만 입력해야 하므로 자율동아리가 필요 없다고 생각할 수도 있다. 물론 1개의 정규 동아리활동만으로 의미 있는 결과를 이끌어 내면 크게 상관없다.
　하지만 자율동아리 30자만으로도 의미 있는 활동을 표현할 수 있다고 생각한다. 나아가 자율동아리활동을 생활기록부 다른 영역에서 보강할 수 있다. 교과 연계는 물론이고, 진로활동에서 활용하는 것을 권장한다. 다만 자율동아리명은 생활기록부 다른 영역에서 사용하면 안 된다.

•＋의학계열 주제 탐구활동

의학계열 주제 탐구활동이라고 해서 대학 수준의 내용이나 직접적인 의학관련 활동을 할 필요는 없다. 주제 탐구활동으로 교과 수업시간에 배운 순수한 호기심으로 교과 심화 탐구를 많이 진행한다. 주제 탐구활동은 여러 교과의 주제로 할 수 있고, 교과를 융복합한 주제도 있을 수 있겠다. 생명과학이나 화학 과목이면 의학과 관련된 주제 탐구활동으로 연결될 수 있으며 수학, 과학이 아닌 주제라도 심리학, 윤리학과 같이 의학과 관련된 내용을 다룰 수 있으며 인문학, 철학 등 경험의 다양성이 인정될 수 있다.

평가자는 학생이 어떻게 탐구에 임하는지, 탐구에 임하는 자세를 보려고 하기에 어려운 주제를 잡으려고 할 필요는 없으며 또한 이 활동이 고등학교 수준에서 실제 할 수 있는 활동인지도 판단한다고 한다. 따라서 고등학교 수준에서 할 수 있는 활동이면 충분하고, 그 활동에 주체적으로 어떻게 참여했는지의 모습이 긍정적으로 평가될 수 있도록 신경을 써야 할 것이다.

주제 가중치라는 것은 없다. 주제가 얼마나 어려운지가 중요하지 않다는 것이다. 또한 주제 선정에 있어 참고자료를 보는 것도 추천하지 않는다. 주제가 중복될 수 있거나 식상할 수 있기 때문이다. 수업시간에 선생님이 하나씩 던져 주는 주제에 대해 파고들어 조사해 보면 재미있는 내용이 많다. 선생님을 찾아가서 주제 선정에 대한 의견을 구하는 것도 방법이고, 독서를 통한 주제 확장을 추천한다.

주제 탐구활동 자체는 전공에 대한 관심도나 학업역량 등을 충분히 나타낼 수 있기 때문에 추천하며 그 활동이 유종의 미를 거두기 위해서는 학생이 주체적이고 적극적으로 참여하는 것이 중요하다.

• 진로활동

진로활동 영역의 '특기 사항' 입력란에는 다음과 같은 사항을 참고하여 실제적인 활동과 역할 위주로 입력한다.

- 특기·진로희망과 관련된 학생의 자질, 학생이 수행한 노력과 활동
- 학생의 특기·진로를 돕기 위해 학교와 학생이 수행한 활동과 결과
- 학생·학부모와 진로상담을 한 결과
- 학생의 활동 참여도, 활동 의욕, 태도의 변화 등 진로활동과 관련된 사항
- 학급담임교사, 상담교사, 교과담당교사, 진로전담교사의 상담 및 관찰·평가 내용

학교 교육과정상 편성하지 않은 경우에도 진로희망 분야와 각종 진로검사 및 진로상담 결과, 관심 분야 등 학생의 진로특성이 드러나는 사항을 담임 교사가 입력할 수 있어서 진로활동에서 전공적합성을 매우 잘 드러낼 수 있으며, 그 이상의 특성을 드러낼 수 있는 항목이다.

- 진로와 연계한 학급 부서활동(권장): 학급 조직, 튜터링, 소모임, 그룹스터디
- 자율동아리에서 활동한 내용을 자율동아리명을 제외하고 입력(권장)
- 진로와 연계한 활동: TED, FAME LAB, 멘토링, 스튜칭, 모의법정, 독서프로그램, 선배와의 만남, 수학축전, 과학축전
- 진로와 연계한 독서
- 교과세특에 못다 적은 교과 연계 진로활동

자율활동과 마찬가지로 모두 다른 내용으로 구성할 경우, 3~4개의 활동 정도가 개별화하여 학생을 표현하기에 적당하다. 또한 확장 연계를 하더라도 개인의 추가 활동이 3개 정도가 적당하다고 생각한다.

역시 학교에서 단체로 한 활동은 비추천하며 개별화할 수 있는 내용이라도 의학계열 진로와 상관없는 내용은 과감하게 삭제하기를 바란다. 특히 MBTI와 같은 검사 내용을 적는 것도 글자 수만 낭비할 뿐이다. 학교생활을 충실히 한 학생에게는 글자 700자도 생각보다 학생을 드러내기에 적은 글자 수이다.

• 의료와 관련된 디베이트 토론활동(면접에도 도움이 됨)

- 의사의 입장에서 생각해보는 상황 토론
- 시사 이슈 토론
- 찬반 논쟁
- 모의법정은 꼭 해 보면 좋을 것 같음
- 장애인에 대한 인식

• 진로의 구체화

2021학년도 이전에는 진로 희망 사항(학생 희망, 학부모 희망, 희망 사유)도 대학에 제공했다. 현재는 상급학교에 제공하지 않는다.

학년이 올라갈수록 진로에 대한 생각이 깊어지는 것은 당연하다. 2021학년도 이전 진로 희망 사항 예시를 보면 '의사(1학년)-외과의사(2학년)-흉부외과의사(3학년)' 이렇게 기록하기도 했다.

하지만 진로 희망 사항을 대학에 제공되지 않더라도 생활기록부에 드러나는 관심이 갈수록 구체적으로 표현될 수 있다고 생각한다. 갈수록 깊이 있는 독서활동이 이루어지듯이 동아리, 진로, 자율 등의 활동에서 진로의 관심사가 위의 예시처럼 갈수록 깊게 드러날 수는 있다고 생각한다. 입학사정관들이 크게 중요하다고 말하지는 않으나 진로 희망 사항이 제공되지 않는 현시점에서 변화된 부분에 대해 한번 생각해 볼 필요는 있지 않을까?

• **봉사활동**
[2023학년도 대입에는 교내·외 봉사활동 실적 대입 반영]
[2024학년도 대입부터 개인봉사활동 실적 대입 미반영 단, 학교교육계획에 따라 교사가 지도한 실적은 대입 반영]

오래전부터 봉사활동 평가는 시간 채우기 봉사가 아닌 진정성 있게 참여한 의미 있는 봉사를 긍정적으로 평가했다. 의학계열에 진학하고자 하는 학생들은 공식처럼 의료봉사를 하기도 했고, 의미 있는 봉사로 지역아동센터 봉사활동 등을 꾸준히 하기도 했었다.

봉사활동으로도 전공적합성, 인성 등을 드러낼 수 있으며 이는 비단 의학계열을 지망하는 학생에게만 해당하는 것은 아니다. 봉사는 단순히 청소만을 말하는 것이 아니며 학업적인 부분이나 그 어떤 것이 될 수도 있는 것이다.

하지만 지금은 봉사활동 특기 사항 입력이 사라졌고 봉사활동 내역과 시간만 입력할 수 있다. 코로나19로 인해 외부 봉사를 할 수 없게 되면서 봉사활동의 중요성도 낮아졌다. 또한 고등학교 1학년 학생들은 개인봉사 실적을 대입에 반영하지 않는다. 하지만 아직 교내봉사는 대입에 활용할 수 있는 부분이 있다. 따라서 교내에서 의미 있는 봉사활동을 시작해 보라.

의사가 될 사람으로서 말하기 능력, 공감 능력도 중요하기 때문에 지역아동센터 같은 곳에서의 활동들을 선호하기도 한다. 행사를 기획해서 이런 활동을 해 보는 것도 괜찮을 것 같다. 적어도 멘토링, 튜터링을 통해 역량을 길러 보도록 하자.
예를 들어, 시각장애가 있는 친구를 위해 점자활동 혹은 비간접적으로 의식개선 노력 및 실태조사 행위도 봉사활동이 될 것이다. 자신에게 의미 있는 봉사활동을 실천해 보자.

교내 봉사로 방역 도우미, 기초 질서 도우미, 멘토링 봉사, 튜터링 봉사, 학교홍보활동 봉사, 방송반 봉사, 교실 지키미 등 다양한 봉사활동을 할 수 있다.

폭넓은 독서활동을 하라

[2023학년도 대입에는 독서활동 도서명과 저자 대입 반영]
[2024학년도 대입부터 독서활동 미반영]

◦ 독서활동상황은 독서기록장, 독서포트폴리오, 독서교육종합지원시스템의 증빙자료를 근거로 입력함.
◦ 전체 학년 동안 동일한 책을 '독서활동상황'란에 중복하여 입력하지 않도록 함.

• 독서 연계, 확장, 심화

단순 독후활동 외 교육활동을 전개하였다면, 도서명을 포함하여 그 내용을 다른 영역에 입력할 수 있다. 책을 읽고 난 후에 키워드를 가지고 탐구 주제를 선정하여 추가 활동을 할 수 있다. 교과나 동아리활동의 연장선상에서 독서활동을 진행한 부분을 생활기록부 다른 영역(교과 세부능력 특기 사항, 자율활동, 동아리활동, 진로활동, 종합의견 등)에 활용하도록 해 보자.

최상위권 의학계열을 진학하는 학생들은 독서에서도 학업역량과 자기주도성이 충분히 드러난다. 교과 연계 독서와 교과에서 배운 호기심에서 시작한 추가적인 교과심화 독서, 그리고 동아리활동 등에서 탐구한 활동과 연계되거나 그 활동에 확장 심화한 부분을 연구하기 위해 한 독서가 대표적인 예이다.

유의할 점은 독서활동상황에 기록되어 있지 않은 책을 생활기록부 다른 영역에 활용하면 안 된다는 것이다. 독서를 통한 심화 연계 확장을 하고 싶다면 우선 독서활동상황에 책 제목과 저자가 적혀 있어야 한다.

• 폭넓은 독서활동을 하라

◦ 학생의 지적 호기심이나 전공에 대한 관심이 드러나는 독서
◦ 전공적합성, 계열적합성
◦ 여러 영역(분야)에 대한 관심

독서활동은 교과 선생님이 입력하는 교과독서와 담임 선생님이 입력하는 공통독서로 나뉜다. 먼저 교과에서 연계, 확장, 심화하여 지적 호기심이 드러나는 독서활동은 어디에서든 긍정적인 평가를 받는다. 그리고 의학계열을 희망하는 학생들은 우선적으로 화학 교과와 생명과학 교과에 대한 깊이 있는 독서를 통해 전공에 대한 관심이 드러나면 좋을 것 같다.

나아가 인문학, 사회과학, 자연과학, 심리, 예술 분야까지도 의사로서의 자질을 키울 수 있는 요소가 많다. 의료인으로서 필요한 자세부터 의료학이 응용되는 다양한 분야까지 독서로써 지적 호기심을 충족할 수 있을 것이다. 의학 도서뿐만 아니라 폭넓고 깊이 있는 독서활동을 하라.

현재 고등학교 1학년 학생부터는 생활기록부에 독서활동은 기록되지만, 상급학교에 제공하지 않는다.

다방면의 독서를 통하여 자신의 인성과 자질 함양에 힘써야겠지만 대입에 전략적으로 독서를 이용하려면 이전처럼 생활기록부의 다른 영역(교과 세부능력 특기 사항, 자율활동, 동아리활동, 진로활동, 종합의견 등)에 교과 심화라든지, 동아리활동을 심화할 도서를 잘 선택해야 할 것 같다.

• 독서의 수준은 학년이 올라갈수록 깊이 있게

학년이 올라가는데도, 계속 같은 수준에 머무를 수는 없다. 관심의 깊이를 점점 더 늘려라. 수학 과목을 예로 1학년 때 수학 콘서트와 같은 일상생활 속의 수학적 원리 등에 대해 가볍게 접하고 2학년이 되면 미적분학에서 해석학으로, 기하학에서 유클리드 기하와 비유클리드 기하로 대학 수준의 내용까지 관심을 가질 수 있을 것이다.

단순하게 의학에 대한 관심이 있어 생명을 살리는 사람으로서 자질이나 인문학을 읽었다면 가정의학과, 내과, 비뇨기과, 산부인과, 성형외과, 소아과, 피부과, 감염내과 등으로 관심을 확장할 수 있다. 생명과학, 화학 등의 과목에서는 심화한 내용을 책을 통해 대학 수준까지 학문을 연장해도 무방하다.

• 서울대 아로리 및 대학 홈페이지에 공개된 권장도서 목록

의예과	치의예과	한의예과
• 숨결이 바람 될 때 • 의사와 수의사가 만나다 • 아픔이 길이 되려면 • 청년의사 장기려 • 과학혁명의 구조 • 의학의 역사 • 확장된 표현형 • 과학의 변경지대 • 불량의학 • 의학의 미래 • 친구가 되어 주실래요? • 성채 • 개념 의료 • 골든아워 • 의학, 인문으로 치유하다. • 미래의 의사에게 • 소설 의과대학 • 시골 의사의 아름다운 동행 • 나는 비뇨의학과 의사입니다. • 그 청년 바보 의사 • 차가운 의학 따뜻한 의사 • 나는 고백한다 현대 의학을 • 누구 먼저 살려야 할까?	• 치과의사가 말하는 치과의사 • 입속에서 시작하는 미생물 이야기 • 치과의사는 입만 진료하지 않는다 • 의학, 인문으로 치유하다 • 내 입속에 사는 미생물 • 치과의사 • 닥터스 • 백경 • 우리 아이 훔치과 • 김기섭 원장의 즐거운 치과 이야기 • 의당 유양석 박사 문집 • 재미있는 치과 이야기	• 생명과학의 이해 • 논어 • 맹자 • 과학사 이야기 • 한글판 동의보감 • 내 손으로 하는 경혈지압 마사지 324 • 한의학에 미친 조선의 지식인들 • 한의대로 가는 길 • 그림으로 풀어쓴 황제내경 • 몸, 한의학으로 다시 태어나다 • 한의학 입문 • 공부에 다음이란 없다 • 나는 치매랑 친구로 산다

포털사이트에서 의학관련 도서를 검색하면 다양한 도서가 나온다. 위에 추천된 도서는 물론이거니와 최신으로 출간된 도서부터 베스트셀러까지 다양한 책을 검색할 수 있다. 책 소개, 저자 소개, 목차, 출판사 서평, 책 속의 내용 요약, 네티즌 리뷰, 블로그 등을 읽어 보고 자신에게 필요한 책인지 판단한 다음 책을 읽기 시작하면 된다.

또한 대학 입학처 홈페이지에 들어가거나 학생부종합전형 안내서에서 권장도서를 추천받을 수도 있다.

그러나 꼭 추천도서를 읽을 필요는 없다. 평가자가 보았을 때, 반복되고 식상한 도서를 읽는 것은 '과연 진정성을 가지고 읽었을까?'라는 의문을 준다. 꾸준하게 다양한 독서를 한 것이라면 인정받을 수 있겠다.

수상

2023 입시까지만 수상실적이 대학에 학기당 1개가 제공된다. 따라서 재학생은 3학년 1학기까지 총 5개의 수상실적을 제공할 수 있다. 한 학기에 수상 1개 이상은 반드시 챙겨서 5개가 모두 제공될 수 있으면 좋겠다. 참고로 졸업생은 3학년 2학기까지 6개의 수상실적을 제공할 수 있다.

대학마다 제공하는 수상을 달리할 수는 없다. 만약 많은 수상 중에서 1개를 선택한다면 무엇을 선택할지 고민을 할 것이다. 다음을 고려하여 고교에서는 교내대회를 계획하고 학생은 제공할 대회를 선택해보자.

❶ 대학별 학생부종합전형 평가요소 보완 수상 제공
   수상 외의 자신의 생활기록부 기록 중에서 각 대학의 평가요소에서 기록이 미비한 요소를 보완할 수 있는 성격의 수상 제공
❷ 과목 우선순위에 있는 교과와 연관된 대회(생명과학, 화학)
❸ 수상 등위 고려
❹ 연구, 학문, 탐구 능력을 나타낼 수 있는 대회
❺ 교과 보완 수상 제공
   평소 실력보다 낮은 등급의 성적을 받았는데 그 과목의 수상을 제공하여 보완(예를 들어, 내신 수학에서 실력 발휘를 못 하여 2등급~3등급을 받았는데 수학 관련 대회에서 1위를 한 경우)
❻ 인성
   의학계열에서 인성은 매우 중요하다. 따라서 생활기록부에서 학생의 인성이 많이 드러나지 않는다면 인성과 관련된 상장도 고려한다.
❼ 평가자 입장에서 어떤 수상을 좋아할지 고려(아마 특이성을 찾으려고 할 것이다)

학교명이나 학교를 나타내는 수상명은 쓸 수 없다. 그리고 무슨 내용에 대한 수상인지 모르는 대회의 명칭은 좋지 않다. 아울러 단순 경시대회보다는 중의적인 명칭으로 학생의 탐구역량을 드러내는 명칭도 고려해 보자.

대학마다 생각하는 것이 다르고 확실한 기준이 없기에 어떤 대학에 어떤 수상이 유리할지 명확하게 이야기를 할 수 없는 부분이 있다. 2022 입시에서 달라진 수상 제공 방법을 어떻게 평가에 반영할 것인지 결과를 살펴볼 필요가 있다. 아울러 2024 입시에서는 수상실적을 대학에 제공하지 않기 때문에 점차 수상실적이 평가에 주는 영향력이 적을 것이라는 전망도 있다. 따라서 수상에서 약간 부진했더라도 다른 영역에서 관리가 잘 되었다면 과감하게 도전하는 것도 나쁘진 않다.

• **경희대학교 학생부종합전형 안내서의 수상 관련 내용**

학교생활을 하면서 받은 모든 수상경력을 평가받을 수는 없지만, 학교생활기록부의 기록은 맥락적으로 연계되어 있으므로 너무 걱정하지 않아도 됩니다. 수상실적은 올해부터 학기별 1개만 대학에 제공되므로 수상실적을 선택할 때는 학교생활기록부상에 나타난 본인의 강점을 수상실적이 보완해 줄 수 있는지 생각해야 합니다. 지원하는 모집 단위와 관련한 활동과 내용이 학교생활기록부에 충분히 드러나 있다면, 수상실적은 그 외에 더 다양한 강점을 보여 주는 실적을 선택하고, 반대로 학교생활기록부에 충분히 드러나지 않거나 미흡하다면 그와 연관성이 높은 수상실적을 선택하여 지원자가 강점을 보여 줄 수 있어야 합니다.

본인의 강점에 대한 객관적 입증 자료라는 생각으로 장점이 잘 드러낼 수 있는 부분을 고민해서 선택하시길 바랍니다.

자기소개서

대학별 공통문항 2문항과 자율문항 1문항으로 구성되어 있다. 자율문항이 없는 대학도 있다.

의학계열을 진학하는 학생 수준이라면, 자기소개서 또한 좋은 평가 자료이다. 자기소개서가 있는 전형은 생활기록부의 보완 의미로도 활용할 수가 있다. 생활기록부에 드러난 자신의 장점은 부각하고 단점은 보완하면 좋다. 의예과에서는 왜 자신을 선발해야 하며, 의학적 자질을 무엇이며, 그동안 어떤 노력을 했으며, 평가자에게 감동을 줄 수 있는 자기소개서를 잘 작성해야 할 것이다.

의학계열이라고 해서 일반학과의 자기소개서와 큰 차이는 없다. 글을 잘 쓰는 것보다는 자신이 배우고 느낀 점을 솔직하고 진솔하게 쓰는 것이 핵심이다. 도전에 대한 경험을 쓰되 경험의 나열은 지양해야 한다.

대학별 자율문항을 두고 있는 대학에서 마지막문항으로 지원자의 어떤 모습을 보고 싶어 하는 것인지 잘 생각해 보고 대학에서 원하는 자기소개서가 될 수 있도록 고민해 보자.

※ 자기소개서 작성 시 유의 사항

❶ 자기소개서는 지원자 본인이 작성하여야 하고 사실에 근거하여 지원자 자신의 능력이나 특성, 경험 등을 기술하여야 합니다.

❷ 대학이 자기소개서에 기술된 사항에 대해 사실 확인을 요청하는 경우 지원자는 적극 협조하여야 합니다.

❸ 대학은 제출된 자기소개서의 표절, 대리 작성, 허위사실 기재, 기타 부정한 사실 등의 검증을 위해 유사도 검색을 실시하고 해당 사실이 발견될 경우 지원자는 불합격 처리되며 합격 이후라도 입학이 취소될 수 있습니다.

❹ 자기소개서에 다음 사항을 기재할 경우 서류 평가에서 "0점(불합격)" 처리됩니다.

〈작성 시 "0점" 처리되는 항목〉

구분		해당 시험 및 관련 대회
공인어학성적		• 영어(TOEIC, TOEFL, TEPS), • 중국어(HSK), • 일본어(JPT, JLPT), • 프랑스어(DELF, DALF), • 독일어(ZD, TESTDAF, DSH, DSD), • 러시아어(TORFL), • 스페인어(DELE), • 상공회의소한자시험, • 한자능력검정, • 실용한자, • 한자급수자격검정, • YBM 상무한검, • 한자급수인증시험, • 한자자격검정
교과 관련 교외 수상 실적	수학	• 한국수학올림피아드(KMO), • 한국수학인증시험(KMC), • 전국창의수학경시대회, • 도시대항국제수학토너먼트(TofT), • 국제수학올림피아드(IMO)
	과학	• 한국물리올림피아드(KPhO), • 한국화학올림피아드(KChO), • 한국생물올림피아드(KBO), • 한국지구과학올림피아드(KESO), • 한국천문올림피아드(KAO), • 한국뇌과학올림피아드(KBSO), • 한국중등과학올림피아드(KJSO), • 국제물리올림피아드(IPhO), • 국제화학올림피아드(IChO), • 국제생물올림피아드(IBO), • 국제지구과학올림피아드(IESO), • 국제천문올림피아드(IAO), • 국제뇌과학올림피아드(IBB), • 국제중등과학올림피아드(IJSO)
	외국어	• 전국 초중고 외국어(영어, 중국어, 일본어, 프랑스어, 독일어, 러시아어, 스페인어) 경시대회, • 국제영어대회(IET), • 글로벌 리더십 영어경연대회(GLEC), • 국제영어논술대회(IEEC), • 영어글쓰기대회, • 영어말하기대회

※ 위에 열거된 항목 외에도, 대회 명칭에 수학·과학(물리, 화학, 생물, 지구과학, 천문)·외국어(영어 등) 교과명이 명시된 교외 각종 대회(경시대회, 올림피아드 등) 수상실적을 작성했을 경우, "0점"(불합격) 처리됨

※ 교외 수상실적이란 학교 외 기관이 개최한 대회 수상실적을 의미하며, 학교장의 참가 허락을 받은 교외 수상실적이라도 작성 시 "0점"(불합격) 처리됨

❺ 학생부위주 전형의 자기소개서는 공교육 내에서 이루어진 활동을 작성하는 취지이므로 학교생활기록부에 기재할 수 없는 항목[교외 수상실적, 교외 인증시험 참여 사실이나 성적, 논문 등재나 학회 발표, 도서 출간, 지식재산권(특허, 실용신안, 상표, 디자인) 출원이나 등록, 해외 활동실적 등]은 작성할 수 없고, 어학연수 등 사교육 유발요인이 큰 교외 활동의 경우에도 작성이 제한됩니다. 이를 준수하지 않았을 경우 평가에서 불이익을 받을 수 있으니 작성을 금지합니다.

❻ 학생부위주전형의 자기소개서는 지원자 본인의 강점을 부각시키기 위해 작성하는 것으로 지원자 성명, 출신고교, 부모(친인척포함)의 실명을 포함한 사회적·경제적 지위(직종명, 직업명, 직장명, 직위명 등)를 암시하는 내용을 기재할 경우 평가에서 불이익을 받을 수 있으니 작성을 금지합니다.

❼ 표준 공통원서접수서비스를 활용하는 경우 자기소개서 작성 시 입력 허용 문자는 영문자, 수자, 한글만 가능합니다. 특수문자는 아래의 특수문자 및 기호만 입력이 가능합니다.
- 허용 문자 및 기호 ~ ! @ # ^ ( ) - _ + / { } [ ] : " ' , . ?
- 한컴 오피스 한글 문자표 및 윈도우 한자 키를 이용한 특수문자는 입력이 허용되지 않습니다.

- **공통문항**

  ① 고등학교 재학기간 중 자신의 진로와 관련하여 어떤 노력을 해 왔는지 본인에게 의미가 있는 학습 경험과 교내활동을 중심으로 기술해 주시기 바랍니다(1,500자 이내).

  ② 고등학교 재학기간 중 타인과 공동체를 위해 노력한 경험과 이를 통해 배운 점을 기술해 주시기 바랍니다(800자 이내).

- **자율문항**

대학명	3번 자율문항(800자 이내)
가천대	지원동기와 지원분야의 진로계획을 위해 고등학교 재학기간 중 어떤 노력과 준비를 해 왔는지 기술해 주시기 바랍니다.
가톨릭관동대	지원동기와 본인이 이루고 싶은 꿈을 기술하고, 그 꿈을 이루기 위한 입학 후 학업계획 및 향후 진로계획을 기술해 주시기 바랍니다.
가톨릭대	자율문항 없음
경희대	해당 모집단위에 지원하게 된 동기와 준비 과정에서 배운 점을 기술해 주기 바랍니다.
서울대	고등학교 재학 기간(또는 최근 3년간)읽었던 책 중 자신에게 가장 큰 영향을 준 책 2권을 선정하고 그 이유를 기술하여 주십시오. ▶ '선정 이유'는 각 도서별로 띄어쓰기를 포함하여 400자 이내로 작성 ▶ '선정 이유'는 단순한 내용 요약이나 감상이 아니라, 읽게 된 계기, 책에 대한 평가, 자신에게 준 영향을 중심으로 기술 선정 도서 / 선정 이유 도서명 / 저자/역자 / 출판사 도서명 / 저자/역자 / 출판사
성균관대	성균관대학교와 해당 모집 단위에 지원하게 된 동기와 관련하여 본인의 노력을 구체적으로 기술해 주시기 바랍니다.
아주대	지원전공을 선택한 이유와 자신의 목표를 이루기 위해 고등학교 재학 중 도전한 경험에 대해 구체적으로 기술해 주시기 바랍니다.
연세대	해당 모집단위에 지원하게 된 동기와 지원하기 위해 노력한 과정을 구체적으로 기술하시오.
연세대(미래)	해당 모집단위에 지원하게 된 동기와 이를 위해 노력한 과정, 그리고 장래 계획에 대하여 구체적으로 기술해 주시기 바랍니다.
울산대	울산대학교 의과대학에 지원하게 된 동기와 입학 후 희망 진로를 위해 어떤 노력을 할 것인지 기술해 주시기 바랍니다.
원광대	자율문항 없음
중앙대	추가적으로 학교생활기록부 기재 내용 중 지원자의 우수성을 보여줄 수 있는 사례에 대해서 기술해 주시기 바랍니다.
한림대	자율문항 없음

※ 검정고시 출신자는 중학교 졸업 후 고등학교 재학 기간에 준하는 기간의 경험 기술

종합전형에서도 수능 최저 준비를 열심히 하라

종합전형은 학교생활기록부 및 자기소개서를 기반으로 평가하는 전형이다. 따라서 우선순위는 학교생활을 충실하게 하여 내신과 생활기록부를 관리하는 것이 먼저다. 내신과 생활기록부가 관리가 잘 된다면 최소한 종합전형에서 수능 최저학력기준이 없는 전형에 지원할 것이다. 종합전형에는 수능 최저학력기준이 없는 대학이 많다. 면접 등 기타 요소를 잘 따져 보고 전략적으로 유리한 대학을 찾아보라.

종합전형에서 수능 최저등급을 두는 대학도 많다. 그중에는 교과전형만큼 높은 최저등급 기준을 두고 있는 학교도 있다. 종합전형에서도 당연히 수능 최저를 충족하지 못하여 떨어지는 경우가 많으니 수능 최저를 충족할 수 있다면, 지원할 수 있는 범위는 넓어지겠고 전략적으로 유리하게 활용할 수 있다. 수능 최저충족을 신경 써야 한다.

수능 최저등급이 낮게 설정된 대학은 수능 최저학력기준이 없는 것과 동일하게 봐도 무방할 수 있다. 실제로 수능 최저학력기준이 낮게라도 설정된 곳은 불합격하고, 수능 최저학력기준이 없는 곳이 합격하는 사례도 많다.

수능 사회탐구 선택 전형(인문계 모집단위) 전략

확률과 통계와 사회탐구를 선택하라고 지정한 유일한 인문 대구한의대 한의예과

필자의 생각에는 완벽하게 인문의 성향인 학생들이 지원할 수 있는 유일한 대학이다. 사회탐구만을 선택하고 확률과 통계만을 선택할 수 있는 전형이 있다. **확률과 통계 선택인 경우는 미적분, 기하, 확률과 통계를 모두 선택할 수 있는 '선택과목제한없음' 보다 훨씬 더 제한적이다.** 최상위권 학생 중에는 정시모집을 바라보며 미적분이나 기하를 선택한 학생이 더 많을 가능성이 높기 때문이다. 또한 확률과 통계에서 등급을 받기 어렵다는 이야기가 확산되면서 인문계 최상위권 학생들마저도 확률과 통계를 기피하는 현상이 일어날 전망이다. 따라서 대구한의대학교 한의예과 인문을 지원하는 학생들의 인력풀이 어떻게 구성될지 궁금하다. 아무래도 올해 이 전형에서만큼은 입시결과가 낮아질 전망이다. 다만 확률과 통계를 선택하는 학생이 3합 7이라는 자신의 수능 등급만 안정적으로 나온다면, 전형을 활용하여 유리할 수도 있을 것이다.

교과전형은 단순히 정량적인 평가가 이루어지기 때문에 종합전형처럼 과목 선택에 유불리가 없다. 다만 학교마다 성적을 반영하는 교과를 잘 따지고, 필수로 이수해야 하는 과목은 없는지 잘 따져 봐야 한다. 자신이 학교에서 어떤 과목들을 이수하였건 간에 수능 선택과목에서 과학탐구를 선택하면 지원의 폭은 매우 넓다. 과학탐구만 반영하겠다는 전형과 과탐과 사탐 모두 지원 가능한 전형이 주를 이루기 때문이다.

반면 종합전형은 교육과정 교과선택 부분이 굉장히 중요하기 때문에 이과계열 학생이 유리하다. 사회탐구, 과학탐구 모두 선택할 수 있는 대학은 사실상 이과계열 학생이든 인문계열 학생이든 모두 지원할 수가 있다. 인문으로 명시하고 모집하는 대학도 수능 응시영역 기준만 맞으면 누구든 지원가능하다. 이러한 모집단위에서 순수 인문계 성향의 학생과 자연계 성향의 학생이 종합전형에서 경쟁한다면 아무래도 과학을 더 많이 수강한, 관련 활동을 많이 한 학생이 유리하지 않을까 생각해 본다. 대학에서는 여러 상황을 감안해서 평가하겠지만, 올해 결과가 어떻게 나올지 궁금하다.

필자가 근무하는 학교 역시 이과 쏠림 연상이 두드러진 학교다. 그래서 내신 성적을 잘 받기 위해 전략적으로 문과를 지원한 학생이 꼭 있었다. 자기보다 조금이나마 우수한 학생들이 모두 이과로 갔다면, 문과에서 우수한 내신을 받을 수 있다. 문과에서 이과계열 대학에 합격한 우수한 사례는 비단 의학계열뿐만 아니라 서울대 간호학과, 한국항공대 항공운항학과 등 다양한 사례를 보았다.

이제는 고교학점제 시대라 문·이과 구분이 없어 의미가 달라졌지만, 경우에 따라서 인문계열 학생들이 주로 수강하는 문과 과목을 선택해서 내신을 챙기는 것도 하나의 전략이 될 수 있다. 자신이 처한 현실(학교 교육과정이나 자신의 학업 성향)**에서 유불리를 잘 따져 봐야 할 것이다.**

• 의예과

수능 사회탐구를 선택할 수 있는 대학으로 **순천향대**가 있다. 순천향대는 예전에도 문과 학생이 지원 가능했다. 다만 수학에서 '확률과 통계' 혹은 탐구에서 '사회탐구' 응시 시 수능 최저에서 각각 0.5등급 하향하여 반영하기 때문에 수능 최저충족을 할 수 있다면 확률과 통계나 사회탐구를 응시하는 것도 전혀 상관없다.

어찌 되었건 순천향대는 인문계 학생 중에서 합격하는 최상위권 학생들도 학업을 충분히 따라올 수 있다고 생각하며, 실제로도 그러하기에 인문계열 학생들의 선발을 열어 두고 있다. 물론 수능 최저에서 핸디캡을 주고 있으니 감안하여 지원을 하자.

수능 최저를 두지 않는 대학도 문과 과목 위주로 이수한 학생이 충분히 지원할 수 있다. **건양대**가 교과 전형에 최저가 없다.

• 치의예과

원광대 치의예과는 예전 인문으로만 지원할 수 있었던 전형을 현재 수능 사회/과학탐구를 반영하도록 하는 전형(서류면접 2명 모집)을 두고 있다. 다만 이 전형은 종합전형이며, 이과 학생들도 지원을 할 수 있다는 점에서 예전과는 성격이 다르다.

• 한의예과

한의예과는 인문으로만 모집하는 경우가 많았다. 여전히 인문과 자연으로 구분을 지어 모집하는 경우가 있지만, 대구한의대를 제외하고는 사탐/과탐 모두 선택이거나 과탐을 선택하게 한다. 또한 사탐/과탐을 선택할 수 있게 한 대학은 수학 선택과목에 제한도 없다.

참고로 상지대학교는 사회탐구나 확률과 통계를 선택할 경우 수능 최저등급에 차등을 두고 있다.

고교 블라인드로 인하여

예전에는 '공통고교정보'라고 해서 학교프로파일을 대학에 제공하였다. 사실상 고등학교의 수준을 고려하여 학생을 선발할 수 있었다. 하지만 2021학년도부터 이를 폐지하고 고교 블라인드 평가를 하고 있다. 학교생활기록부 전 항목에서 학교명이나 학교를 나타낼 수 있는 어떤 단어도 사용할 수 없도록 하여 학교에 대한 차별 없이 공정하게 선발하고 있다.

• 영재고, 과고, 자사고에서 의학계열에 합격하는 학생들의 특징

영재고, 과고, 자사고에 진학한 학생들이 우수한 학업역량을 드러내는 것은 사실이다. 그리고 차별화된 교육과정을 가지고 학생들을 지도하기 때문에 학교생활기록부에 드러나는 학생의 역량이 내용의 깊이 면에서 일반고와 차이가 난다(물론 일반고에서 우수한 교육과정과 수업을 운영하는 사례도 많다). 한 예로 과고에서 고등학교 2학년에 조기졸업하는 우수한 학생의 2학년 1학기까지의 생활기록부를 보아도 이미 일반고 우수학생의 생활기록부만큼의 우수함이 잘 드러나 있기도 한 사례도 많다.

• 그러면 일반고가 불리하다?

결론부터 말하면 그렇지 않다. 필자가 모든 의학계열 입학사정관에게 질문한 내용이다. 이는 입시 결과에서 이미 나타났다. 과고, 자사고라고 해서 일반고보다 유리한 것은 아니다. 현재 대입에서는 학생이 3년간 이수한 고등학교의 교육과정을 대학에 제공하게 되어 있다. 교육과정만 보면 학교 유형을 짐작할 수 있는데, 그렇다면 특목고 학생들을 모두 추려 낼 수 있겠다. 하지만 아무리 우수한 교육과정을 이수하였다 하더라도 학생의 역량이 드러나지 않으면 오히려 마이너스 효과다.

수시에서는 특목고 학생들이 지원할 수 없는 전형이 많고, 지원할 수 있는 전형에도 일반고 학생의 합격 비율이 높다.

• 영재학교, 이공계 진로·진학지도 강화 방안 마련

전체 영재학교 8개교(경기과고, 광주과고, 대구과고, 대전과고, 서울과고, 한국과학영재학교, 세종과학예술영재학교, 인천과학예술영재학교)에서 '영재학교 학생 의약학계열 진학 제재 방안'을 공동으로 마련하였다. 2022학년도 입학전형부터 영재학교 지원 시 의약학계열 제재 방안에 대해 지원자, 보호자 서약을 통해 의약학계열로의 진학을 희망하거나 지원하는 경우 진학지도를 미실시, 교육비 및 장학금 환수 등 제재를 하여 사실상 의대 진학이 불가능해진다.

참고자료

• 서울대 웹진 아로리(http://snuarori.snu.ac.kr)

  – 나도 입학사정관 코너

　합격한 3명의 학생의 교과성취도, 교내수상, 학업노력 및 학습경험, 의미 있는 활동, 독서활동, 학교
생활 사례가 있다.

　실제 데이터를 보고 자신이 입학사정관이 되어 응시자를 평가해 볼 수 있다.

　상대 평가 방식으로 실제 평가를 해 보고 결과를 확인하면서 학교생활과 생활기록부 기록의 방향을
잡을 수 있다.

• 서울대학교 학생부종합전형 안내 책자 및 동영상(http://admission.snu.ac.kr)

• 어디가(http://adiga.kr/)

의학계열 수시 6장을 구성하는 방법

• 종합6장

  학교생활기록부 관리가 잘 되어 있고, 면접에 대한 대비가 충분히 되어 있는 학생이거나 모의수능 성적이 정시로도 지방 의대 정도는 지원할 수 있을 만큼 잘 나오는 학생이면 베팅해볼 수 있다.

  특히 졸업 선배가 메이저 의대에 합격한 사례가 많거나 조금이라도 있는 고등학교는 학종에 대비가 잘 되어 있는 학교이므로 학교에서 역량이 매우 뛰어나다면 메이저 의대를 노려 볼 수 있다.

• [추천] 종합5장+교과1장, 종합4장+교과2장, 교과3장+종합3장

  교과전형에서 수능 최저등급을 맞추기 쉬운 대학 한두 곳에 자신의 내신이 합격권에 있다면(안정지원), 나머지 대학은 자신이 가고 싶은 대학에 상향해서 지원할 수 있다. 아무쪼록 수능 최저가 잘 나오는 학생은 마음의 여유가 있을 것이다.

• 교과5장+종합1장, 교과4장+종합2장

  수능 최저등급충족에 자신이 있는 학생으로 종합전형보다 승산이 높은 학생

  학생부가 관리가 어느 정도 되어 있어 면접이나 수능 최저로 합격을 노려 보는 학생은 종합전형 1장 이상 지원

• 교과6장

  학교생활기록부가 관리되어 있지 않은 학생 중 교과 성적이 높은 학생

  학교생활기록부도 교과 성적도 그렇게 좋지는 않으나 4합 5까지의 높은 수능 최저를 충족할 수 있는 학생

• 논술6장, 논술+최저가 높은 교과전형

  수능 모의고사 성적이 잘 나오는 학생으로 논술에도 강세인 학생

- 의대(치대)5장+서울대 생명계열 일반학과1장 하향지원,
  의대(치대)4장+일반학과2장 하향지원

  서울대가 하향이라고 말하는 것도 웃기지만, 의외로 5장의 의대 수시카드가 떨어지고 서울대에 합격하여 대학을 다니고 있는 학생들이 많다.

- 의대(치대)4장+한의대(약대) 교과2장

  한의대(약대) 수능 최저학력기준이 의대보다 낮다. 이 경우 역시 의대가 떨어지고 한의대를 다니는 학생들이 많다.

- 의대 종합2장+치대 종합2장+한의대 종합2장(약대 종합2장)

  의대, 치대, 한의대, 약대의 종합전형 평가가 미세하게 다를 수 있음에 유의한다.

- 치대5장+의대1장, 치대4장+의대2장

  반대로 치대를 희망했던 학생이 수능 최저등급충족 등 여러 상황과 맞물려서 의대를 진학한 경우도 존재한다. 마찬가지로 한의대를 희망했던 학생이 의대를 진학한 경우도 있다.

- 최저유무 면접유무 자소서유무

  최저×면접○자소서○, 최저×면접○자소서×, 최저×면접○자소서×, 최저○면접×자소서×, 최저×면접×자소서×, 최저○면접○자소서○

  이처럼 정말 다양한 케이스가 존재한다. 자신의 성향에 맞게 원서를 구성하자.
  최저가 높거나 낮거나 / 면접이 있거나 없거나 / 생활기록부 관리가 되어 있거나 없거나(with 자기소개서가 있거나 없거나) **/ 의대, 치대, 한의대, 약대 골고루**

2023
정시모집

PART

1

정시모집 전형별 전략

● 이 책에서 정리된 모집요강 표를 읽는 Tip

● 일반전형

● 지역인재전형

● 기회균형전형(정원 외)

이 책에서 정리된 모집요강 표를 읽는 Tip

백-백분위, **표**-표준점수

표백-국어, 수학은 표준점수이며 탐구는 백분위

가점-가산점

백분위변표점-백분위활용 변환표준점수

백분위변환점-백분위활용 변환점수

자체변표점-대학자체 변환표준점수

자체변환점-대학자체 변환점

인-인문, **자**-자연

과2-과탐2개 반영

과2평-과탐2개 평균

과1-과탐 상위1개 반영

사/과2-사탐, 과탐 전체 과목 중 2개 반영

사/과2평-사탐, 과탐 전체 과목 중 2개 평균

미-미적분, **기**-기하, **확통**-확률과 통계, **미/기, 미기**-미적분, 기하

'미/기'에서 '○'이면 미적분과 기하 중에 한 과목을 택해야하고, '×'이면 미적분, 기하, 확률과 통계 어느 것도 응시가능하다. '△'이면 미적분, 기하를 선택 시 가산점이 있다.

학교자체변환점수 산출법 예시

과학탐구 변환표준점수: (과학탐구 취득 표준점수/과학탐구 전국최고 표준점수) × 100

    정시모집 선발인원의 증감은 2022학년도 정시모집 요강 대비 2023학년도 대입전형 시행계획으로 나타내었다. **2023학년도 수시모집에서 이월되는 인원이 있으니, 2023학년도 정시모집 요강을 확인하라.**

일반전형

(정시 일반 가군) 대학별 의예과 전형 정리								
대학명	인원	활용 점수	총점	전형방법 국어/수학/영어/탐구	한국사	미/기 필수	탐구 유형	특이/변동 사항
가천대 일반1	15	백		25%/30%/20%/25%		○	과2	
가톨릭대 일반	37	표		30%/40%/가점20/30% 인적성면접 (P/F)	가점10	○	과2 백분위 변표점	영어 가점 10→20점 상향 면접 고사전 안내 사항 공지
강원대 일반	15	백	500	100/150/100/150	가감점	○	과2	
건양대 일반	14	백	1000	×2/×3/×2/×3 (20%)/(30%)/(20%)/(30%)		×	과2평	
경북대 일반	30 (-20)	표	1000	200/300/100/200	가점10	○	과2 자체 변표점	합산점수에 10/8을 곱함 수학표준점수×1.5반영
경상 국립대 일반	15	표	1000	250/300/200/250 (25%)/(30%)/(20%)/(25%)		△	과2	수학(미적,기하)10% 가산 과탐Ⅰ,Ⅱ 2과목 10% 가산 과탐 2개 평균인지 모집요강 확인
고려대 일반	25	표	1000	200/240/감점/200 인적성면접 (P/F)	가점10	○	과2 변환점	과탐 동일과목 Ⅰ+Ⅱ불가 수학 표준점수×1.2 과탐 2과목 합×0.8
동아대 일반	9	표	800	25%/25%/25%/12.5%+12.5%	가점1	○	과2	
성균관대 일반	15	표	1000	30%/35%/가점(100)/35% 인적성면접 (P/F)	가점10	○	과2 백분위 변표점	과탐 동일과목 Ⅰ+Ⅱ불가 25/40/가점/35에서 변경
연세대 일반	44	표	1000	1단계(일정배):수능100 2단계:수능910 +제시문,인적성면접100 200/300/100/300	가점10	○	과2 백분위 변환점	과탐 동일과목 Ⅰ+Ⅱ불가
울산대 일반	10	표백	1000	20%/30%/19%/30% 인적성면접 (P/F)	1%	○	과2 백분위 변환점	과탐 동일과목 Ⅰ+Ⅱ불가
인제대 일반	37 (+4)	표	735	25%/25%/25%/12.5%+12.5% 인적성면접 (P/F)		○	과2	인원변경(33→37)
전남대 일반	25 (-12)	표	1000	30%/40%/200/15%+15% (240)/(320)/200/(120+120)	가점10	○	과2 변표점	인원변경(37→25)
전북대 일반	29	표	500	×0.75/×1/가점(30)/×1.5 (30%)/(40%)/가점(30)/(30%)	가점5	○	과2평 백분위 변표점	
조선대 일반	25 (-9)	백	800	×2/×2.8/200/×1.2 (200)/(280)/(200)/(120)	가점10	○	과1	인원변경(34→25)
충남대 일반	19	표	300	25%/45%/감점/15%+15% (75)/(135)/감점/(45+45)	감점	○	과2 백분위 변표점	
한양대	68 (+4)	표백	1000	20%/35%/10%/35% (200)/(350)/(100)/(350)		○	과2 자체 변표점	인원변경(64→68) 과탐Ⅱ 개당 3% 가산

(정시 일반 가군) 대학별 치의예과 전형 정리

대학명	인원	활용점수	총점	전형방법 국어/수학/영어/탐구	한국사	미/기 필수	탐구 유형	특이/변동 사항
부산대 (학석사) 일반	10 (-6)	표	1000	200/300/200/300	가점10	○	과2 백분위 변환점	인원변경(16→10)
연세대 일반	24	표	1000	1단계(일정배):수능100 2단계:수능910 +제시문, 인적성면접100 200/300/100/300	가점10	○	과2 백분위 변환점	과탐 동일과목 I+II불가
전남대 (학석사) 일반	4 (-1)	표	1000	30%/40%/200/15%+15% (240)/(320)/200/(120+120)	가점10	○	과2 변표점	인원변경(5→4)
전북대 일반	5 (-4)	표	500	×0.75/×1/가점(30)/×1.5 (30%)/(40%)/가점(30)/(30%)	가점5	○	과2평 백분위 변표점	인원변경(9→5)
조선대 일반	15 (-9)	백	800	×2/×2.8(200)/×1.2 (200)/(280)/(200)/(120)	가점10	○	과1	인원변경(24→15)

(정시 일반 가군) 대학별 한의예과 전형 정리

대학명	인원	활용점수	총점	전형방법 국어/수학/영어/탐구	한국사	미/기 필수	탐구 유형	특이/변동 사항
가천대 일반1	15	백		25%/30%/20%/25%		○	사/과 2	**수학, 과학 중 우수한 순으로 5%, 3% 가산**
대전대 일반	18 (-1)	백	1000	×2.7/×2.8/×2/×2.5	가점5	×	사/과 2평	인원변경(19→18)
동신대 일반	20	백	1000	×2.5/×2.5/×2/×2 (25%)/(25%)/(20%)/(20%)	×1 (10%)	△	사/과 1	미적분, 기하 선택 5% 가산
부산대 (학석사) 일반	5	표	1000	200/300/200/300	가점10	○	과2 백분위 변표점	

(정시 일반 나군) 대학별 의예과 전형 정리

대학명	인원	활용점수	총점	전형방법 국어/수학/영어/탐구	한국사	미/기 필수	탐구 유형	특이/변동 사항
가톨릭 관동대 일반	20	백	1000	×2/×3/200점/×2 (20%)/(30%)/(20%)/(30%) 합/불 면접	가점10	×	사/과 2평	과탐2개 선택 시 평균5%가산 과탐2개 중 화II 또는 생II 응시시 평균 7%가산 면접 2단계 10%반영에서 합불로 변경
건국대 (글로컬) 일반	16	백		20%/30%/20%/30%		○	과2평	
경희대 일반	44 (+4)	표백	800	20%/35%/15%/30%	감점	○	과2 백분위 변표점	인원변경(40→44) 한국사 반영 방식 변경으로 20:35:15:25 에서 변경
부산대 일반	25 (-5)	표	1000	200/300/200/300	가점10	○	과2 백분위 변표점	인원변경(30→25)
서울대 지역 균형	10	표		수능60+교과평가40 ×1/×1.2/감점/×0.8 (100)/(120)/(감점)/(80) 인적성면접(P/F)	감점	○	과2	2023신설, 교과평가 도입 교과이수기준 충족 확인 학교장 추천(졸업생도 가능) 과탐 서로 다른 분야의 I+II, II+II 조합 필수
서울대 일반	30	표		1단계(2배):수능100 2단계:1단계80+교과평가20 ×1/×1.2/감점/×0.8 (100)/(120)/(감점)/(80) 인적성면접(P/F)	감점	○	과2	수능100 일괄→단계별 변경 2단계 교과평가 도입 교과이수기준 충족 확인 과탐 서로 다른 분야의 I+II, II+II 조합 필수
아주대 일반	10	표	1000	수능95+인성면접5 200/400/100/300	감점	○	과2 백분위 변환점	모집군 변경(가→나)
연세대 (미래) 일반	27	표백	1000	200/300/100/300	가점10	○	과2 백분위 변환점	과탐 동일과목 I+II불가 환산점수에 10/9을 곱함
영남대 일반	35	백	800	25%/35%/10%/30%	가점10	○	과2평	
원광대 일반	27	표	700	표준점수합산	가점5	○	과2	
을지대 일반	15	백	1000	30%/30%/10%/30%	가점5	×	과2평	
이화여대 일반(자)	55	표		25%/30%/20%/25%	가점10	○	과2 자체 변표점	과탐 동일과목 I+II불가
이화여대 일반(인)	8			30%/25%/20%/25%		×	사/과2 자체 변표점	
중앙대	50	표	1000	25%/40%/가점(100)/35%	가점10	○	과2 자체 변표점	과탐 동일과목 I+II불가
충북대 일반	17	표	1000	20%/30%/20%/30%		○	과2	
한림대 일반	37 (-1)	표	1000	20%/40%/10%/30%		○	과2	인원변경(38→37)

(정시 일반 나군) 대학별 치의예과 전형 정리

대학명	인원	활용점수	총점	전형방법 국어/수학/영어/탐구	한국사	미/기 필수	탐구 유형	특이/변동 사항
경북대 일반	20 (-3)	표	1000	200/300/100/200	가점10	○	과2 자체 변환점	합산점수에 10/8을 곱함 수학표준점수×1.5반영
경희대 일반	32 (+3)	표백	800	20%/35%/15%/30%	감점	○	과2 자체 변환점	인원변경(29→32) 한국사 반영 방식 변경으로 20:35:15:25 에서 변경
단국대 (천안) 일반	50	표백	1000	20%/40%/15%/25%	가점5	○	과2평	과탐II 5% 가산
서울대 (학석사) 지역균형	10	표		수능60+교과평가40 ×1/×1.2/감점/×0.8 (100)/(120)/감점/(80) 인적성면접(P/F)	감점	○	과2	2023신설, 교과평가 도입 교과이수기준 충족 확인 학교장 추천(졸업생 가능) 과탐 서로 다른 분야의 I+II, II+II 조합 필수
서울대 (학석사) 일반	10 (-3)	표		1단계(2배):수능100 2단계:1단계80+교과평가20 ×1/×1.2/감점/×0.8 (100)/(120)/감점/(80) 인적성면접(P/F)	감점	○	과2	인원변경(13→10) 수능100일괄→단계별로 변경 2단계 교과평가 도입 교과이수기준 충족 확인 과탐 서로 다른 분야의 I+II, II+II 조합 필수
원광대 일반(인)	4	표	700	표준점수합산	가점5	×	사/과 2	
원광대 일반(자)	30 (-4)	표	700	표준점수합산	가점5	○	과2	인원변경(34→30)

(정시 일반 나군) 대학별 한의예과 전형 정리

대학명	인원	활용점수	총점	전형방법 국어/수학/영어/탐구	한국사	미/기 필수	탐구 유형	특이/변동 사항
경희대 일반(자)	32	표백	800	20%/35%/15%/30%	감점	○	과2 백분위 변환점	한국사 반영 방식 변경으로 20:35:15:25 에서 변경
경희대 일반(인)	13	표백	800	25%/35%/15%/25%	감점	×	사/과2 백분위 변환점	한국사 반영 방식 변경으로 25:35:15:20 에서 변경
대구한의 대(자)	20	백	1000	×2.5/×2.5/×2.5/×2.5 (25%)/(25%)/(25%)/(25%)	가점10	○	과2	30:30:20:20에서 변경
대구한의 대(인)	10	백	1000	×2.5/×2.5/×2.5/×2.5 (25%)/(25%)/(25%)/(25%)	가점10	확통	사2	30:30:20:20에서 변경
동의대 일반 (미기)	10 (-5)	표백		25%/25%/25%/25%		○	사/과2 백분위 변표점	인원변경(15→10)
동의대 일반 (확통)	3 (-2)	표백		25%/25%/25%/25%		확통	사/과2 백분위 변표점	인원변경(5→3)
세명대	18	백	1000	×0.3/×0.3/10점/×0.3 (30%)/(30%)/(10%)/(30%)		△	사/과 2평	미적, 기하선택 시 5% 가산 과탐2개 선택 시 평균5%가산
우석대 일반	6	백		×0.8/×1.2/×0.8/×1.2 (20%)/(30%)/(20%)/(30%)	가점5	△	사/과 2평	미적, 기하선택 시 10% 가산
원광대 일반(인)	5	표	700	표준점수합산	가점5	×	사/과 2	
원광대 일반(자)	36	표	700	표준점수합산	가점5	○	과2	

(정시 일반 다군) 대학별 의예과 전형 정리

대학명	인원	활용 점수	총점	전형방법 국어/수학/영어/탐구	한국사	미/기 필수	탐구 유형	특이/변동 사항
계명대 일반	25 (-5)	백		25%/25%/25%/25%	가점5	○	과2평	인원변경(30→25), 농어촌 3명 폐지
고신대 일반	13	표	1000	20%/30%/30%/20%		○	과2평	인원변경(16→13) 과탐 동일과목 I+II불가
단국대 (천안) 일반	25	표	1000	20%/40%/15%/25%	가점5	○	과2평	과탐II 5% 가산
대구가톨릭대 일반	19	표	400	25%/40%/15%/20%	가점5	○	과1 변표점	상위1과목
동국대 (경주) 일반	19	백	1000	25%/35%/20%/20%	가점10	○	과2	과탐II 과목당 5% 가산 표준점수→백분위 20:30:20:25에서 변경
순천향대 일반	36 (-2)	백	1010	20%/30%/30%/20%		△	사/과 2평	인원변경(38→36) 미적/기하선택 시 10% 가산 과탐선택 시 10% 가산
인하대 일반	16 (+4)	표백	1000	20%/30%/20%/25%	5%	○	과2 백분위 변표점	인원변경(12→16)
제주대 일반	13 (-1)	백	1000	20%/30%/20%/30%	가점10	○	과2평	인원변경(14→13)

(정시 일반 다군) 대학별 치의예과 전형 정리

대학명	인원	활용 점수	총점	전형방법 국어/수학/영어/탐구	한국사	미/기 필수	탐구 유형	특이/변동 사항
국립강릉 원주대 일반	20	백	1000	×0.2/×0.25/×0.2/×0.3 (20%)/(25%)/(20%)/(30%)	×0.05 (5%)	×	과2평	

(정시 일반 다군) 대학별 한의예과 전형 정리

대학명	인원	활용 점수	총점	전형방법 국어/수학/영어/탐구	한국사	미/기 필수	탐구 유형	특이/변동 사항
동국대 (경주) 유형1	25	백	1000	25%/35%/20%/20%	가점10	○	과2	표준점수→백분위 20:30:20:25에서 변경
동국대 (경주) 유형2	10	백	1000	25%/35%/20%/20%	가점10	×	사/과 2	표준점수→백분위 20:30:20:25에서 변경
상지대 일반(A)	21	백	1000	20%/40%/20%/20%	가점3	○	과2평	이월인원은 A형으로 선발
상지대 일반(B)	15	백	1000	20%/40%/20%/20%	가점3	×	사/과 2평	

• 일반전형 지원 시 체크 사항

구분		의예	치의예	한의예
수학선택	미적분/기하 필수 아님 (확률과 통계 응시가능)	건양대 **경상국립대** 가톨릭관동대 을지대 이화여대(인문) **순천향대**	원광대(인문) 국립강릉원주대	대전대 **동신대** 경희대(인문) **세명대** **우석대** 원광대(인문) 동국대 경주(유형2) 상지대(B형)
	수학 미/기 선택 시 가산점 존재	**경상국립대** 10% **순천향대** 10%		**동신대** 5% **세명대** 5% **우석대** 10%
	확률과 통계 필수			대구한의대(인문) 동의대(확률과 통계)
탐구선택	사탐/과탐 응시 가능	**가톨릭관동대** 이화여대(인문) **순천향대**	원광대(인문) 국립강릉원주대	대전대 동신대 경희대(인문) 동의대(미적분/기하) 동의대(확률과 통계) **세명대** 우석대 원광대(인문) 동국대 경주(유형 2) 상지대(B형)
	과탐 응시하였을 때 가산점 존재	**가톨릭관동대** 과탐2개 선택 시 평균의 5% **순천향대** 과목당 10%		**세명대** 과탐2개 선택 시 평균의 5%
	과탐II 응시시 가산점	경상국립대 1개라도 응시시 10% 가톨릭관동대 화II 또는 생II 응시시 평균에 7% 단국대(천안) 5% 동국대(경주) 과목당 5% 한양대 과목당 3%		
	사탐응시 필수			대구한의대(인문)
	탐구 상위 1과목 반영	조선대 과학 1과목 대가대 과학 1과목	조선대 과학 1과목	동신대 사/과 1과목
기타				가천대 수학, 과학 우수한 순서로 5%, 3% 가산

구분	기타 특이 사항 정리
모집군 변경	아주대 의예과, 경북대 치의예과(가군에서 나군으로 변경) 부산대 한의예과(나군에서 가군으로 변경)
수능 활용점수 변경	동국대 경주 의예과, 한의예과(표준점수에서 백분위 활용으로 변경)
반영비율변경	동국대 경주 의예과, 한의예과 가톨릭대 의예과 성균관대 의예과
학교장 추천	서울대 지역균형은 학교장 추천 전형이다.

정시는 무조건 수능 고득점이 관건이다. 매년 사설 학원에서 분석한 정시 배치표를 종합해보면 메이저 의과대학은 상위 0.1~0.2%에서 합격선이 형성되고 지방 의과대학까지 포함하면 상위 2% 이내에는 들어야 한다. 서울대 의대 같은 경우는 백분위 99% 선이고, 전체 문항 중에서 1개 안팎으로 거의 틀리는 문제가 없어야 한다. 의예과의 경우 백분위 90%~99%에서 합격권이 형성되어 있다. 치의예과와 한의예과는 88%~94%가 합격권이며 대학 레벨에 따라 다르지만 보통 한의예과는 치의예과보다 합격권이 낮다.

지역인재전형

※ 입학에서 졸업(졸업예정자 포함)까지 고등학교에서 전 교육과정을 '○○○ 소재 고등학교'에서 이수한 자

최초 입학일로부터 졸업일까지 ○○○ 소재 고등학교에서 전 교육과정을 이수해야 함

단 1일이라도 ○○○ 이외 지역의 고등학교를 재학한 경우 지원자격 미달

부모가 ○○○ 지역에 거주하지 않아도 됨. 단, 전북대는 예외적으로 부, 모, 학생 모두 전북 지역에 거주

수시모집에서 언급하였듯이 2023학년도의 최대 이슈는 지역 학생 선발 비율 의무화이다. 필히 모집인원의 변화를 모집요강으로 확인하길 바란다.

모집인원이 많지 않다면, 입시결과가 일반전형보다 높게 나올 수도 있지만, 일반적으로 지역인재전형은 일반전형과 비교해서 경쟁률이나 합격 커트라인이 조금은 낮게 형성되는 경향을 알 수 있다. 지역 대학의 지역인재전형을 활용해 보자.

지방 대학에서는 지역 출신의 학생을 선발하기를 선호한다. 지방 의과대학에 진학하였다가 인턴을 자신의 고향 인근 지역에서 하거나 과정을 다 마친 후 개업을 자신의 고향에서 하는 경우가 많다고 한다. 지역의 인재의 유출을 막고 지역의 학생이 지역의 의료발전을 위해 지역에 남아서 활동하였으면 하는 바람이 있다.

(정시 지역인재) 대학별 의예과 전형 정리

부산, 울산, 경남 소재 고등학교

대학명	모집시기	인원	활용점수	총점	전형방법 국어/수학/영어/탐구	한국사	미/기필수	탐구유형	특이/변동 사항
경상국립대	가	20	표	1000	250/300/200/250 (25%)/(30%)/(20%)/(25%)		△	과2	수학(미적/기하)10% 가산 과탐Ⅰ,Ⅱ 2과목 10% 가산 과탐 2개 평균인지 모집요강 확인
동아대	가	10	표	800	25%/25%/25%/12.5%+12.5%	가점1	○	과2	
부산대	나	20	표	1000	200/300/200/300	가점10	○	과2 백분위 변표점	2023신설
고신대	다	13	표	1000	20%/30%/30%/20%		○	과2평	인원변경(10→13) 과탐 동일과목Ⅰ+Ⅱ불가

호남권(광주, 전남, 전북) 소재 고등학교

대학명	모집시기	인원	활용점수	총점	전형방법 국어/수학/영어/탐구	한국사	미/기필수	탐구유형	특이/변동 사항
전남대	가	13	표	1000	30%/40%/200/15%+15% (240)/(320)/200/(120+120)	가점10	○	과2 변표점	
전북대	가	29	표	500	×0.75/×1/가점(30)/×1.5 (30%)/(40%)/가점(30)/(30%)	가점5	○	과2평 백분위 변표점	
조선대	가	26 (+4)	백	800	×2/×2.8/(200)/×1.2 (200)/(280)/(200)/(120)	가점10	○	과1	인원변경(22→26)

충청권(대전, 충남, 충북, 세종) 소재 고등학교

대학명	모집시기	인원	활용점수	총점	전형방법 국어/수학/영어/탐구	한국사	미/기필수	탐구유형	특이/변동 사항
충남대	가	26	표	300	25%/45%/감점/15%+15% (75)/(135)/감점/(45+45)	감점	○	과2 백분위 변표점	
충북대	나	12	표	1000	20%/30%/20%/30%		○	과2	

제주특별자치도 소재 고등학교

대학명	모집시기	인원	활용점수	총점	전형방법 국어/수학/영어/탐구	한국사	미/기필수	탐구유형	특이/변동 사항
제주대	다	6 (-1)	백	1000	20%/30%/20%/30%	가점10	○	과2평	인원변경(7→6)

(정시 지역인재) 대학별 **치의예과** 전형 정리

호남권(광주, 전남, 전북) 소재 고등학교

대학명	모집 시기	인원	활용 점수	총점	전형방법 국어/수학/영어/탐구	한국사	미/기 필수	탐구 유형	특이/변동 사항
전남대 (학석사)	가	8	표	1000	30%/40%/200/15%+15% (240)/(320)/(200)/(120+120)	가점10	○	과2 변환표점	
전북대	가	5	표	500	×0.75/×1/가점(30)/×1.5 (30%)/(40%)/가점(30)/(30%)	가점5	○	과2평 백분위 변표점	
조선대	가	17 (+9)	백	800	×2/×2.8/(200)/×1.2 (200)/(280)/(200)/(120)	가점10	○	과1	인원변경(8→17)

(정시 지역인재) 대학별 **한의예과** 전형 정리

충청권(대전, 충남, 충북, 세종) 소재 고등학교

대학명	모집 시기	인원	활용 점수	총점	전형방법 국어/수학/영어/탐구	한국사	미/기 필수	탐구 유형	특이/변동 사항
대전대	가	8	백	1000	×2.7/×2.8/×2/×2.5	가점5	×	사/과 2평	

기회균형전형(정원 외)

수시모집 Part 3. 지원자격에 따른 전략에서 다룬 지원자격 세부 사항을 참고하라.

경희대, 아주대, 서울대, 연세대 농어촌전형은 다른 학교 수시전형과 마찬가지로 6년 과정 이수자, 12년 과정 이수자가 지원가능하다.

서울대학교 기회균형II 전형은 기초생활수급자, 차상위 복지급여 대상자, 한부모가족 지원대상자가 지원가능하며, 연세대학교 연세한마음전형은 기초수급 대상자만 지원자격에 해당된다.

서울대 북한이탈주민은 최근 9년 이내 입국한 북한이탈주민으로서 고등학교 졸업자가 지원가능하다.

그 외 특수교육대상자 지원자격도 앞서 수시모집에서 다룬 내용과 같다.

일반적으로 농어촌전형이라는 자체는 복불복 성격이 강하다. 모집인원이 적기 때문에 낮은 성적으로 합격할 수 있고 높은 성적을 받고도 잘못 지원하면 불합격할 수도 있다.

의학계열 농어촌전형의 성적은 일반전형 커트라인과 크게 차이가 나지 않는 것이 사실이다. 정시 농어촌전형은 일반적으로는 배치기준표상 일반전형 커트라인보다 낮게 배치된다고 생각하고 접근하기는 하지만, 적은 인원을 모집하는 곳에 우수한 학생이 지원할 수 있다는 점을 생각하면 결과를 예측할 수는 없다. 가군, 나군, 다군 지원 전략을 잘 세우고 마지막까지 경쟁률을 살핀다면 승산이 있다.

기초생활수급자, 차상위계층, 한부모가족 지원대상자 및 특수교육 등 정원 외 전형은 농어촌전형보다 더 커트라인이 낮을 가능성도 있다. 역시 결과는 예측할 수 없으므로 전략을 잘 세워 보자.

대학명	모집시기	인원	활용점수	총점	전형방법 국어/수학/영어/탐구	한국사	미/기필수	탐구유형	특이/변동 사항
경희대 농어촌	나	1	표백	800	20%/35%/15%/30%	감점	○	과2 백분위 변표점	한국사 반영 방식 변경으로 20:35:15:25에서 변경
서울대 기회균형 II (저소득)	나	2 (+1)	표		×1/×1.2/감점/×0.8 (100)/(120)/(감점)/(80) 인적성면접(P/F)	감점	○	과2	인원변경(1→2) 수능최저적용(국/수/영/과 중 3합 7) 과탐 서로 다른 분야의 I+II, II+II 조합 필수
서울대 기회균형 III (특,북)	나	2	서류60+면접40 모집인원은 특수교육대상자의 모집단위(대학)별 상한 인원이며, 총 18명 이내에서 최종 선발함. 북한이탈민은 별도로 정해진 모집인원이 없음						서류평가 학생부종합전형 준비
아주대 농어촌	나	1	표	1000	수능95+인성면접5 200/400/100/300	감점	○	과2 백분위 변환점	모집군 변경(가→나)
연세대 연세 한마음 (기)	가	1	표	1000	1단계(일정배):수능100 2단계:수능910+제시문, 인적성 면접100 200/300/100/300	가점10	○	과2 백분위 변환점	과탐 동일과목 I+II불가
연세대 농어촌		1							
연세대 특수교육		0							

대학명	모집시기	인원	활용점수	총점	전형방법 국어/수학/영어/탐구	한국사	미/기필수	탐구유형	특이/변동 사항
연세대 연세 한마음 (기)	가	1	표	1000	1단계(일정배):수능100 2단계:수능910+제시문, 인적성 면접100 200/300/100/300	가점10	○	과2 백분위 변환점	과탐 동일과목 I+II불가
연세대 농어촌		1							
연세대 특수교육		0							

PART

2

정시모집 지원 전략

- 수능 반영 비율을 따져 보라
- 정시모집 영어 등급별 반영 점수
- 정시모집 한국사 등급별 반영 점수
- 수학 영역 가중치가 높은 대학
- 서울대 정시모집 2단계 교과평가 도입
- 수능 탐구 과목 선택에 신경 쓰라
- 2022 수능 국어, 수학 특징(조정점수)
- 추가모집
- 정시모집만 기다리지 말고 수시모집도 활용하라

수능 반영 비율을 따져 보라

모집요강에 수능 성적 영역별 가중치 및 가산점을 꼼꼼히 살펴보고 조금이라도 환산점수가 자신에게 유리한 대학을 잘 선택하기를 바란다.

〈2022학년도 대학수학능력시험 성적통지표(예시)〉

수험번호	성명		생년월일	성별	출신고교(반 또는 졸업년도)		
영역	한국사	국어	수학	영어	탐구		제2외국어/한문
선택과목		화법과 작문	미적분		생명과학Ⅰ	지구과학Ⅰ	독일어
표준점수		129	136		67	69	
백분위		96	97		96	97	
등급	1	1	1	1	1	1	1

• **표준점수**: 자신의 원점수가 평균으로부터 얼마나 떨어져 있는지 알 수 있는 점수

> **– 국어, 수학, 영어 영역의 표준점수 산출:** 평균 100, 표준편차 20
> 표준점수={20×(원점수−평균)+100}÷표준편차
>
> **– 사회/과학탐구 영역의 표준점수 산출:** 평균 50, 표준편차 10
> 표준점수={10×(원점수−평균)+50}÷표준편차

국어의 난이도가 높은 추세로 출제되고 있다. 국어 만점의 표준점수가 수학 만점의 표준점수보다 높은 경우도 많다. 표준점수는 학생의 상대적인 위치를 보여 주는 점수이다. 시험 난이도가 높아지면 고득점한 학생의 표준점수는 더욱 높게 받을 수 있다. 따라서 국어에서 고득점을 받으면 상대적으로 유리할 수 있는 현상이 계속되고 있는 것이다. 반대로 난이도가 낮으면 만점을 받아도 표준점수가 낮을 수도 있다. 올해 수능 난이도가 어떻게 될지 아무도 모른다. 하지만 국어의 중요성이 부각된 것은 사실이다. 독해력을 높이기 위하여 1학년 때부터 꾸준한 독서를 하는 것은 무엇보다도 중요하다.

• **백분위**: 자신보다 표준점수가 낮은 수험생 집단의 비율을 %로 나타낸 점수

표준점수와 백분위는 모두 소수점 첫째 자리에서 반올림해서 정수로 나타낸다.

• 대학별 점수산출 예시

• 가톨릭대

약학과·의예과·간호학과(자연) 지원자

〈2022학년도 대학수학능력시험 성적통지표의 적용 예시〉

구분	한국사 영역	국어영역	수학영역	영어영역	탐구영역	
		화법과 작문	기하		화학 I	생명과학 II
표준점수		137	128		62	65
백분위		99	96		93	98
등급	3	1	1	2	2	1
환산점수	10 [6]	41.1 [1]	51.2 [2]	9.5 [5]	63.88 [3]	66.5 [3]
					39.114 [4]	
최종 점수	676.570 [7]					

1) 국어영역 = **지원자의 표준점수** $\times$ 0.3
2) 수학영역 = **지원자의 표준점수** $\times$ 0.4
3) 탐구영역 = **지원자의 백분위에 해당하는 변환표준점수**("변환표준점수 산출표" 활용)
   ※ "변환표준점수 산출표"는 대학수학능력시험 성적 발표 후 입학 홈페이지에 공지 예정
4) 탐구영역 = **지원자의 백분위에 해당하는 변환표준점수 합** $\times$ 0.3
5) 영어영역 = **영어영역 2등급 가산점 9.5점 부여**함
6) 한국사영역 = 의예과, 간호학과(자연) 한국사 1~5등급은 가산점 10점 부여함
7) 최종 점수 = 영역별 환산점수의 합(국어 + 수학 + 탐구) $\times$ 5 + 가산점(영어) + 가산점(한국사)
   ※ 최종 점수 산출 시에는 소수점 넷째 자리에서 반올림함

• 동국대(경주)

영역	국어	수학(미적분)	영어	과학탐구		한국사
				물리 I	생명과학 II	
표준점수	113	121	–	61	65	–
등급	4	2	3	3	1	4

다군 간호학과 지원자의 예 (수학(미적분), 과학탐구 가중치 부여), **의예과, 한의예과 동일**
- 국어영역 환산점수 : (113÷200)×1,000×0.25=141.25
- 수학영역 환산점수 : (121×1.1(가중치 10%))÷200×1,000×0.3=199.65
- 영어영역 환산점수 : (90÷200)×1,000×0.2=90
- 탐구영역 환산점수 : [(64+65)×1.05(가중치 5%)÷200]×1,000×0.25=157.5
- 한국사 환산점수 : 4등급 = 9
- **총 환산점수** : 141.25 + 199.65 + 90 + 157.5 + 9 = **597.4**

• 경상국립대

정시㉮군 일반전형 수의예과에 지원한 "김개척"군의 수능 성적통지표가 다음과 같을 경우

구분 / 영역	한국사	국어	수학	영어	탐구	
선택과목		언어와 매체	미적분		물리학I	화학II
본인 취득 표준점수		116	123		63	68
등급	4	3	2	3	2	1
전국 최고 표준점수		144	137		64	70

※ 영역별 성적산출
– 국어영역: 250 × (116/144) = 201.38888
– 수학영역: 300 × (123/137) = 269.34306   *미적분(기하) 가산점(10%) : 26.93430
– 영어영역: 3등급 = 192
– 탐구영역: 250 × {[(63/64)+(68/70)]/2} = 244.47544   *과탐 I·II 가산점(10%) : 24.44754

※ 전체 산출점수
201.38888 + 269.34306 + 192 + 244.47544 + (26.93430 + 24.44754) = 958.58922점

＊최종점수 = 958.59

　환산점수의 만점 점수를 정해 두고 있는 대학 중에서 가산점으로 인해 총점을 초과하였을 때 점수를 인정하는 대학이 대다수이나, 총점을 초과하는 점수를 인정하지 않아서 총점 초과 시 만점 점수만 인정하는 대학(대전대, 동국대 경주, 부산대 등)도 있다.

정시모집 영어 등급별 반영 점수

영어 등급을 이용하여 점수를 부여하는 방식은 3가지다.
① 가산점 부여 방식, ② 감점 방식, ③ 수능 합산성적의 % 반영 방식
대학에서는 전체 성적에 합산하는 ③ 수능 합산성적의 % 반영 방식을 주로 활용한다.

최상위권 학생이 지원하는 의학계열의 입시결과를 보면 절대평가인 영어의 성적은 대다수가 1등급이다. 또한 1등급과 2등급의 급간점수가 5점 정도면 사실 합격이 어렵다고 보는 대학이 많다. 당연한 결과로 급간점수가 큰 대학의 영어 교과 입시 결과는 1등급인 경우가 100%이다. **그러나 등급별 환산 점수표를 보면 급간의 격차가 크지 않은 대학도 있으므로 영어에서 낮은 등급을 받게 된다면, 급간 차이가 크지 않는 대학을 활용하면 된다.**

절대평가이지만, 영어 공부를 소홀히 해서는 안 된다. 이 또한 트렌드가 바뀐다. 2021년 기사에서 "수능 영어 만만하게 봤다가 합격, 불합격이 뒤바뀐다."라는 기사가 나왔다. 그 말이 나오고 바로 2021년 6월 모의평가 영어 영역의 1등급 수가 전국적으로 줄었다. 2021학년도 6월, 9월 모의평가는 작년 수능보다 어렵다는 평을 받고 있다.

영어 등급별 반영 점수표										
	1등급	2등급	3등급	4등급	5등급	6등급	7등급	8등급	9등급	비고
가천대	98	95	92	86	80	60	50	40	30	
가톨릭관동대	200	192.5	185	177.5	170	162.5	155	147.5	140	
가톨릭대	20	19.5	18	16	14	12	10	8	6	가산점
국립강릉원주대	100	95	90	85	77.5	70	62.5	55	40	
강원대	100	97	94	84	81	78	75	72	40	
건국대(글로컬)	95	90	85	80	75	40	30	20	0	
건양대	100	98	96	94	92	90	88	86	84	
경북대	100	97	92	87	82	77	72	67	62	
경상국립대	200	196	192	188	184	180	176	172	168	
경희대	200	196	188	160	120	80	46	22	0	
계명대	100	95	90	85	80	75	70	65	60	
고려대	0	3	6	9	12	15	18	21	24	감점
고신대	135	133	129	123	115	109	105	103	100	
단국대(천안)	100	80	70	40	30	20	15	5	0	
대구가톨릭대	200	180	160	140	120	100	80	60	40	
대구한의대	100	98	96	94	92	90	88	86	84	
대전대	100	90	80	70	60	45	30	15	0	
동국대(경주)	100	95	90	85	80	75	70	65	60	
동신대	100	90	80	70	60	50	40	30	20	
동아대	200	198	195	192	187	182	172	162	152	
동의대	139	131	123	115	107	99	91	83	75	
부산대	200	198	195	190	185	180	175	170	165	
상지대	100	90	75	60	55	50	35	20	10	
서울대	0	0.5	2	4	6	8	10	12	14	감점
성균관대	100	97	92	86	75	64	58	53	50	가산점
세명대	10	9	8	7	6	5	4	3	2	
순천향대	96	92	85	73	56	36	19	7	0	
아주대	100	96	92	84	60	40	20	10	0	
아주대약학과	150	144	138	126	90	60	30	15	0	
연세대	100	95	87.5	75	60	40	25	12.5	5	
연세대(미래)	100	95	87.5	75	60	40	25	12.5	5	
영남대	100	95	90	85	80	75	70	65	60	
우석대	100	95	90	85	80	75	70	65	60	
울산대	100	98	96	93	90	85	80	70	60	
원광대	100	95	90	80	70	60	55	50	45	
을지대	100	95	90	80	70	60	50	30	10	
이화여대	100	98	94	88	84	80	76	72	68	
인제대	135	130	123	114	103	94	87	82	79	
인하대	200	198	194	185	170	150	120	80	0	
전남대	200	190	180	170	160	150	140	130	0	
전북대	30	27	24	18	12	9	6	3	0	가산점
제주대	100	95	90	85	80	70	60	50	30	
조선대	200	195	190	185	180	175	170	165	0	
중앙대	100	98	95	92	86	75	64	58	50	가산점
충남대	0	2	5	8	11	14	18	22	26	감점
충북대	10	9.5	9	8.5	8	7	6	4	0	
한림대	100	95	88	76	59	39	22	10	0	
한양대	100	98	94	88	80	70	58	44	28	

정시모집 한국사 등급별 반영 점수

한국사 등급을 이용하여 점수를 부여하는 방식은 4가지다.

❶ 가산점 부여 방식
❷ 감점 방식
❸ 수능 합산성적의 % 반영 방식
❹ 미반영

대학에서는 ❶ 가산점 부여 방식을 주로 활용하며 한국사를 ❹ 미반영 하는 대학도 많다.

4~5등급까지 만점을 주는 대학은 한국사 과목에 대한 부담이 적다. 한국사를 반영하는 많은 대학이 이런 기준을 두고 있다.

(　　　　)으로 표시한 경희대 인문, 단국대(천안), 동국대(경주), 연세대(미래), 이화여대 인문, 조선대는 3등급까지 만점을 받는다.

(　　　　)으로 표시한 강원대, 계명대, 상지대, 영남대, 우석대 같은 경우 3등급부터 차등을 두거나, 모든 등급에서 차등을 두고 있어 한국사에서 1~2등급을 받으면 좋은 대학이다.

특히 (　　　　)으로 표시한 동신대 같은 경우 등급 간의 격차가 크기 때문에 무조건 높은 등급을 받는 것이 유리하다. 또한 수능 합산성적 방식으로 10%나 되는 한국사 반영 비율을 두고 있으니 한의예과를 지망하는 학생이라면, 한국사에서 1등급을 받는 학생이 유리할 수 있다는 점을 명심하자.

국립강릉원주대, 경희대, 인하대는 수능 합산성적의 5%를 반영한다. 한국사에서 감점되지 않도록 유의하자.

한국사 등급별 반영 점수표

	1등급	2등급	3등급	4등급	5등급	6등급	7등급	8등급	9등급	비고
가천대	미반영									
가톨릭관동대	10	10	10	10	9.6	9.2	8.8	8.4	8	가산점
가톨릭대	10	10	10	10	9	9	8	8	8	가산점
국립강릉원주대	100	100	100	100	100	90	80	70	60	5%반영
강원대	1.5	+1.0	+0.5	0	−0.5	−1	−1.5	−2	−2.5	**가감점**
건국대(글로컬)	미반영									
건양대	미반영									
경북대	10	10	10	10	9.8	9.6	9.4	9.2	9	가산점
경상국립대	미반영									
경희대	0	0	0	0	−5	−10	−15	−20	−25	감점
계명대	5	5	4.5	4.5	4	4	3.5	3.5	3	가산점
고려대	10	10	10	10	9.8	9.6	9.4	9.2	8	가산점
고신대	미반영									
단국대(천안)	5	5	5	4	4	3	2	1	0	가산점
대구가톨릭대	5	5	4	4	3	3	2	1	0	가산점
대구한의대	10	10	9	9	8	8	7	6	5	가산점
대전대	5	5	5	5	4	3	2	1	0	가산점
동국대(경주)	10	10	10	9	9	9	9	9	9	가산점
동신대	100	90	80	70	60	50	40	30	20	10%반영
동아대	1	1	1	1	1	0.9	0.8	0.7	0.6	가산점
동의대	미반영									
부산대	10	10	10	10	9.8	9.6	9.4	9.2	9	가산점
상지대	3	2	1	0	0	0	0	0	0	가산점
서울대	0	0	0	0.4	0.8	1.2	1.6	2	2.4	감점
성균관대	10	10	10	10	9	8	7	6	5	가산점
세명대	미반영									
순천향대	미반영									
아주대	0	0	0	0	5	10	20	30	40	감점
연세대	10	10	10	10	9.8	9.6	9.4	9.2	9	가산점
연세대(미래)	10	10	10	9.5	9	8.5	8	7.5	7	가산점
영남대	10	9.8	9.6	9.4	9.2	9	8.8	8.6	8.4	가산점
우석대	5	5	4	4	3	3	3	2	1	가산점
울산대	10	10	10	10	9	8	7	6	5	1%반영
원광대	5	5	5	5	5	4	3	2	1	가산점
을지대	5	5	5	5	4	3	2	1	0	가산점
이화여대	10	10	10	10	9.8	9.6	9.4	9.2	8.5	가산점
이화여대인문	10	10	10	9.8	9.6	9.4	9.2	9	8.5	가산점
인제대	미반영									
인하대	50	50	50	50	50	45	45	40	40	5%반영
전남대	10	10	10	10	10	9	8	7	0	가산점
전북대	5	5	5	5	5	4	3	2	1	가산점
제주대	10	10	10	10	9.8	9.6	9.4	9.2	9	가산점
조선대	10	10	10	9	9	9	8	8	8	가산점
중앙대	10	10	10	10	9.6	9.2	8.8	8.4	8	가산점
충남대	0	0	0	1	1	1	2	2	2	감점
충북대	미반영									
한림대	미반영									
한양대	0	0	0	0	0.1	0.2	0.3	0.4	0.5	감점

수학 영역 가중치가 높은 대학

수학 영역 %		대학명(괄호 안은 과학 영역 %)
45%	의예(1개)	충남대(30)
40%	의예(8개)	중앙대(35), 가톨릭대(30), 전남대(30), 전북대(30), 아주대(30), 한림대(30), 단국대(천안)(25), 대구가톨릭대(20), 순천향대(수학30%이지만 미/기10%가산, 탐구20%이지만 과학10%가산)
	치의예(3개)	전남대(30), 전북대(30), 단국대(천안)(25)
	한의예(1개)	상지대(20)
35%	의예(5개)	한양대(35), 영남대(30), 경희대(25), 동국대(경주)(20), 조선대(15)
	치의예(2개)	경희대(30), 조선대(15)
	한의예(2개)	경희대(25), 동국대(경주)(20)

많은 대학에서 수학 영역의 가중치는 30%를 두고 있다. 그리고 수학 영역의 가중치가 25%인 대학은 국어, 영어, 탐구도 모두 25%로 다른 영역이 수학의 가중치보다 높은 경우는 거의 없다. 수학은 정시에서도 중요한 과목이다.

수학에서 다른 과목에 비해 우수한 성적을 받았다면, 수학에 가중치가 높은 대학 지원을 고려하고 그렇지 않으면 가중치가 25%에 가까운 대학 지원을 고려해 봐야 할 것이다.

수학 영역의 가중치가 45%인 충남대를 살펴보자. 총점 300점 만점에 국어 25%, 수학 45%, 탐구를 30% 반영하고 영어 점수는 총점에서 감점의 방식으로 계산한다. 영어는 1등급을 받았다고 생각하고 영어의 비중을 수학이 다 가져왔다고 생각해도 된다. 더군다나 영어는 2등급을 받으면 2점 감점이므로 약간의 여유가 있다. 수학을 상대적으로 잘 쳤다면 고려해 보라.

수학 영역의 가중치가 40%인 중앙대도 수학의 가중치가 두드러진다. 총점 1,000점 만점에 국어 25%, 수학 40%, 탐구를 35% 반영하고 영어 점수는 100점 가산되는 형태이다. 역시 환산하면 수학의 점수가 높을수록 유리하다.

수학 영역의 가중치가 높은 대학은 주로 탐구 영역의 가중치도 국어, 영어보다 높다.

수학 영역 %	과학 영역 %	대학명
35%	35%	성균관대, 한양대
30%	30%	강원대, 건양대, 울산대, 가톨릭관동대, 건국대(글로컬), 부산대, 연세대(미래), 을지대, 충북대, 부산대, 우석대, 제주대

앞서 수학 영역 가중치가 높은 대학은 과학탐구 영역의 가중치도 거의 같이 높다고 하였듯이, 수학과 과학의 합산 가중치가 높은 대학(수학 35%+과학 35%, 수학 30%+과학 30%)을 위와 같이 정리하였다. 의학계열에서 수학, 과학은 중요한 과목이다.

그 밖에

국어 영역 가중치가 제일 높은 이화여대(인문) 의예과
국어 30% / 수학 25% / 영어 20% / 탐구 25%

과학 영역 가중치가 제일 높은 국립강릉원주대 치의예과
국어 20% / 수학 25% / 영어 20% / **과탐 30%**

참고로 대다수 대학의 동점자 처리 우선순위 1순위가 수학 성적이다.

서울대 정시모집 2단계 교과평가 도입

  2015 개정 교육과정 시행과 맞물려 서울대학교 2022학년도 정시모집 일반전형에 학생이 학교에서 나타낸 교과이수 충실도를 반영하는 '교과이수 가산점'을 도입하였고, 이를 본격적인 평가요소로 활용하기 위하여 2023학년도부터 교과평가를 실시한다.

  교과평가는 학교생활기록부의 교과학습발달상황(① 교과 이수 현황, ② 교과 학업성적, ③ 세부능력 및 특기 사항)만 반영하여 모집단위 관련 학문 분야에 필요한 교과이수 및 학업수행의 충실도를 평가한다.

  평가자료: 학교생활기록부, 교육과정 편성표, 학교생활기록부 미보유자 대체서류(대교협 양식)

• 평가항목

❶ 과목 이수 내용

평가내용	교과학습발달상황 영역
• 교과(목)별 위계에 따른 선택과목 이수 내용 • 진로·적성에 따른 선택과목 이수 내용 [예시] 공과대학 평가 : 수학, 과학 교과 이수 현황 등을 고려하여 평가 [예시] 경제학부 평가 : 수학, 사회 교과 이수 현황 등을 고려하여 평가	교과(목) 이수 현황

❷ 교과 성취도

평가내용	교과학습발달상황 영역
• 기초 교과 영역 및 모집단위 관련 교과 성취도의 우수성을 평가함 • 과목 수준, 수강자 수, 원점수, 평균(표준편차), 성취도별 분포비율 등을 고려함	교과(목) 학업성적

❸ 교과 학업 수행 내용

평가내용	교과학습발달상황 영역
• 교과(목)별 수업 활동에서 나타나는 학업수행의 충실도를 평가함	세부능력 및 특기 사항

• 평가기준(절대평가)

등급	기준
A	• 모집단위 학문 분야 관련 교과(목)을 적극적으로 선택하여 이수하고 전 교과 성취도가 우수하며 교과별 수업에서 주도적 학업태도가 나타남 A 등급 평가 사례(공과대학 지원자) • 모집단위 관련 진로선택과목 2과목 이상 선택하여 이수(물리학II, 화학II, 기하 등)하면서 • 기초 교과 영역(국어, 수학, 영어 등) 및 모집단위 관련 교과목 성적이 1~2등급, 성취도 A 수준이고 • 이수한 각 교과 수업에 충실히 참여한 내용이 나타난 경우
B	• 대학 학업 수행에 필요한 일반적인 수준의 교과 성취도 및 교과 이수 내용, 학업 수행 능력이 나타남
C	• 교과 성취도 및 교과 이수 내용이 미흡하여 충실히 고교 생활을 하지 않은 것으로 판단할 만한 경우

【지역균형전형 교과평가】

❶ 평가 등급: A(10점) 〉 B(6점) 〉 C(0점)

❷ 2명의 평가자가 독립적으로 평가하여 등급을 부여하고 아래 조합에 따라 점수를 부여함

❸ 교과평가 점수 = 2인 평가 등급 조합 + 30점

등급 조합 예시	A·A	A·B	B·B	B·C	C·C
배점	10	8	6	3	0

【일반전형 교과평가】

❶ 평가 등급: A(5점) 〉 B(3점) 〉 C(0점)

❷ 2명의 평가자가 독립적으로 평가하여 등급을 부여하고 아래 조합에 따라 점수를 부여함

❸ 교과평가 점수 = 2인 평가 등급 조합 + 15점

등급 조합 예시	A·A	A·B	B·B	B·C	C·C
배점	5	4	3	1.5	0

수능 탐구 과목 선택에 신경 쓰라

표준점수를 반영하는 대학은 수능 탐구과목 선택을 고민해 보자.

"수능 만점자 정시 탈락, 쉬운 과탐 과목 선택 때문"이라는 『중앙일보』 2015년 1월 14일 기사를 보면 2015학년도 수능에서는 지구과학Ⅰ·물리Ⅱ 등을 응시한 학생의 변환표준점수(시험의 난이도에 따르는 점수)가 불리했다.

해당 과목의 전체 응시생 중 수험생의 위치를 나타내는 백분위 점수는, 모든 문제를 맞힌 학생은 99점 이다. 하지만 표준점수는 어떤 과목을 선택했는지에 따라 만점자라도 점수 차이가 난다.

2020년 수능에서는 지구과학Ⅰ·물리Ⅱ가 어려워 수험생에게는 가장 유리한 과목이었다. 5년 만에 상황 이 반대로 된 것이다. 문제가 계속 쉽다고 이의를 제기하면 문제 난이도를 올리려고 생각해 보는 것이 당 연하고 문제가 어렵다고 이의를 제기하면 문제 난이도를 내리려고 생각해 보는 것이 당연하다.

그동안 학생들이 좋은 성적을 받기 위해 선호하던 생명과학Ⅰ의 문제 유형이 2021 수능에서 바뀌었다. 그동안 일반적인 문제가 평이하고, 유전 파트를 빠르게 해결할 수 있어 고득점을 할 수 있었던 문제 유 형에서 기초부터 탄탄하게 공부해 둔 학생이 고득점을 하게 되는 구조로 바뀌었다.

2021학년도 현재 학생들은 물리Ⅰ을 꽤 많이 선택하고 있는 것으로 보인다. 전반적으로 쉬운 문제가 출제되고 있는 추세이다. 킬러문항이라고 불리는 어려운 문제는 역학 단원에서 주로 출제되고 있다. 학 생들은 화학Ⅰ을 상대적으로 어려워하고 지구과학Ⅰ은 예전보다 등급을 받기 어려워졌다고 생각하는 학 생들이 많다.

과탐Ⅱ 과목이 표준점수가 높은 편이기에 하나는 Ⅰ, 하나는 Ⅱ 과목을 선택하기도 한다. 서울대를 생각 하면 Ⅱ 과목을 하나 선택해야 한다.

대체로 표준점수가 높았던 과목, 낮았던 과목은 있다. 그런데 수능에서는 예측할 수 없다. 어느 과목을 선택하든지 자신이 제일 점수를 잘 받을 수 있는 과목을 선택하는 것이 맞겠지만, 전략적으로 높은 등 급, 전략적으로 높은 표준점수를 받을 수 있도록 고민해야겠다. 이럴 바에야 소신 있게 자신 있는 과목 을 선택하자는 학생들도 많아지고 있다.

의학계열에서 사회탐구를 반영할 수 있는 대학에서는 수능 점수에서 적어도 탐구 성적만큼은 백분위 를 반영하고 있다. 백분위는 높은 성적을 받을 수 있도록 최선을 다하면 된다. 참고로 원광대학교는 전형 중에 사탐/과탐 표준점수 반영이 있다. 이 경우에는 사탐/과탐 전체과목 중에서 표준점수가 높은 2과목 이 유리할 수 있겠다.

2022 수능 국어, 수학 특징(조정점수)

공통+선택 성적 처리방식에 대한 약간의 이해는 필요하며 어떤 과목을 선택할지에 대해 고민해 보자. 아래는 한국교육과정평가원 '2022학년도 대학수학능력시험 예시 문항 안내'에 있는 국어, 수학 영역 점수산출 방식이다. 수학을 공부한 사람이 아니면 이해가 어려울 수 있다. 적어도 밑줄을 그은 부분과 필자가 해석한 부분이라도 이해하려고 해 보자.

2022학년도 수능의 국어, 수학 영역 점수 산출 방식

공통과목 점수를 활용하여 선택과목 점수를 조정한 후 영역 점수를 산출합니다. 공통과목 점수를 활용한 선택과목 점수 조정 방식은 검사 점수에 대한 통계적 조정 방법들 중에서 **'기준검사**(공통과목) **점수와 응시 집단 특성을 동시에 고려하는 방법'**에 해당합니다.

공통과목+선택과목 구조로 실시하는 국어, 수학 영역에서 공통과목 점수를 활용한 선택과목 점수 조정 방식을 도식화하여 설명하면 다음 그림과 같습니다.

〈공통과목 점수를 활용한 선택과목 점수 조정 방식〉

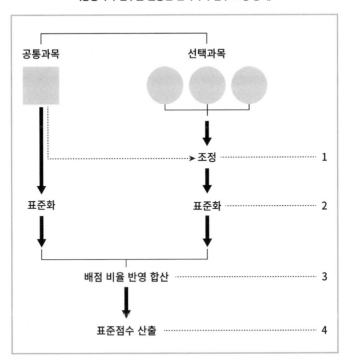

공통과목 점수를 활용한 선택과목 점수 조정 방식에 따라, 공통과목과 선택과목 원점수가 각각 점과 점인 수험생의 점수산출 과정을 순차적으로 예시하면 다음과 같습니다.

1 선택과목의 조정 원점수 산출

선택과목 집단별로 공통과목과 선택과목의 평균과 표준편차를 계산한 후, '선택과목 집단별 공통과목의 평균과 표준편차를 활용'하여 선택과목의 원점수를 조정한다(아래 〈조정 공식〉 참조).

〈공동과목 원점수 평균과 표준편차를 활용한 선택과목 원점수 조정 공식〉

$$X'_{2ij} = \frac{X_{2ij} - \overline{X_{2j}}}{S_{X_{2j}}} \times S_{X_{1j}} + \overline{X_{1j}}$$

- X'_{2ij} : j 선택과목 집단 i 수험생의 선택과목 조정 원점수
- X_{2ij} : j 선택과목 집단 i 수험생의 선택과목 원점수
- $\overline{X_{2j}}$: j 선택과목 집단의 선택과목 원점수 평균
- $S_{X_{2j}}$: j 선택과목 집단의 선택과목 원점수 표준편차
- $S_{X_{1j}}$: j 선택과목 집단의 공통과목 원점수 표준편차
- $\overline{X_{1j}}$: j 선택과목 집단의 공통과목 원점수 평균

〈예 1〉 선택과목을 응시한 수험생 집단의 공통과목 원점수 평균과 표준편차가 각각 과 이고, 선택과목 원점수 평균과 표준편차는 각각 와 이라면 〈조정 공식〉에 따라 산출되는 수험생의 선택과목 조정 원점수는 이다(편의상 소수점 이하 둘째 자리까지만 표기).

$$\frac{15 - 14.92}{4.60} \times 12.93 + 54.41 = 54.63$$

위의 조정 공식을 해석하면 다음과 같다.

$$조정점수 = \frac{\text{내 선택과목 점수} - \text{선택과목 평균}}{\text{선택과목 표준편차}} \times \frac{\text{선택과목 응시생의}}{\text{공통과목 표준편차}} = \frac{\text{선택과목 응시생의}}{\text{공통과목 평균}}$$

단순한 연산으로 생각해보면
더하는 것의 수치는 높아야 하고, 빼는 것의 수치는 낮아야 하며
곱하는 것의 수치는 높아야 하고, 빼는 것의 수치는 낮아야 한다.

따라서 가장 중요한 것은 내 선택과목의 점수가 높아야 함은 말한 것도 없다.
선택과목 집단의 **선택과목의 평균**(빼는 수치)과 표준편차(나누는 수치)는 낮아야 하며
선택과목 집단의 **공통과목 평균**(더하는 수치)과 표준편차(곱하는 수치)는 높아야 한다.

다시 말해 자신의 선택과목과 동일한 과목을 선택한 학생들이 공부를 잘해서 공통과목 평균 점수가 높아야 하고, 자신의 선택과목의 난이도가 높게 출제된 상태에서 자신의 성적은 높고, 평균은 낮으면 조정점수가 높게 나온다.

2 공통과목과 선택과목별 표준화 점수산출

'공통과목 원점수'와 '선택과목 조정 원점수'를 평균과 표준편차가 동일한 측정 단위로 표준화한다. 표준화 점수의 종류는 많지만, 평균과 표준편차가 각각 과 인 'Z점수'로 변환한다.

   ❶ 영역에 응시한 수험생 전체 집단의 공통과목 원점수 평균과 표준편차를 활용하여 <u>**'공통과목 표준화 점수'**</u>를 산출한다.

   ❷ 영역에 응시한 수험생 전체 집단의 선택과목 조정 원점수 평균과 표준편차를 활용하여 <u>**'선택과목 조정 표준화 점수'**</u>를 산출한다.

〈예 2〉 영역에 응시한 수험생 전체 집단의 공통과목 원점수 및 선택과목 조정 원점수 평균과 표준편차가 각각 와 이라면, Z점수 공식에 따라 산출되는 수험생의 공통과목 Z점수는 이고 선택과목 조정 Z점수는 이다(편의상 소수점 이하 둘째 자리까지만 표기).

$$\frac{(수험생의\ 원점수)\ -\ (집단의\ 원점수\ 평균)}{(집단의\ 원점수\ 표준편차)} = Z점수$$

$$\frac{60 - 40.92}{14.91} = 1.28$$

$$\frac{54.63 - 40.92}{14.91} = 0.92$$

3 배점 비율을 반영한 공통과목과 선택과목별 **표준화 점수의 가중합 산출**

'공통과목 표준화 점수'와 '선택과목 조정 표준화 점수'에 배점 비율대로 가중치를 주어 '표준화 점수 가중합'을 산출한다. **공통과목과 선택과목의 배점이 각각 점과 점이라면, 공통과목 표준화 점수에 , 선택과목 조정 표준화 점수에 을 곱하여 합산한다.**

〈예 3〉 수험생의 공통과목 Z점수 과 선택과목 조정 Z점수 에 각각 와 을 곱하여 합산하면, 수험생의 Z점수 가중합은 이다(편의상 소수점 이하 둘째 자리까지만 표기).

$$1.28 \times 0.74 \times 0.92 \times 0.26 = 1.19$$

공통과목에 가중치가 높다. 공통과목을 기본적으로 잘해야 한다.

---

4 표준화 점수 가중합을 변환한 **최종 표준점수 산출**

'표준화 점수 가중합'을 평균과 표준편차가 각각 100과 20인 표준점수로 변환한 후, 소수점 이하 첫째 자리에서 반올림한 정수를 최종 표준점수로 산출한다.

〈예 4〉 i 수험생의 Z점수 가중합 1.19에 20을 곱하고 100을 더하여 산출되는 123.72(편의상 소수점 이하 둘째 자리까지만 표기)를 소수점 이하 첫째 자리에서 반올림한 124가 i 수험생이 응시영역에서 취득하는 최종 표준점수이다.

(Z점수)×(영역 표준편차)+(영역 평균)=영역 표준점수

1.19 × 20 + 100 = 123.72 ⇒ 124

전술한 점수산출 방식이 갖는 특징은 다음과 같습니다.

❶ 현행 수학 영역의 가형(이과)과 나형(문과)처럼 선택과목 집단별로 성적을 산출하는 것과 달리, 이 방식에서는 영역에 응시한 수험생 전체를 대상으로 성적이 산출됩니다.

❷ 기존 1999~2004학년도 탐구 영역, 2005~2011학년도 수리 영역 가형에 적용하면서 검증된 방식이라고 볼 수 있습니다.

❸ 이 방식에서는 학습 내용이 어려우며 학습 분량이 많다고 여겨지는 선택과목을 응시한 수험생 집단의 공통과목 점수가 평균적으로 높은 경우, 이들의 선택과목 점수는 다른 선택과목을 응시한 수험생들에 비해 상향 조정될 수 있습니다.

❹ 이처럼 공통과목 점수를 활용한 선택과목 점수 조정은 학습 내용이 어려우며 학습 분량이 많다고 여겨지는 선택과목을 응시한 수험생들에게 일정 부분의 보상을 줄 가능성이 있기 때문에, 공부하기 수월하고 좋은 점수를 받기 쉽다고 여겨지는 선택과목으로의 쏠림 현상이나 선택과목 간 유불리 문제를 제한적이지만 완화할 수 있습니다.

❺ 두 수험생의 원점수 총점(공통과목 원점수 + 선택과목 원점수)이 동일한 경우,
두 수험생의 선택과목이 다르다면, 각 선택과목에 응시한 수험생 집단의 ① 공통과목 원점수 평균과 표준편차가 다르거나 ② 선택과목 원점수 평균과 표준편차가 다를 경우, 조정 과정을 거치면서 최종 표준점수가 다르게 산출될 수 있습니다.
두 수험생의 선택과목이 같다면, 조정 과정에서 공통과목과 선택과목의 배점 비율을 반영하기 때문에, 배점 비율이 큰 공통과목 원점수를 높게 받은 수험생의 최종 표준점수가 공통과목 원점수를 낮게 받은 수험생에 비해 높아질 수 있습니다.

수학 영역

아무래도 확률과 통계보다는 미적분과 기하가 유리할 것으로 보인다. 인문계 최상위권 수험생이 확률과 통계를 기피하려는 현상도 보인다. 확률과 통계는 주로 인문계 학생들이 선택하기에 공통과목 성적 평균이 낮을 것이 분명하여 조정점수에서 손해라 생각하기 때문이다.

그런데 사실 실제 유불리는 매 시험마다 응시자 집단의 특성에 따라 달라질 수 있기 때문에 미적분을 선택한 집단이 상향 점수를 받는다고 단정할 수는 없다.

인문계는 확률과 통계, 경상계열 일부 지원자는 미적분 지원 예상.

자연계는 상위권 대학 및 의약학계열은 미적분 또는 기하 지정함.

국어 영역

화법과 작문은 언어와 매체보다 난이도 낮고 학습량 적다. 표준점수는 언어와 매체가 높을 것으로 예상하지만, 학습량이나 교과 특성 때문에 쉽게 추천하지는 않는다. 두 과목의 학습량의 차이는 있으나 어떤 공통 선택과목의 유불리를 따지는 것보다는 과목의 특성과 학습량과 자신의 성향에 맞는 과목을 고르고 자신이 높은 성적을 받으면 될 것이다.

수능 선택의 유불리는 계속 진행중이며, 이러한 유불리를 없애기 위한 평가원의 노력은 계속되고 있다. 일단, 자신이 잘할 수 있는 과목의 선택이 중요하다. 과목 선택의 유불리만 생각하고 미적분이나 언어와 매체를 선택하여 낮은 점수를 받는다면 오히려 마이너스의 결과를 가져올 것이다.

추가모집

추가모집이란 정시모집 마감 시간까지 추가합격을 발표해도 모집인원을 채우지 못할 경우 미등록 인원을 충원하기 위한 모집을 실시한다. 수시, 정시모집에 합격하여 등록한 학생은 지원할 수 없고 등록하지 않은 학생은 지원할 수 있다.

추가모집은 지원 횟수에 제한이 없기 때문에 아래와 같이 경쟁률이 매우 높다. 또한 추가모집은 정시모집에서 합격을 하지 못하여 어쩔 수 없이 재수를 해야 하는 학생들이 마지막으로 지원하는 상황이다. 따라서 추가모집 합격은 매우 어려우며 오히려 정시의 커트라인 성적보다 살짝 높은 성적을 받아야 합격할 가능성이 있다.

대개 복수합격자들이 마감 직전까지 학교에 등록포기 의사를 보이지 않다가 마감 직전에 포기하는 경우와 합격하고도 실수로 미등록하는 경우 추가모집 인원이 발생한다. 정시모집이 미달인 경우는 의학계열에는 없다. 복수합격자들은 조금 일찍 등록포기의사를 밝혀 주면 예비번호를 받고 기다리는 학생들을 배려할 수 있다.

2021	대학	모집인원	지원자	경쟁률
의예과	계명대	1	446	446
	고신대	1	360	360
	단국대(천안)	2	306	153
	부산대	1	285	285
	을지대	1	461	461
	연세대(미래)	2	499	249.5
의예과 합계		8		
치의예과	국립강릉원주대	1	424	424
	단국대(천안)	3	352	117
	부산대	1	197	197
	원광대	2	532	266
	전북대	1	350	350
치의예과 합계		8		
한의예과	가천대	1	326	326
	상지대	1	363	363
	세명대	1	79	79
	우석대	1	246	246
한의예과 합계		4		

2020	대학	모집인원	지원자	경쟁률
의예과	건양대	1	326	326
	계명대	1	343	343
	고신대	1	229	229
	동국대(경주)	1	270	270
	연세대(미래)	1	277	277
	영남대	1	335	335
	원광대	2	194	97
	인하대	1	263	263
	제주대	1	229	229
의예과 합계		10		
치의예과	부산대	1	236	236
	원광대	2	148	74
	조선대	2	360	180
치의예과 합계		5		
한의예과	상지대	1	196	196
한의예과 합계		1		

정시모집만 기다리지 말고 수시모집도 활용하라

정시에서 의학계열에 합격할 수 있을 정도의 성적을 가진 학생들은 거의 모든 과목에서 1등급을 받는 학생이다. 내신이나 활동이 조금 빈약하더라도 수능 최저학력기준이 매우 높은 대학에 지원해 보라. 4합 5의 성적을 받는 것은 말처럼 쉽지는 않다.

자신의 내신이 너무 낮으니 신경을 쓰지 않고 공부하겠다면 말리지는 않겠지만, 그렇게 신경을 쓰는 시간이 오래 걸리지는 않는다. 관심은 있는데 머리가 아프다면 그냥 최저기준이 제일 높은 대학에 지원을 해 보는 것도 좋다.

논술전형도 지원해 두라.

선행학습영향평가를 보면 논술 문제는 고등학교 출제 범위를 벗어날 수 없다. 따라서 수능에서 높은 성적을 받는 우수학생이라면 논술전형에서도 좋은 결과를 낼 수 있다. 물론 앞서 논술 전략에서 살펴보았지만, 기출문제를 풀어 보는 등의 연습이 필요한데 논술전형이 수능을 치고 난 뒤에 이루어지는 경우가 많으므로, 수능을 치고 난 뒤 가채점 결과에 따라서 논술 시험을 치르는 것을 결정해도 되겠다.

PART

3

정시모집 전형 입시결과

● 의예과

● 치의예과

● 한의예과

· 2022학년도 정시모집 전형결과는 genius6706@naver.com으로 메일 보내주시면 늦어도 2022년 11월(수능 이전)에 일괄 답장하겠습니다.

본 자료의 전형점수는 2021학년도 대학수학능력시험에서 지원자가 취득한 영역별 백분위에 대학별로 영역별 가중치 및 가산점을 적용하여 환산한 자료이며 대학 홈페이지 자료를 근거로 작성하였다. 합격자의 평균 성적 및 70% 성적부터 최종 합격자의 성적까지 보기 쉽게 표로 나타내었다. 셀 배경이 노란색으로 되어 있는 부분은 대학에서 공개하지 않았으나 추정치를 나타내었다. 농어촌전형과 같은 정원 외 전형의 성적은 공식적으로는 공개하지 않는다. 선생님이나 입학처에 문의하자.

수능 성적 영역별 가중치 및 가산점의 변동, 모집인원의 변동을 모두 고려하여 전형 결과를 종합적으로 분석해 봐야 한다. **기존에 공지된 정시 선발 인원에서 수시모집에서 이월된 인원을 합쳐서 최종 선발 인원이 확정된다.** 마지막까지 대학 입학 홈페이지에 공지되는 '정시모집 신입생 모집요강'을 참고하길 바란다.

배치기준표의 백분위 점수나 표준점수로만 활용하는 단순 방식으로 판단하지 말고, 꼭 지원하고자 하는 대학의 전형점수를 산출해 보기를 추천하며 대학별로 산출 방법이 다르다는 점을 명심하기 바란다. 대입정보포털 '어디가(adiga.kr)'와 대입상담포털 '어디가샘(sam.adiga.kr)'에서 대학별 점수산출 서비스를 운영한다.

대학에서는 의학계열 합격자의 영어 성적 평균은 대개 1등급이며 지역인재전형 평균이 1.1 정도라고 발표하고 있다. 한국사 역시 평균 1등급으로 공개하고 있어 표에는 따로 정리하지 않았다.

다음 표에서 백분위(표준점수) 칸의 점수에서 100점보다 작은 점수는 평균을 나타내고, 200점보다 큰 점수는 총점을 나타낸다. 괄호 안의 점수는 표준점수이다.
미충원 10이라고 적혀 있는 부분은 등록포기자가 발생하여 추가모집으로 이월되어 선발하였으며, 이례적으로 모집인원보다 1명이 더 선발된 경우는 동점자 선발기준이 모두 일치하여 모두 합격자로 선발된 경우이다.

일반수능전형과 지역인재전형은 정원 내 모집이고, 이외의 모든 전형은 정원 외 전형이다.

2021학년도 의예과 정시 전형결과

대학명	전형명	모집인원	지원인원	경쟁률	추합번호	전형결과(평균)		전형결과(구간)		
						전형점수	백분위(표준점수)	구간	전형점수	백분위(표준점수)
가천대	일반1	15	90	6	12			추정	98.4	
가톨릭관동대	일반(자)	15	153	10.2	25	987.95	97.28	70%	986	96.67
	일반(인)	3	77	25.67		1005.89	99.39	70%	1004	99
가톨릭대	일반	30	105	3.5	12	706.4	99.1	80%	702.3	99.1
강원대	일반	19	108	5.68	15	533.78 가점포함	96.93	75%	533.25 가점포함	
건국대 (글로컬)	일반									
건양대	일반	26	121	4.7	29	391		최저	390.2	
경북대	일반	36	106	2.94	13	754.83	293.43	85%	753.16	292
경상국립대	일반	18	95	5.28	7	966.41	국:98.78(136.94) 수가:96.17(130.56) 과:93.64(65.75)	80%	965.45	
	지역인재	17	74	4.35	3	966.33	국:98.06(136.12) 수가:98(133.12) 과:93.38(64.97)	80%	963.46	
경희대	일반	34	187	5.5	94			80%	국:99.5 수:100 과:98	국:99.5 수:100 과:98
계명대	일반	36	454	12.61	83	291.93	291.93	90%	291	291
	농어촌	3	28	9.33						
고려대	일반	20	77	3.85	0			추정	691	
고신대	일반	29	388	13.38	71	399.96		80%	399	
단국대 (천안)	일반	25	296	11.84	68	97.45	97.45			
대구가톨릭대	일반	27	338	12.5	54		291.8	90%		288.4
동국대 (경주)	일반	19	305	16.05	86			추정	639	
동아대	일반	9	48	5.33	2	605.56 가점포함		70%	605 가점포함	
	지역인재	10	45	4.5	1	603.8 가점포함		70%	603 가점포함	
부산대	일반	36	120	3.33	19 미충원1	744.71		70%	743.66	
서울대	일반	30	109	3.63	0			추정	412	
	기균II특수	2	2	1						
	기균II 북한이주		1							

2021학년도 의예과 정시 전형결과						전형결과(평균)		전형결과(구간)		
대학명	전형명	모집인원	지원인원	경쟁률	추합번호	전형점수	백분위(표준점수)	구간	전형점수	백분위(표준점수)
성균관대	일반	19	85	4.47	3			추정	790	
순천향대	일반(인/자)	38	718	18.89	289	102.51	102.51	최저	102.39	102.39
아주대	일반1	18	74	4.11	1			추정	974	
	농어촌	1	8	8						
연세대	일반	28	113	4.04	13			추정	730	
	농어촌	1	10	10						
연세대(미래)	일반	47	179	3.81	15			추정	713	
영남대	일반	35	246	7.03	73	791.31	292.61	80%	790	291.5
울산대	일반	10	44	4.4	1	984.95		최저	981.29	
원광대	일반	32	288	9	63	502.1		90%	501	
을지대	일반II	32	224	7	116	984.15	97.91	최저	981	97.6
이화여대	일반(자)	55	165	3	7			추정	982	
이화여대	일반(인)	6	35	5.83	0			추정	1002	
인제대	수능	54	163	3.02	6	542.54		70%	541	
인하대	일반	9	231	25.2	86			80%평균	96.5	96.5
전남대	일반	37	104	2.8	11	977.99		70%	978.09	
	지역인재	17	49	2.9	4	972.65		70%	973.56	
전북대	일반	34	112	3.3	7	367.76		70%	367	
	지역인재	29	128	4.4	0	364.27		70%	362.92	
제주대	일반	20	291	14.55	66	981.5		80%	981	
	지역인재	9	44	4.89	1	977.9		80%	973.1	
조선대	일반	60	238	4	14	797.12		70%	796	
	지역인재	23	75	3.3	0	791.95		70%	789.6	
중앙대	일반	40	154	3.85	18			추정	785	
충남대	일반	28	90	3.2	5	202.4		70%	202.42	
	지역인재	27	89	3.3	3	200.89		70%	201.4	
충북대	일반	19	203	10.68	37	994.62	국:135.58(표) 수가:132.63(표) 과:66.26(표)			
	지역인재	10	67	6.71	10	993.36	국:136.1(표) 수가:130(표) 과:66.45(표)			
한림대	일반	38	199	5.24	21	978.2		70%	977.28	
한양대	일반	62	220	3.5	27%충원율	98.15	98.15			

2021학년도 치의예과 정시 전형결과

대학명	전형명	모집인원	지원인원	경쟁률	추합번호	전형결과(평균)		전형결과(구간)		
						전형점수	백분위(표준점수)	구간	전형	백분위
국립강릉원주대	일반	33	527	15.97	38	975		최하	973	
	농어촌	1	10	10						
경북대	일반	20	98	4.9	5	746.57	289.1	85%	744.74	285
경희대	일반	25	117	4.7	11			80%	97.5(국) 99.3(수) 97.1(탐)	97.5(국) 99.3(수) 97.1(탐)
단국대 (천안)	일반	56	301	5.38	65	96.28	96.28			
부산대 (학석사)	일반	15	68	4.53	4 미충원1	737.77		70%	737.44	
서울대 (학석사)	일반	6	43	7.17	7			최초	408	
연세대	일반	22	116	5.27				최초	718	
	농어촌	1	8	8						
원광대	일반(인)	4	50	12.5	24	518.3		90%	516	
	일반(자)	34	257	7.6	49	498.9		90%	498	
전남대 (학석사)	일반	3	54	18	0	972.81		70%		
	지역인재	8	39	4.9	0	967.07		70%	967.89	
전북대	일반	27	139	5.1	13 미충원1	364.32		70%	364.05	
조선대	일반	25	160	6.4	1	794.14		70%	793.6	
	지역인재	8	51	6.4	0	788.38		70%	788	

2021학년도 한의예과 정시 전형결과

대학명	전형명	모집인원	지원인원	경쟁률	추합번호	전형결과(평균)		전형결과(구간)		
						전형점수	백분위(표준점수)	구간	전형점수	백분위(표준점수)
가천대	일반1	16	110	6.88	21				99	
경희대	일반(자)	26	159	6.1	14			80%	582	국:97.4 수:98.7 탐:97.1
	일반(인)	10	62	6.2	4			80%	595	국:100 수:100 탐:97.3
대구한의대	일반(자)	20	174	8.7	14				972	
	일반(인)	10	86	8.6	6				991	
대전대	일반(인)	6	86	14.33	2	994.08	395.83	최저	993.25	395.5
	일반(자)	12	127	10.58	14 미충원1	974	388.45	최저	972.7	388
	지역인재(인)	3	19	6.33	0	992.45	395.17	최저	990.65	394.5
	지역인재(자)	5	31	6.2	2	972.24	387.8	최저	971.05	387.5
동국대(경주)	일반(자)	27	695	25.74					652	
	일반(인)	5	303	60.6						
동신대	일반	20	291	14.5	3	1001.7	500	환산컷	998.5	
동의대	일반(자)	17	138	8.12	10			최종	394.52	394.52(표)
	일반(인)	5	58	11.6	9			최종	402.31	402.31(표)
부산대(학석사)	일반	6	50	8.33	7	736.14		70%	735.78	
상지대	일반	43	919	21.37	142	99.34		최저	99.15	
세명대	일반	15	115	7.67	14			80%	100.5	
우석대	일반(인/자)	14	131	9.36	11	401.3	국:94.8 수:105.2 탐1:96.4 탐2:97.1		402	
원광대	일반(인)	5	45	9	3	514.4		90%	513	
	일반(자)	36	220	6.1	19	497.1		90%	496	

면접

PART

1

면접 고사 전략

- 면접 연습 Tip
- 추가 Tip
- 면접 고사의 유무
- 면접 고사의 유형
- 면접 고사 시기
- 참고자료

면접 연습 Tip

다음 3가지는 면접 필수이다.

• 평소 수업 시간 발표에 적극적으로 참여하면서 자기 생각을 잘 정리해서 표현하는 방법과 발표 태도를 기르는 것이 우선이다.

발표 능력은 하루아침에 길러지지 않는다. 특히 MMI나 제시문면접을 준비하려면 고등학교 1학년 때부터 활동수업 및 발표수업에 적극적으로 참여하여 말하기, 논리력, 추리력, 사고력을 늘려야 할 것이다. 제시문을 빠르게 해석하는 능력도 길러야 한다.

자신의 면접 기술을 스스로 다듬는 방법은 여러 가지이다. 예상되는 질문을 만들어 스스로 거울을 보면서 답을 하거나, 화상 면접을 실시하는 학교에 대비하듯 카메라를 켜고 녹화해서 점검해 보자.

면접 연습을 해 본 것과 해 보지 않은 것은 차이가 크다. 현직 선생님들이 학생들에게 모의면접을 해 주기도 한다. 그 결과 면접전형에 대한 합격률을 높일 수 있다. 면접실 입장의 예절부터 면접까지의 상황을 실제 대학에서 면접 고사를 진행하는 것처럼 시뮬레이션을 해 보자. 학생부 기반 면접 같은 경우 3학년 때 단기간 모의면접을 진행하는 것만으로도 큰 효과를 얻을 수 있다.

면접을 보는 많은 학생이 긴장한다. 여러분도 그럴 수 있다. 하지만 여러분은 긴장하여 면접을 망치는 쪽에 속하지 않도록 연습을 통해 극복하라.

• 평소에 꾸준한 독서활동을 통해 의학관련 용어와 상식, 시사적 이슈에 관심을 가지고 잘 정리해 두고, 찬반 토론(디베이트 토론) 활동을 통해 자신의 생각과 상대방의 입장을 잘 이해하는 것이 중요하다.

독서, 신문, 사설 등을 통해 다양한 상황에 대한 윤리적 판단을 평소에 많이 해 보도록 하자. 필자는 의학동아리에서 학생들에게 면접 대비를 해 주고 있다. 또한 디베이트 토론 대회도 개최하여 학생들에게 폭넓은 사고의 기회를 주기도 한다. MMI인·적성면접의 경우, 학생들과 상황에 대한 토론으로 연습을 한다. 학생에게 의견을 물어본 뒤, 학생의 논리적인 대답 훈련을 시킨다. 나오는 대답에 대해 반박하거나 다른 의견을 제시할 수 있도록 조를 구성하여 찬반 토론을 한다.

학교에서 모의면접을 해 주는 학교도 있지만 그렇지 않은 경우도 많다. 그렇다면, 학생들은 스스로가 꾸준한 독서와 의학 관련 스크랩을 통해 준비하면 된다. 스스로가 소모임을 조직하여 토론 활동을 전개해 보려는 마인드가 중요하다고 생각한다. 학교가 준비해 줘도 받아들이지 못하는 것보다는 학생들이 자기주도성을 가지고 준비할 때, 더 큰 효과를 보는 것은 확실하다.

그래도 조금 부족하다 싶으면 대학 입학처의 문을 두드리면 된다. 각 대학에서는 모의면접을 실시하는 경우가 많다. 모의면접을 신청하여 면접을 준비하자. 학교에서 대학의 고교 연계 프로그램을 신청하는 방법과 외부 강사를 초빙하여 모의면접 및 면접 특강을 실시할 수도 있겠다. 이런 교사의 역할들이 공교육 현장에서 많이 필요하다고 생각한다.

• 각 대학의 기출문제들을 살펴보는 것도 잊지 말자.

MMI면접이나 인성면접의 경우에는 우선 지원하고자 하는 대학의 기출문제는 모두 분석하라. 그동안 대학에서 출제된 문항들을 보면 출제 경향을 알 수 있으며 기출문제를 변형하여 출제될 가능성도 크다. 아울러 재외국민전형이나 편입 시험 등에서 출제된 문항도 모두 살펴보자.

학생부기반 면접이라도 어떤 식의 질문을 하는지 알고 있는 것과 모르는 것은 차이가 있다.

대부분 대학별 선행학습영향평가보고서를 통해 면접 기출을 공개하고 있으니 입학처 홈페이지에서 확인해 보자.

추가 Tip

• **면접 평가는 학생의 인성을 평가하기 위함이다.**

앞서 종합전형에서 인성이 중요하다고 언급하였듯이 대학에서는 면접을 통해 의학계열을 희망하는 학생의 인성을 가장 중요하게 파악하려고 한다. 소통, 나눔, 배려를 통해 환자와 소통하고 동료를 이해하는 의사의 모습을 볼 수 있다.

• **평가자를 감동시켜라(진정성).**

"평가자를 왜 감동시켜?"라고 말할지 모르겠지만, 학생의 진정성 있는 면접을 통해 평가자에게 감동을 주어 합격한 사례들이 있다. 어려운 환경 속에서도 열심히 공부한 제자가 있었다. 학교의 모든 활동에 진정성 있게 참여하였고, 매사 선의를 실천하는 학생이었다. 학생의 목표는 의사가 되어 안정적인 삶을 살겠다는 것이 아니라, 어려운 사람, 아픈 사람을 치유하고 싶다는 것이었다. 늘 이런 마음을 가지고 생활한 터라 면접에서도 드러났다. 자신의 경험을 토대로 모든 면접을 잘 치렀고, 1단계를 통과하여 면접을 응시한 모든 대학에 합격했다. 대학의 면접관이 실제로 "지원자에게 감동했다. 우리 의과대학에 지원해 줘서 고맙다."라는 마지막 말을 남겼다고 한다.

• **평가자 입장에서 생각하라. 평가자의 질문 의도를 파악하라.**

질문 의도가 무엇인지 파악하는 것은 중요하다. 짧은 시간에 논지를 파악하는 연습도 병행해야 한다. 자신에게서 과연 무엇을 알아보려고 묻는지 의도를 파악하고, 쓸데없는 이야기를 하지 않도록 하라.

• **학창시절 본인이 의사라고 생각하고, 의사의 마인드로 생각해 보는 연습을 하라.**

의사로서의 마인드를 갖자. 자신이 윤리적이고 올바른 인성을 가진 의사라고 지금부터 생각하고 모든 상황을 판단해 보자. 그러면 자신만의 윤리적 가치관이 적립될 것이다.

• **메디컬 드라마도 도움이 될 수 있다.**

메디컬 드라마 속에는 다양한 의료상황에서의 갈등을 해결하는 내용을 담고 있다. 모의상황면접 제시문은 의료윤리적 갈등이나 딜레마에 관한 내용을 다룬다. 메디컬 드라마에서는 이런 갈등이나 딜레마 상황을 잘 연출하고 있어 독자가 현실적인 생각을 해 볼 수 있는 부분이다. 메디컬 드라마를 검색해 보면 많은 작품이 나온다. 시간적 여유가 있을 때 드라마를 보고 감상평을 남겨 보자.

• **면접고사 유의 사항**

평가의 공정성을 위하여 블라인드 면접을 실시하며 지원자는 개인정보를 유추할 수 있는 명찰, 교복 착용을 금지한다. 지원자는 본인 확인을 위한 수험표, 신분증(주민등록증, 운전면허증, 기간 만료 전 여권, 장애인등록증, 주민센터에서 발급한 사진이 부착된 임시신분증, 청소년증)을 지참해야 하며 수험표를 소지하지 않는 자는 면접고사장에 입실할 수 없다.

• **끝으로 면접 시간에 너무 촉박하게 도착하지 않도록 미리 나서자.**

그날의 교통상황이나 다양한 변수가 발생할 수 있음에 명심하여야 한다. 1차 시험에서 높은 경쟁률을 뚫고 온 의대 편입 시험 2차 면접 시험에 5분 지각을 하여 시험장에 들어가지 못한 경우를 보았다. 감독관이라고 해서 안타까운 마음이 없으랴. 하지만 추후 발생할 모든 문제를 생각하면 무조건 돌려보낼 수밖에 없다. 이 점을 수험생들은 알아야 한다.

[중요] 면접고사를 치르는 시점이나 그해의 의학 이슈는 반드시 준비해야 한다.
평소에 이런 현안들에 대해 얼마나 관심을 가지고 있고 어떻게 생각하고 있는가를 파악한다.

면접에 대해 큰 맥락에서만 이야기를 다루어 보았다. 끊임없는 노력으로 면접 울렁증을 극복할 수 있다~!

면접 고사의 유무

　의과대학은 교과전형에서 11개 대학, 종합전형에서 27개 대학, 치과대학은 교과전형에서 1개 대학, 종합전형에서 9개 대학, 한의과대학은 교과전형에서 3개 대학, 종합전형에서 6개 대학에서 면접을 시행한다. 종합전형에서는 거의 모두 면접이 있다.

　대학마다 면접 반영비율에 따라 결과는 다르지만, 면접 성적으로 1단계의 성적을 충분히 뒤집을 수 있는 경우가 많다. 특히 학생부기반면접보다는 MMI인·적성면접이나 제시문 평가는 까다로워서 기출문제 등으로 평소에 대비하지 않으면 합격이 어려울 수 있다.

　수능 최저가 완화되면 수능 최저 충족자가 늘어난다. 수능 최저가 매우 높게 설정되어 있을 때는 수능 최저충족이 합격의 당락을 크게 좌우할 수 있었다면, 수능 최저가 완화되면서 면접의 변별력이 증가할 것으로 보인다. 따라서 면접에 대한 준비를 미리 시작하자.

　학생부 관리가 잘되어 서류에 자신이 있으나 면접이 약한 학생은 면접 고사가 없는 전형에 지원하는 것이 좋다. 하지만 면접이 없는 전형을 선택할 때는 합격자의 합격점이 매우 높거나, 높은 수능 최저등급을 요구하는 등 지원의 폭이 좁아지기 때문에 어떤 전략을 세울 것인지 고민해야 한다. 교과 성적이나 서류(내신, 생활기록부)는 우수한 학생이 면접이 있는 전형을 기피하는 경우가 생각보다 많다. 수능 최저도 없으면서 면접도 없이 선발하는 경우, 교과나 서류 점수가 매우 뛰어난 학생이 선발된다는 점 알아 두자.

　면접에 자신이 있는 학생들은 면접을 적극적으로 활용하자. 면접으로 부족한 교과 성적이나 서류 점수를 충분히 뒤집을 수도 있다. 말을 조리 있게 할 자신이 있더라도 의학계열 면접을 무시해서는 안 된다. 의학계열 면접의 특수성도 있고, 면접으로 만회해 보고자 하는 우수한 학생들이 한둘은 아니다.

　성적이 우수하고 생활기록부의 기록이 매우 우수하다면 굳이 면접의 비중이 높은 전형에 지원할 필요는 없을 것 같다. 하지만 자신이 진짜 가고 싶은 대학의 전형에 면접이 있다면 최선을 다해서 면접 준비를 하자.

면접 고사의 유형

지원 대학의 면접 고사 유형을 확인하고, 체계적으로 준비해야 한다. 대학별 기출문제를 통해 유형을 파악하고 준비하도록 하자.

• MMI(Multiple Mini Interview, 다중미니면접), 인적성면접

해당 대학: 서울대, 울산대, 성균관대, 아주대, 대구가톨릭대, 건양대, 한림대, 동아대, 인제대, 경북대, 성균관대, 대전대 등

다양한 상황 제시문을 주고 질문을 하는 면접으로 생명을 다루는 의사로서의 인성과 가치관을 묻는다. 일상에서 부딪히는 도덕적 딜레마 상황에 어떤 윤리적인 판단을 하는지를 평가한다. 대학마다 제시문 유형이나 난이도는 비슷하나 대학마다 중요하게 생각하는 부분이 있을 수 있고, 질문 방의 개수와 시간이 다르다.

의대 다중미니면접이나 인적성 면접에서 가장 우선하는 것은 수험생의 인성을 파악하는 것이다. 학업 성취도가 최상위권에 해당하는 수험생을 대상으로 단지 학업 역량이 아니라 의사로서 가져야 할 윤리의식을 평가하고자 한다.

의사소통, 인간과 제도, 과학기술, 윤리, 노동, 사회관계, 의료사고 대처 자세, 상황 순발력 그리고 앞서 종합전형에서 다룬 생활기록부에서 보이는 의사로서의 역량을 면접에서도 드러낼 수 있도록 하자.

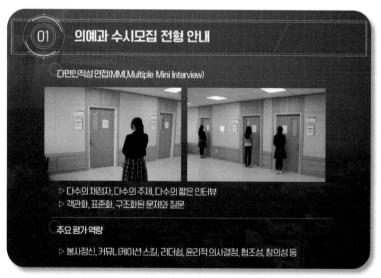

대구가톨릭대학교 MMI 면접

상황을 제시하여 해결책을 이야기하는 문제 같은 경우, 정해진 답은 없다. 학생이 대답을 선택하고 그에 대한 타당한 이유를 논리적으로 잘 설명하면 된다. 평범한 대답보다는 다른 학생과 차별화되는 대답이 좋다고 이야기하지만, 기본적인 인성 부분에서 벗어난 대답을 원하는 것은 아니다. 돈벌이가 아닌 의사로서의 책무를 잘 이야기하라. 사실 대답이 쉽지는 않기 때문에 의사의 책무라든지 인성, 여러 가지 상황에 대한 생각을 평소에 많이 해 보는 것도 중요하다.

질문에 대한 대답을 자신의 경험과 연관을 지어 이야기하면 도움이 된다. 그동안 의사가 되기 위하여 어떤 노력과 생각을 하였는지 드러낼 수 있어 의학계열 진학에 대한 진정성을 보일 수 있기 때문이다. 사설 학원에서 말하길, MMI 면접에서는 자신의 경험을 토대로 말하지 말라고 한다. 하지만, 일부 대학의 평가자들이 말하길 적절한 경험 중심의 대답은 긍정적일 수 있다고 하며 필자가 지도한 학생들도 그러했다. 경험을 억지로 불러와서 대답하는 것이 아니라, 질문에 부합하면서 자연스럽게 연결하는 것을 추천한다. 물론 관련된 경험을 이야기해 보라는 추가 질문이 이어졌다면 더할 나위 없이 경험이 중요할 것이다. 참고로 대학에서 요구하는 답은 시중에 나와 있는 해설지와는 성격이 다르다고 말하는 평가자도 있다. 평소 생각을 정리해 두는 것이 중요하다.

대구가톨릭대학교 MMI 면접 사전 교육

• 인적성 고사(P/F)

가톨릭대 지역균형

인적성 고사(P/F)는 말 그대로 Pass/Fail, 합격 혹은 불합격이다. 가치관, 인성을 평가하는 일반적인 인적성면접으로 사회적으로 물의를 일으킨 수험생이나 인성이 정말 좋지 않은 학생을 걸러 내는 장치로 활용된다. 다만 면접에 참여하지 않으면 불합격이다.

• 제시문 기반 면접

해당 대학: 고려대, 연세대, 전북대 학생부종합전형, 영남대 창의인재

고려대 제시문 평가내용

제시문 관련 질문에 대한 답변을 토대로 분석력, 적용력, 종합적 사고력 등을 종합적으로 평가한다(단, 필요시 지원자의 학생부에 기재된 내용을 확인할 수 있음).

- MMI 면접과 마찬가지로 자신만의 논리를 제시하는 것이 중요하다.
- 주제는 교육과정에서 벗어나지 않는다.
- 여러 제시문의 주제와 내용을 빠르게 판단한다.
- 제시문과의 연계성을 찾는다.
- 기출문제로 연습한다.

• 생활기록부 기반 서류 확인 면접

MMI와 제시문 기반 면접이 아닌 모든 전형
한 대학에서 MMI를 하는 전형과 생활기록부 기반 면접을 하는 전형이 모두 있는 곳도 있다.

생활기록부 기반 면접에서는 자신의 경험이 중요하기 때문에 학창 시절 경험한 일이라면, 누구나 들었을 때 학생이 무슨 활동을 했는지 머릿속에 그려지도록, 그리고 자신감에 찬 목소리로 이야기하도록 하자. 자신이 한 일인데도 말할 때 버벅댄다면 실제 활동을 했는지 의심을 받을 수 있다. 또한 실적 위주로 나열하듯이 이야기하지 말 것이며, 다양한 활동보다는 작은 것이라도 최선을 다한 것을 준비해서 이야기하자. 대학 측에서는 교과의 깊이나 탐구 심화활동의 깊이 부분에서 차이가 월등히 뛰어난 학생들이 면접도 잘 본다고 한다.

제출서류를 토대로 서류내용을 확인하고 기본적인 학업 소양을 평가한다. 학교생활기록부, 자기소개서 관련 질문이 주를 이룬다. 면접에 정답은 없지만, 질문의 요점을 잘 파악하여 그 질문에 대해 자신의 우수함을 잘 표현을 할 수 있도록 해야 한다. 생활기록부 기반 면접은 학생의 경험이나 학교생활과 관련하여 풀어서 이야기하면 대답하기 수월하다.

개인의 생활기록부를 기반으로 면접을 하기에 기출문제나 예시라 할 것이 없지만 그래도 대학별 예시는 꼭 챙겨 보고 생활기록부 기반 면접은 다른 대학의 예시를 봐도 상관없다.

• 의예과에 지원하게 된 동기는?

　– 자기소개서와 생활기록부의 내용을 점검하기 위해 질문하는 것일 수 있다.

　– 이태석 신부, 이국종 교수 이야기로 시작하면 너무 식상해서 면접관들이 들으려고 하지 않는다. 참신한 아이디어를 준비해 보자. 필자는 이태석 신부를 좋아하며 그리고 학생들도 이태석 신부가 실제 자신의 롤 모델일 수 있다. 깊게 생각해 보지 않은 대다수의 학생이 막연하게 "이태석 신부님처럼 남을 위해 봉사하는 삶을 살고 싶다."라는 말을 하기 때문에 진정성이 느껴지지 않을 수 있는 것이다. 하지만 같은 대답이라도 진정성 있는 말로 표현할 수 있다. 다음과 같이 말이다.

> '많은 수험생이 면접을 볼 때, 이태석 신부의 이야기를 많이 꺼낸다고 들었습니다. 그래서 식상할지 모르나, 저는 어려서부터 이태석 신부님의 삶을 통해 의사의 삶을 본받기로 맨 처음 결심하였기 때문에 이야기를 꺼냅니다. 이태석 신부님의 삶 이전에 이태석 신부님께 영향을 준 소 알로이시오 몬시올 신부님을 이야기 하지 않을 수 없습니다.

　– "자신이 연구하고 싶은 분야가 어떤 부분인데, 그것을 연구하고 결과를 내려면 의사가 되어야 하기 때문에 의예과에 지원하였다.", "학창시절에는 어떤 분야에 대해 관심이 많아 의학동아리에서 연구를 구체적으로 어떻게 진행하였고, 모르는 부분은 어떤 활동을 통해 해결하려고 노력하였으며, 그래도 궁금증에 대한 갈증은 의예과에 진학하여 해결해 보겠다."와 같이 구체적으로 자신의 진로 목표를 이야기하는 것이 좋다.

- **○○○ 동아리 활동에 대하여 이야기 해 보라.**
  - 기본적으로 생활기록부 기반 면접의 특징은 자신이 한 활동을 이야기하는 것이므로 자신 있게 대답하면 된다. 면접하기 전에 충분히 자신의 생활기록부를 읽어 보고 활동했을 당시의 자신의 모습을 충분히 상기하고 면접에 임해야 한다.
  - ○○○ 동아리 활동에 대해 묻고 싶은데 에둘러서 "고등학교 때 무엇을 열심히 해 보았는가?"라고 질문할 수도 있고 "1학년 때 무슨 실험을 왜 했냐?"라고 직접적으로 질문할 수도 있다. 간접적으로 질문을 받더라도 직접적인 질문을 받았다고 생각하고 대답을 해야 한다. 자기소개서를 쓸 때도 주의해야 하는 부분인데 학창시절에 수학, 과학을 잘하고 화학을 열심히 해서 우수상을 받았다는 둥 1등 하였다는 둥 실적 위주의 대답은 하지 말아야 한다.
  - 생활기록부 기반 면접이므로 교과 지식에 대해서 묻지는 않으나, 자신이 한 활동에 대한 교과 지식을 간략하게 물어볼 수 있다. 실험에서 적용된 원리가 무엇이냐고 추가적인 질문이 이어진다. 면접이 잘 진행되고 학생이 답변을 잘했다고 면접관이 생각한 경우에 교과나 전공에서 깊이 있는 내용도 물어볼 수는 있는 시점이다. 물론 깊이 있는 질문에 대해 잘 준비하여 대답을 잘하면 합격을 하겠지만, 만약 어려운 추가 질문에 대해 대답을 잘하지 못했다고 해도 걱정할 필요는 없다.
  - 진로 목표와 연관하여 읽은 책은 무엇이며 어떤 도움을 받았는지 추가 질문이 이어질 수 있다. 했는지 안 했는지 물어보는 것이 아니고 제대로 했는지가 중요한 추가 질문이다.

- **추가로 대학생활은 어떤 계획을 가지고 있는지 물어본다.**
  - 흔히 면접 준비가 덜 된 학생은 막연하게 공부를 열심히 한다, 동아리에 가입하겠다. 심지어는 그동안 열심히 공부하여 1년 쉬겠다, 어학연수를 다니겠다고 대답한다. 질문의 요점은 그것이 아니다.
  - 의학계열을 희망하는 학생 중에서도 구체적인 목표를 가지고 있는 경우가 많다.
  - ○○○ 단체에서 의료봉사를 한번 해 보고 싶다는 생각을 하고 있었던 학생은 이미 구체적인 활동에 대해 구상을 해 보았을 것이다.
  - 뇌 과학 분야, 바이러스 분야 등 어떤 주제에 대한 관심이 많아 어떤 연구를 진행해 보겠다는 생각을 가진 학생도 있을 것이다.

• 자신의 장점과 단점은 무엇인가?

장점을 통해 드러낼 수 있는 의사로서의 자질은 많다. 인성적인 부분을 말할 수도 있고, 상황대처능력도 말할 수 있다. 생활기록부에 있는 자신의 경험과 연관 지어 이야기하면 좋을 것 같다. 단점을 말할 때는 단순히 단점만 말하고 끝내는 것이 아니라 단점을 극복하기 위해 어떤 노력을 했는지를 같이 말해 주는 것이 좋다. 지금은 그 단점을 승화해서 긍정적인 부분으로 작용할 수 있다는 식의 답변으로 이어지는 것도 좋겠다.

• 무엇이든 구체적으로 말하라.

단답식의 대답은 더 이상 질문하지 않고 싶게 만든다. 구체적으로 말하라.

• 마지막으로 하고 싶은 말

지원동기, 학업계획과 더불어 꼭 준비해 가야 하는 것이 마지막으로 하고 싶은 말이다. 2분 정도 자신의 최대 강점을 부각해서 이야기하면 된다. 자신이 왜 선발되어야 하는지, 자신이 왜 이 학과에 적합한 인재인지를 구체적으로 이야기하는 것이 좋다. 또한 면접에서 부족했던 부분을 보충해서 이야기하는 시간으로 활용할 수도 있다.

참고할만한 자료: 「학생부 기반 면접 내실화를 위한 교사 자문 결과 보고서」

출처 서울대학교 입학처

https://admission.snu.ac.kr/materials/downloads/others?md=v&bbsidx=130553

면접 고사 시기

면접 고사의 일정이 겹치는 경우가 있으므로 수시 지원 전에는 반드시 대학의 면접 고사 일정을 확인해야겠다.

• 수능 전 면접

수능 전에 치르는 면접은 면접 고사일 하루를 온전히 날려야 한다는 부담감과 면접 준비와 수능 공부를 병행해야 한다는 점에서 수능 공부의 흐름을 저해할 수 있어서 수험생들이 고민한다. 이러한 고민을 감수하면서도 면접에 자신이 있거나 수능에 영향을 주지 않는 범위 내에서 할 수 있다는 판단이 서면 수능 전 면접을 고려할 수 있겠다.

• 수능 이후 면접

거의 모든 전형은 수능 이후에 면접 고사가 시행된다. 최저를 충족하지 못한 학생들은 면접에 오지 않는 경우도 있다.

최저를 충족하지 못한 학생인데 다른 대학의 면접이 남아 있거나 재수를 결심한 경우, 면접 경험을 위해 면접 고사를 치르는 경우도 있다.

지원한 대학의 정시 커트라인보다 수능 점수를 잘 받은 학생들은 정시로 더 좋은 대학에 가기 위해 면접 고사를 치르지 않는 경우도 있다.

간혹 자신이 수능 최저를 맞추지 못했다고 생각하고 면접을 보지 않았는데, 수능 성적표를 받아 보니 최저가 충족된 사례가 꽤 많이 있다. 끝났다고 생각하지 말고 면접까지 최선을 다하길 바란다.

참고자료

• 2단계 면접의 비중

대학에 따라 면접 비율은 다양하다. 관심 있는 독자들은 아래 표처럼 2단계 면접의 비중을 한 번쯤은 정리해 보고 싶었을 것이다. 하지만 결론은 반영 비율이 아직은 유의미하지 않다는 것이다. 모든 대학의 면접이 중요하다는 사실은 잘 알고 있다.

면접이 50%인 서울대 MMI는 누구라도 잘 알고 있고, 가천대학교 역시 인성을 최우선으로 하는 학교라는 것을 알고 있다. 이는 %가 줄어들어도 마찬가지다. 10%를 반영하는 계명대학교 또한 MMI 면접에서 합격/불합격이 많이 바뀌기 때문이다.

분명 면접 반영 비율이 높으면 2단계에서 면접 성적이 좋은 학생이 합격할 가능성이 높다. 그러나 대학에서 공개한 반영 비율과 실질 반영 비율은 다를 수도 있기 때문에 좀 더 세밀하게 분석하고 이해하는 작업이 필요해 보인다.

비중	교과전형	종합전형
50%	가천대 지역균형	울산대 종합/지역인재, 가천대 가천의약학, 서울대 일반
40%	연세대 추천형 대전대 면접	연세대 활동우수, 고려대 계열적합형 연세대 기회균형 I
38.50%	건양대 모든 전형	
33.30%		충남대 PRISM, 농어촌
32.50%	인제대 모든 전형	
30%	영남대 창의인재 대구한의대 면접 동국대(경주) 지역인재 우석대 지역인재	고려대 학업우수형, 가톨릭대 학교장추천, 아주대 ACE, 전북대 큰사람, 연세대(미래) 학교생활우수, 한림대 학교생활우수, 건국대 Cogito자기추천, 동국대(경주) 참사람, 단국대 DKU인재, 전남대 고교생활우수자 I, 가톨릭관동대 CKU, 원광대 서류면접, 조선대 일반, 서울대 지역균형, 강원대 미래인재, 경희대 네오르네상스, 순천향대 일반, 인하대 인하미래인재, 중앙대 다빈치형인재, 대전대 혜화인재, 동의대 학교생활우수자 경북대 지역인재, 한림대 지역인재, 순천향대 지역인재, 원광대 지역인재, 경북대 지역인재 단국대(천안) 농어촌, 서울대 농어촌, 순천향대 농어촌, 원광대 농어촌, 한림대 농어촌
20%	연세대(미래) 교과 대구가톨릭대 DCU자기추천 대구가톨릭대 지역교과우수자 경북대 지역인재 건국대(글로컬) 지역인재 건국대(글로컬) 농어촌	계명대 일반, 경상대 일반, 성균관대 학과모집, 국립강릉원주대 해람인재 계명대 지역, 연세대(미래) 강원인재, 경상대 지역인재, 부산대 지역인재, 국립강릉원주대 지역인재 연세대(미래) 농어촌, 경상대 농어촌, 국립강릉원주대 농어촌
10%	계명대 일반/지역 고신대 일반고/지역인재	
5%	을지대 지역균형, 농어촌	을지대 지역의료인재
인적성면접 (P/F)	가톨릭대 교과	

PART │ # 2

면접 기출자료

● MMI 면접 기출자료

- 출처: 경희대학교 학생부종합전형 안내서, 선행학습영향평가 결과보고서
- 출처: 서울대학교 학생부종합전형 안내서, 선행학습영향평가 결과보고서
- 출처: 성균관대학교 학생부종합전형 안내서, 선행학습영향평가 결과보고서

● 제시문 기반 면접

- 출처: 연세대학교 학생부종합전형 안내서, 선행학습영향평가 결과보고서
- 출처: 영남대학교 학생부종합전형 안내서, 선행학습영향평가 결과보고서
- 출처: 전북대학교 학생부종합전형 안내서, 선행학습영향평가 결과보고서

● 생활기록부 기반 면접기출

- 출처: 가톨릭관동대학교 학생부종합전형 안내서, 선행학습영향평가 결과보고서
- 출처: 경상국립대학교 학생부종합전형 안내서, 선행학습영향평가 결과보고서

· 각 대학 홈페이지 학생부종합전형 안내서, 선행학습영향평가 결과보고서에서 면접 기출자료를 찾을 수 있다.

· 2022학년도 면접 기출자료는 genius6706@naver.com으로 메일 보내주시면 늦어도 2022년 7월에 일괄 답장하겠습니다.

MMI 면접 기출자료

• 경희대학교

〈문제 1〉

코로나19 팬데믹 현상으로 인해 전 세계 인류가 심각한 영향을 받고 있다. 백신(Vaccine) 개발은 통상 5년여 정도의 개발 및 임상 시험 기간이 필요하다. 그러나 최근 미국에서는 1년 미만의 연구 및 시험 기간을 통해 개발된 ○○○ 제약회사의 코로나19 백신을 긴급 승인해서 접종을 시작했다. 백신의 작용 원리를 설명하고 이를 근거로 긴급 승인된 ○○○ 백신의 취약한 문제점은 무엇인지 예상해 보시오.

〈예시답안〉

1 백신 작용 원리

– 특정 병원체의 독성을 약화시키거나 비활성 상태로 만들어서 병원체에 감염되지 않은 사람에게 주입하면 질환을 일으키지는 않은 상황에서 항원으로 작용하여 항체와 기억 세포의 생성을 유도하게 한다. 즉 백신 접종은 병원체에 감염되지 않은 사람에게 인위적으로 면역 체계를 구축하는 방법이다.

2 긴급 승인된 ○○○ 백신의 취약점

– 백신은 그 효과뿐만 아니라 안전성이 매우 중요하기 때문에 백신 개발에는 상대적으로 높은 규제가 따르고 제조 방법이 까다로우며 안전성을 증명하기 위한 충분한 임상 시험 기간이 필요하다. ○○○ 코로나19 백신의 경우 급박한 상황으로 인해 유효성 위주로 상용 여부가 판단되어 안전성에 대한 충분한 검증이 실행되지 못한 점이 가장 취약한 부분이다.
– 안전성 검증이 부족하다는 것 때문에 사람들의 불안감이 고조되어 접종을 기피할 가능성이 있다.
– 백신 접종 후 부작용 발생 시 백신 사용을 긴급 승인한 정부 부처와 백신을 생산한 제약회사 사이 책임 소재가 불명확하여 책임 회피의 문제를 일으킬 수 있고 사회적 갈등 요인이 될 수 있다.

〈추가질문 및 예시모범답안〉

1 백신과 치료제의 차이점을 설명하시오.

- 백신은 질환의 예방을 목적으로 개발되며 병원체에 감염되지 않은 사람에게 접종한다. 백신을 접종하여 만들어지는 항체와 기억 세포가 향후 코로나19 바이러스와 같은 특정 병원체를 무력화할 수 있는지가 관건이다. 치료제는 그 병원체에 감염된 환자를 대상으로 투여되어 질환의 호전을 목적으로 한다.

2 코로나19의 전 세계적 확산으로 인해 상당한 인명 피해가 발생 중이며 세계 경제도 심각한 침체 현상을 겪고 있다. 그럼에도 불구하고 코로나19 팬데믹 현상이 국내 의료계 혹은 의료 관련 산업에 미칠 수 있는 긍정적인 영향 한 가지와 그 이유를 설명하시오.

[의료계]
- 코로나19는 최근 100여 년 동안 인류가 경험한 최대의 팬데믹 현상이다. 이 상황을 경험하고 극복하는 과정에서 감염병의 원인, 확산 경로, 진단, 증상, 치료, 예방, 방역, 공공의료에 관한 막대한 지식이 축적될 것이다. 이러한 지식은 향후에 출현할 수 있는 새로운 감염병 혹은 팬데믹을 극복하기 위한 소중한 기초 자료가 될 수 있다.
- 코로나19로 인한 행동 양식의 변화가 기술 혁신을 앞당기고 있다. 언택트 상황에서 온라인을 통한 원격 교육이 실행되고 있으며 재택근무가 현실화되고 있다. 동일한 맥락에서 의료계에서도 네트워크를 통한 원격 진료의 요구가 급증할 가능성이 높다. 이러한 가능성을 예상하고 선제적으로 준비한다면 새로운 의료 시장을 개척 및 선도할 수 있다.

[의료 관련 산업]
- 코로나19로 인해 세계 경제가 침체를 겪고 있지만 방역 관련 산업은 예상하지 못한 기회를 누리고 있다. 대표적인 예로 많은 제약회사가 심혈을 기울여 개발하고 있는 코로나19 백신과 치료제를 들 수 있다. 특히 백신 개발은 막대한 수입을 창출할 것으로 예상된다.
- 코로나19로 인한 방역 관련 의료 제품은 수요가 공급을 초과하는 상황이다. 또한 코로나19로 인하여 체외 진단 및 현장 진단 기술 산업도 급격히 성장하고 있어 장차 발생할 수 있는 다른 종류의 감염병 진단에도 효율적으로 기여할 수 있을 것이다.
- 방역 관련 산업 물품 개발, 인허가, 수출 등의 원활한 진행을 위한 규제를 완화하는 정책 등의 과감한 정부 정책 변화도 관련 산업계에 긍정적인 영향으로 작용하게 될 것이다.

인성·적성 면접: 모집단위 전공 수학에 필요한 자질과 적성, 인성 등을 평가한다. 교과 지식은 관련 없다.
2023학년도에는 지역균형 전형 면접에서 인성·적성 면접으로 확대한다.

[의과대학]

전형	제시문 예시
수시모집 일반전형 정시모집 일반전형	공동체 내 네트워크에 관한 제시문 국가별 개인주의 지수와 GDP에 관한 제시문

평가내용 및 방법	면접시간	답변 준비시간
의학을 전공하는 데 필요한 자질, 적성과 인성을 평가하며, 제시문에 영어가 활용될 수 있음. 다양한 상황 제시(4개, 각 10분)와 제출서류 내용을 확인(1개, 20분) 총 5개 면접실에서 진행함	60분 내외	상황 숙지를 위한 시간을 별도로 부여할 수 있음

제시문 1

학급 학생 15명(A~O)에게 친한 순서대로 5명 이내 친구를 적도록 한 후 이를 바탕으로 그린 그림이다.
선이 굵을수록 친한 사이를 의미한다.

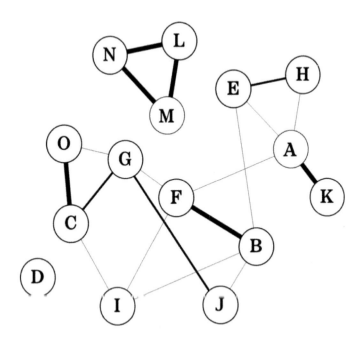

- **신입생에게 들어 보는 면접 이야기(출처: 서울대 웹진 아로리)**

새내기 의예과 K○○

"사람이 극한의 상황에 놓이면 자신의 바닥을 드러내게 되어 있다."라는 말을 들은 적이 있는데, 이는 MMI 면접에 가장 알맞은 말인 것 같습니다. 5개의 방을 60분간 돌아다니며 면접을 보는 의예과 일반전형 면접은 피로도가 아주 높습니다. 쉴 새 없이 쏟아지는 제시문과 예상치 못한 질문 속에서 결국 학생들은 '바닥'을 드러내게 되어 있고, 이러한 상황 속에서 학생들이 어떻게 대처하는지를 평가하는 것이 MMI 면접이라고 생각합니다. 저는 이 면접에 대비하기 위해 기출문제를 활용하였습니다. 서울대학교를 포함한 여러 학교에서 MMI 면접을 수차례 진행해 왔습니다. 굳이 서울대학교의 문제가 아니더라도 MMI 제시문은 많았고, 제가 구할 수 있는 기출문항들을 전부 분석해 본 뒤에 면접에 임했습니다. 비록 같은 문제가 나오지는 않더라도 면접에 어떤 문제가 나오고, 제가 어떤 방식으로 답변할지를 생각해 볼 수 있었습니다. 저는 다중미니 면접의 문항들에는 정답이 없다고 생각했습니다. 애당초 질문들의 대다수가 수학처럼 엄밀하지 않고, 두루뭉술한 가치판단을 요구하기 때문입니다. 그렇기에 저는 여러 가지 관점에서 제시문의 문제상황을 바라보고, 이를 하나라도 더 논리적으로 제시하는 데에 초점을 두고 문제들을 분석했습니다.

대망의 면접 날, 저는 마지막 조에 배정되었고 3시간 동안 대기했습니다. 긴장한 상태에서 오랜 시간 대기하다 보니 몸과 마음이 모두 지친 상태가 되어 면접에 임하게 됐습니다. 면접장에 처음 도착했을 때 바라본 그 광경을 아직도 잊지 못하는데, 좌우 각각 5개씩 10개의 방이 있는 복도에서 먼저 면접을 보고 있던 친구들이 제시문을 읽고 일사불란하게 움직이고 있었습니다. 그때 저는 이 면접이 제가 생각했던 면접과는 아주 다르다는 것을 느끼고 정신이 멍해졌습니다. 너무 당황한 나머지 조금씩 실수를 하기도 하고, 4번째 방 제시문을 읽으며 물을 마시다가 옷에 물을 흘리기도 했습니다. '망했나?'라는 생각이 잠시 머리를 스쳤지만, 지나간 과거를 어찌할 수 없기에 남은 방에서 앞의 실수를 만회하겠다는 생각으로 다음 방에 들어갔고, 최선을 다해 저의 생각을 면접관님들께 말씀드렸습니다. 그렇게 60분 동안 제 모든 것을 쏟아 내고 면접장을 나왔습니다. 지금 돌이켜 보면, 학교생활 중 겪었던 다양한 경험들이 면접에 많은 도움이 되었습니다. 3년 동안 빠짐없이 참가한 토론대회는 면접에서 갑작스럽게 들어오는 질문에 순간적으로 대처할 수 있는 능력을 길러 주었고, 동아리에서 진행했던 여러 가지 탐구활동과 동아리부장으로서 경험했던 갈등관리 사례들은 제가 질문에 답변할 때 사용할 수 있는 좋은 예시가 되었습니다.

• 신입생에게 들어 보는 면접 이야기(출처: 서울대 웹진 아로리)

새내기 의예과 K○○

면접 대비는 어쩌면 공부보다 더 많은 고민과 걱정이었습니다. 서울대 의예과 일반전형의 경우 다중 미니 면접(MMI)으로 면접만 60분 동안 보고 면접 내용 역시 일반적으로 예측할 수 없는 내용이기 때문입니다. 학교 선생님 중에서도 면접만큼은 서울에서 학원의 도움을 받아 보는 것이 어떻겠냐고 제안을 하신 분도 계셨습니다. 그렇지만 학교 선생님들과 선배, 그리고 교육청 선생님들 덕분에 충분히 혼자 준비할 수 있었습니다. 여름방학과 학기 중, 수능 이후 학교에서 하는 모든 모의면접에 참여하였습니다. 선생님들께서도 서울대 일반 면접과 동일한 형식의 문제를 만들 수는 없지만, 최대한 기출을 이용하여 다양한 상황을 가정하고 제가 대답할 수 있도록 도와주겠다고 하셨고, 실제로 많이 도와주셨습니다. 다중미니 면접은 다양한 종류의 상황 이외에도 생활기록부와 자소서에 관한 방도 있었기 때문에 이러한 면접 대비를 위한 모의면접 역시 매우 꼼꼼히 해 주셨습니다. 저 역시도 제 생활기록부와 자소서를 읽으며 제 나름대로 예상 질문을 뽑고 대답하는 연습을 했습니다. 부모님이 면접관 역할을 해 주시기도 했고, 선생님들께 부탁을 드리면 공강시간을 기꺼이 제게 내어 주셨습니다. 특히 3년간 작성한 보고서와 제출했던 수행평가 기록지, 독서감상문, 분석보고서 등을 모두 출력해서 다시 읽고 복기했습니다. 저는 책을 읽으면서 맘에 드는 부분은 촬영해 두고는 하는데 이러한 습관이 책의 내용을 떠올리는 데 많은 도움을 주었습니다. 교육청 진로진학담당 선생님들께서도 많이 도와주셨습니다. 제가 교육청 모의면접에 참여한 적이 있었는데 면접관님께서 공식적인 모의면접 이외에도 개인적으로 전화로 약속을 잡으면 언제든지 도와줄 수 있다고 하셨고 실제로 제가 예상하지 못했던 부분을 많이 지적해 주셔서 도움을 받을 수 있었습니다.

항상 그렇듯 매일매일 최선을 다했더니 어느새 면접 날이 다가왔습니다. 면접 날 아침, 버스를 타고 서울대학교에 도착했습니다. 도착하자마자 잠겨 있던 문이 열렸습니다. 딱 맞는 시간에 도착해서 엄마와 포옹을 나누고 들어갔습니다. 저는 개인적으로 가장 힘들었던 것은 대기였습니다. 전 마지막 조여서 3시간가량을 대기했어야 했는데 그 시간을 걱정과 불안, 초조로 보내다가 나중에서야 긴장을 조금 풀게 되었습니다. 실제 면접에서 꼬리질문의 경우 질문이 정해져 있지 않은 느낌이었습니다. 학생부나 자소서 어디에도 쓰여 있지 않은 내용에 대해서도 제가 대답한 내용이 있다면 거기서 질문이 이어졌습니다. 그때의 대답은 준비해서 되는 것이 아니라 평소 생각을 답할 수밖에 없기 때문에 평소 의학뿐만 아니라 사회 전반에 대해 자신의 생각과 기준을 가지고 있으면 좋겠습니다. 특히 자신이 읽은 책에 대해서는 깊은 고민과 점검을 해 두어야 어떠한 질문이나 상황에서도 흔들리지 않고 갑자기 꾸며 낸 대답이 아닌 자신의 의견을 당당하게 피력할 수 있습니다. MMI의 특징은 무엇보다 방이 여러 개라는 점입니다. 당연한 말 같지만, 5개의 방은 각각 처음부터 시작하는 것입니다. 저에게 두 번째 방이지만, 그 방의 면접관들은 저를 처음 만나는 것입니다. 따라서 그분들은 저의 이전 면접을 알지 못하기 때문에 이전 방의 면접을 빨리 잊고 매번 새로운 마음으로 자신 있게 대해야 한다고 생각합니다. 그리고 대부분 면접을 보고 나면 제일 먼저 드는 생각은 '망했다, 못했다.'라는 생각일 것입니다. 실제로 저도 끝나자마자 한숨이 나왔습니다. 하지만 아쉬움은 항상 남을 수밖에 없으므로 결과를 걱정하기보다는 그 순간에 최선을 다하는 것이 중요할 것 같습니다.

• 성균관대학교

– 면접 평가 방식
• MMI(Multiple Mini Interview, 다중미니 면접) – 3단계의 다중미니 면접 평가 진행
• 단계별 10분 내외 – 면접 준비(주어진 제시문을 대기실에서 읽는)시간 포함하여 단계별 진행 10분 내외
• 다대일 개별 면접 – 면접실에 따라 2~3인의 면접위원 구성
• 블라인드 면접 – 성명, 수험번호, 출신고교 등을 블라인드 처리

– 면접 진행 순서
• STEP 1 – 면접 전 대기실: 수험생 본인 확인, 휴대폰 수거, 가번호 추첨, 절차 및 주의 사항 전달
• STEP 2 – 면접 준비: 면접실 앞 대기, 면접실 앞에서 제시문을 읽고 상황 숙지
• STEP 3 – 면접 준비: 면접번호 확인, 면접 진행, 종료 알림 후 퇴실
• STEP 4 – 면접 후 대기실 : 면접 종료 후, 면접 후 대기실로 이동, 전체 면접 종료 시 귀가

– 최근 2개년 면접 기출문제

[2020]
– 정수네 반에는 4~5명의 친구들이 같이 뭉쳐 다니며 반의 분위기를 주도하고 있었다.
이 아이들은 행동이 거칠고 다른 아이들을 무시하며 위협을 가하는 행동을 하기도 해서 정수는 가능한 이들은 피하려고 했다. 그런데 언제부턴가 그 집단에서 꽤 주도적이던 재민이라는 아이가 집단의 중심인 아이와 갈등이 생겨 따돌림을 받기 시작했다. 어느 날 정수는 재민이가 심한 욕설이 적힌 쪽지가 잔뜩 붙어 있는 사물함 앞에서 울고 있는 것을 보았지만 두려운 생각이 들어 모른 척하고 지나쳤다. 그 뒤 가끔 재민이가 안 되었다는 생각을 하기도 했지만 그런 상태로 지냈고 재민이는 그 후 두 달쯤 뒤에 자퇴를 했다. 정수의 행동에 대해서 생각해 보시오.

Q1. 정수가 사물함 앞에서 그냥 지나친 행동에 대해 어떻게 생각하는지 말해 보시오.
Q2. 본인이 사물함 앞에서 울고 있는 재민이를 마주쳤다고 가정하고 어떻게 할 것인지 표현하시오.

[2021]
– 아래 지시문을 읽고, 면접위원 질문에 답하시오.

감염 질환	유행 시작	감염자	사망자	치사율	백신 개발
스페인 독감	1918	약 5억	약 1억	20%	1945
에볼라	1976	3,470	2,287	66%	개발중
메르스	2012	2,562	881	34.40%	개발중
코로나19 (전세계)	2019	5080만	약 126만	2.48%	개발중
코로나19 (한국)	2019	27,553	480	1.70%	개발중
새로운 감염질환	(예측)	(예측)	(예측)	(예측)	(예측)

[설명] 표는 과거 및 현재 감염 질환이 인류의 보건 및 건강에 미쳤던 영향을 데이터로 보여 주고 있습니다. 인류는 이들 질환에 대응 및 극복을 위하여 다양한 노력을 하고 있습니다.

Q1. 새로운 감염질환의 유행 시작 시점, 감염자 수, 사망자 수, 치사율, 백신개발 시점을 예측해 보시오
Q2. 코로나19 극복을 위하여 향후 어떤 노력이 더 필요할까요?

• 성균관대학교 의예과 선배들이 들려주는 면접 후기

Q1. 면접장 분위기는 어땠나요?

시설이 깔끔했고 진행요원분들의 안내에 따라 진행이 이루어졌습니다. 면접에 들어가기 전 학장님이 직접 대기실에 찾아오셔서 농담을 건네기도 해서 좀 더 편한 마음으로 면접에 임할 수 있었습니다. 면접은 여러 개의 방에서 진행되었는데 방마다 화상 면접을 할 수 있는 시설이 마련되어 있었습니다. 비대면 면접이지만 화면을 통해 교수님들이 저의 이야기를 경청해 준다는 것을 알 수 있었습니다.

Q2. 면접 문항의 난이도는 어떤가요?

어렵지는 않았지만 변별력은 있었다고 생각했고, 동기들의 의견도 비슷했습니다. 기출문제와 그해의 의료 관련 이슈, 본인의 학교생활기록부를 중심으로 준비해 간다면 크게 당황하는 일은 없을 것입니다. 다만 답변 준비 시간이 길게 주어지지는 않기 때문에 마음을 편하게 갖는 것이 좋을 것 같습니다. 대인관계 등에 관련된 인성 면접은 학교생활 중에 충분히 겪을 수 있는 문제들이었습니다.

Q3. 면접장을 나오면서 후회한 부분이 있다면요?

침착하게 생각을 정리한 뒤 두괄식으로 조리 있게 전달했다면 더 좋았을 것 같습니다. 교수님의 질문에 당황하며 두서없이 말을 했던 것이 마음에 걸렸습니다. 한편 적성 면접에서는 주어지는 종이에 답변을 빠르게 정리했는데, 체계적으로 정리하지 못해서 막상 답변을 할 때 종이를 참고할 수 없었습니다. 준비 시간이 짧게 주어질 때는 본인이 알아볼 수 있는 형식으로 키워드 위주로 정리하면 좋을 것 같습니다.

Q4. 면접 대기 시간에는 무엇을 하는 것이 좋을까요?

예상 질문과 답변을 정리했습니다. 그리고 답변 준비도 중요하지만, 학생의 가치관을 확인하는 면접이기 때문에 대기 시간에 긴장을 하지 않는 것이 중요합니다. 저는 뒤 순서여서 대기 시간이 길었는데, 준비해 온 따뜻한 차를 마시고 책을 읽었더니 긴장이 조금 풀렸습니다. 마음속으로는 잘 해내야 한다는 생각 대신 최선을 다하면 될 것이라고 되뇌었습니다.

Q5. 면접 준비는 어떻게 했나요?(답변 준비)

성균관대 학생부종합전형 책자에 수록된 면접 기출문제를 보고 나라면 어떤 답변을 할지 생각해 보았습니다. 또 그해의 의료 관련 이슈를 조사하고, 예상 질문 및 답변을 키워드 중심으로 정리했습니다. 인성의 측면에서는 진로희망을 '환자와 소통하는 의사'와 같이 더 구체적으로 정한다면 통일성 있게 답변을 하는 데 도움이 될 것입니다.

Q6. 면접 준비는 어떻게 했나요?(면접 태도)

친구들과 모의면접을 진행한 것이 많은 도움이 되었습니다. 말투와 자세, 시선 처리 등 세세한 부분까지 서로 피드백을 해 주면서 부족한 부분을 채워 나갈 수 있었습니다. 친구들 중에는 지원 학과가 다른 친구들도 있었지만 함께 준비하면 서로에게 의지가 되었고, 상대방의 장점을 통해 나의 단점을 고칠 수 있어서 유익한 시간이었습니다.

제시문 기반 면접

• 연세대학교

학생부종합전형 활동우수형(자연), 기회균등(자연) 면접구술시험 문제(오후)

[가] 빛은 전자기파의 일종으로 파동의 성질을 지니고 있다. 파동은 균일한 매질 안에서는 직진한다. 파동은 매질의 굴절률에 따라 속력이 달라지기 때문에 굴절률이 서로 다른 매질의 경계면에서 진행 방향이 달라지는데 이를 굴절이라 한다. 빛이 공기 중에서 유리로 된 프리즘으로 진행할 때, 그 경계면에서 일부는 반사되고 일부는 경계면을 통과하며 굴절이 일어난다.

[나] 식물의 광합성은 엽록체에서 일어난다. 보통 렌즈 모양인 엽록체는 세 종류의 막으로 이루어져 있는데, 맨 바깥쪽에서부터 '외막', '내막', '틸라코이드 막'이라 한다. 틸라코이드 막에 있는 엽록소는 가시광선 에너지를 주로 흡수한다. 틸라코이드 막이 겹겹이 쌓인 구조를 '그라나'라고 하는데, 이 구조는 작은 공간 안에서 빛을 효율적으로 흡수하는 역할을 한다. 최근 건물 옥상에서 흔히 볼 수 있는 태양전지는 태양의 가시광선을 주로 흡수하여 전자와 양공(홀)을 만들고 이를 분리하여 우리가 원하는 전압과 전류를 얻는 방법을 이용한 것이다.

[다] 계절의 변화는 지구 자전축이 기울어져 태양 주위를 공전하기 때문에 일어나는 현상이다. 만약 지구 자전축이 기울어지지 않은 채 공전하거나, 지구 자전축이 기울어졌어도 공전하지 않는다면 계절의 변화는 일어나지 않는다. 우리나라와 같은 북반구에서는 1년 중 하지 때 태양의 남중 고도가 가장 높다.

[라] 규칙적인 구조를 가지는 결정(結晶)에 X-선이 입사하면 결정의 구조로 인해 회절무늬가 나타나는데, 이를 분석하여 결정의 구조를 알 수 있다. 회절무늬는 경로의 차이가 파장의 정수배가 되는 방향에서 밝게 나타나는데, 이것은 X-선뿐만 아니라 전자기파가 지니는 공통적인 특징이다.

[문제 1] 높은 곳에 고정된 표적을 지표면에 서 있는 서수가 총을 쏴서 맞추어야 하는 상황이다. 사수가 표적을 정조준하여 명중하려면 지표와 표적 사이의 공기가 어떤 성질을 지녀야 하는지 제시문 [가]에 근거하여 논리적으로 설명하시오(단, 총알은 겨눈 방향으로 직선운동을 한다고 가정하자). [10점]

[문제 2] 제시문 [나]를 보면, 태양전지와 식물의 엽록체가 작동하는 방식이 유사함을 알 수 있다. 식물의 잎이 외부 자극에 의해 유연하게 움직일 수 있다는 점과 제시문 [다]를 참고하여 태양전지의 효율 향상을 위한 방법을 제시하고 이유를 설명하시오. [15점]

[문제 3] 조개껍데기나 나비의 날개가 만드는 알록달록한 색은 색소에서 비롯되는 것이 아니라 조개껍데기나 날개의 규칙적인 구조 대문에 나타나는 것이다. 이 현상을 제시문 [라]와 연결 지어 설명하시오. [15점]

학생부종합전형 활동우수형(자연), 기회균등(자연) 면접구술시험 문제해설(오후)

• 출제의도

고등학교 교과 과정에서 배운 지식을 바탕으로 주어진 제시문에 담겨 있는 과학 원리를 파악하고, 이를 통합적으로 해석하는 능력을 평가하기 위한 문제이다. 아울러 해석한 과학 원리를 실제 문제 해결에 적용하는 융합적 사고력도 평가하고자 한다.

단순한 암기 위주의 지식에 근거한 구술 능력 또는 기계적 문제 풀이 능력보다는 자연 현상을 이해하고, 논리적 사고 및 추론을 통한 문제 해결 능력 평가에 주력하였다.

1번 문제는 고등학교 물리학 교과 과정에서 배우는 빛의 성질 중 하나인 경로변화에 대한 기본개념을 이해하고 있는지 확인하며, 이를 분석하는 논리적 사고력을 평가한다.

2번 문제는 고등학교 통합과학, 생명과학 교과 과정에서 배우는 태양전지와 식물의 광합성에 대한 기본 지식을 바탕으로 이들의 공통점을 논리적으로 찾아내고 융합, 응용하는 능력을 평가한다.

3번 문제는 고등학교 물리학 교과 과정의 X-선 회절 현상에 대한 내용을 기초로 하여 자연계에서 일어나는 현상을 분석하는 논리적 사고력을 평가한다.

• 문제 해설

[문제 1]

제시문 [가]에서 설명한 바와 같이 빛은 서로 다른 특성을 갖는 매질의 경계에서 굴절이 일어나게 된다.

1 높은 곳의 물체를 정조준하여 명중을 시키기 위해서는 표적과 사람의 눈 사이에 빛이 직진을 해야만 한다.

2 물체와 사람 사이의 공기 매질이 일정한 밀도를 가지고 있어야만 빛이 직진을 할 수 있다. 그러나 만약 공기의 매질이 높이에 따라 다른 밀도를 갖는다면 제시문 [가]에서 빛이 굴절되는 것과 같이 빛의 굴절이 일어나서 표적을 맞출 수가 없게 된다.

[문제 2]

제시문 [나]에 따르면 식물의 광합성과 태양전지는 모두 빛의 파장 중 가시광선을 주로 한다. 가시광선을 많이 흡수하기 위해서는 제시문 [다]에 나와 있듯이 태양의 고도가 높은 여름철에 식물의 엽록체와 태양전지에 가시광선의 도달량이 커지기 때문이다.

식물의 잎이 외부 자극에 자유롭게 움직일 수 있는 것은(예를 들어 식물이 태양 쪽 방향으로 자라는 현상) 가시광선의 입사각을 조절하여 받을 수 있는 가시광선의 도달량을 크게 하여 광합성에 유리한 현상이다. 태양전지의 경우에도 태양전지가 특정한 각도로 고정이 되어 있는 것보다는 태양전지의 면이 태양빛을 향하게 움직이게 만들면 빛의 반사율을 줄이고 흡수율을 높여서 높은 효율을 얻을 수 있다(유사한 관점에서 다른 방법으로 설명을 한다면 정답으로 인정이 가능)

[문제 3]

1 회절무늬는 전자기파의 경로에 따라 전자기파의 증폭 또는 감쇄에 따라 일어나는 현상이다. 규칙적인 결정은 원자 사이의 규칙적인 간극으로 인하여 X-선의 회절무늬가 형성된다. 따라서 그 규칙의 종류에 따라 서로 다른 회절무늬가 나오는데 이를 분석하여 우리가 결정의 구조를 파악할 수 있다.

2 조개껍데기와 나비의 날개의 경우에도 우리가 색깔을 볼 수 있는 것은 규칙적인 구조를 갖고 있기 때문이다. 제시문 [라]에서와 같은 회절현상이 조개껍데기와 나비의 날개에서 일어나며 [라]와의 차이점은 가시광선이 회절현상을 일으킴으로써 색깔로 나타나는 것이다.

• 영남대학교

학생부교과(창의인재)

출제 문항	'인공지능을 장착한 로봇이 인간 세상을 지배할 것인가?'에 대한 본인의 의견을 말하시오.
출제 의도	미래사회에 대한 학생들의 생각과 관심정도를 파악해본다. 신기술 개발에 따른 사회적 파급효과 및 부작용에 대하여 생각해 보고 기술개발이 항상 인간에게 도움이 될 것이라는 막연한 생각에서 탈피할 수 있도록 한다.
채점 기준	자신의 주장에 대한 논거가 논리적이며 관련 분야의 지식을 어느 정도 이상으로 이해하고 있으면 Pass 자신의 주장이 전혀 논리적이지 않으며 관련 분야에 대한 지식도 전혀 없어 대학 신입생의 수준에 부합되지 못한다고 판단되면 : fail
모범 답안	찬반에 대한 정답은 없으며, 찬성에 대한 의견으로는 인공지능 기술의 발달에 따른 특이점(인간의 지능을 넘어서는 시점)이 오는 시기가 2045년(커즈레일), 2040년(유발하라리)으로 예견되고 있으며, 현재 개발된 과학기술(메모리 용량, 인공지능 알고리즘, 하드웨어 속도 등)을 고려해 볼 때 충분히 가능한 일로 판단된다. 또한 과학 기술이 항상 개발한 사람의 순수한 의지대로만 사용된 적이 없다는 핵폭탄이나, 칼리시니코프(AK소총 개발자)의 예에서도 알 수 있다. 따라서 인간의 지적 능력을 추월한 로봇은 세상을 지배할 수 있을 것이다. 반대 의견으로는 약한 단계의 인공지능(특수한 분야의 지능, 예를 들면 알파고)은 충분히 인간의 지능을 뛰어넘을 수 있을지 모르나 추론, 직감, 예측 등의 강한 단계의 인공지능(종합적인 지능)을 구현하는 것은 아직 시기상조이며 영원히 불가능할지도 모른다. 특히 육체적 신체를 가진 인간만이 가지고 있는 공감능력, 측은지심, 수치심, 욕망, 죽음에 대한 두려움 등을 구현할 수 있는 기술은 아직 구체화되지 않은 상태이다. 따라서 인간의 종합적인 능력을 뛰어넘는 인공지능 로봇은 개발되기 어렵다.

• 전북대학교

2021학년도 학생부종합전형 면접 인성 및 가치관 영역

(오전반) 두 문항 중 한 문항을 선택하여 답하는 방식

1 전 세계적으로 코로나19 감염을 예방하기 위하여 비대면을 중심으로 하는 문화가 새롭게 생겨났다. 이러한 문화가 우리의 삶에 미치는 긍정적 영향과 부정적 영향을 각각 설명하고, 부정적 영향을 극복하기 위한 방안을 제시하시오.

2 최근 일부 지역에서 채식주의자 등 채식을 선호하는 일부 학생들을 위하여 채식선택제를 학교급식에 도입하였다. 이 제도에 대한 찬성 또는 반대 의견을 제시하고, 그 이유를 구체적으로 설명하시오.

2021학년도 학생부종합전형 면접 잠재능력 및 발전가능성 영역

(오전반) 두 문항 중 한 문항을 선택하여 답하는 방식

1 코로나19와 같은 바이러스 감염병 예방을 위한 생활방역 중 하나로 비누를 사용한 손 씻기가 있다. 비누를 사용한 손 씻기가 어떻게 바이러스 감염을 예방할 수 있는지 그 원리를 설명하시오.

2 태양에너지가 생성되는 원리와 이 에너지가 지구 및 생명체에 미치는 영향에 대해서 설명하시오.

생활기록부 기반 면접 기출

• 가톨릭관동대학교 면접 평가 질문 예시

수시 학생부종합전형에서는 학생부 기재 내용을 바탕으로 인성/전공 적합성을 파악하고자 하며 의예과에 한정된 질문이 아니라 다른 학과와 방식이 동일하다. 인적성 면접을 실시하는 정시모집에서도 동영상 업로드 방식의 어렵지 않은 질문이었다.

전형 요소	출제범위	질문 사항
수시 학생부종합 전형 면접 고사	인성영역	• 자기소개서에 적은 것 중 ○○○○에 대해 설명할 수 있나요? • 미인정 지각이 많은데 그 이유는 무엇인가요? • ○○동아리 활동에 대해 어떤 동아리이며 가장 기억에 남는 활동이 무엇인지 말씀해 주세요. • ○○○로서 갈등 상황에 처했을 때 어떻게 중재자의 역할을 수행할지 설명해 주세요. • 동아리 활동의 주된 의미는? • 특별히 기억에 남는 활동은 무엇인가요? • 봉사 활동을 통해 느낀 점은 무엇인가요? • 기억에 남는 독서활동에 대해 간략하게 소개해주세요 • 입학 후 어떤 대학 생활을 계획하고 계신가요? • 그 외 개인별 학교 생활 기록부, 자기소개서 내용 확인(학생부종합전형)
	전공영역	• 학생이 우리학과에 지원하기 위해 했던 노력과 준비과정을 설명해 주세요. • ○○○로서 갖추어야 할 기본적인 소양은 무엇이라고 생각하나요? • ○○학과를 졸업 후 진로 방향이 무엇이 있을까요? • 본인이 고등학교 동안 좋아했던 교과목과 이를 위한 공부 방법은? • 전공과 관련해 수행한 탐구 활동 중 가장 기억에 남는 활동은 무엇이고, 어떤 노력을 기울여 왔나요? • ○○탐구(또는 토론 등)에서 본인이 했던 연구 내용을 설명해주세요 • ○○실험에서 문제가 있었다고 하였는데 어떻게 극복하였고, 그 방안은 무엇이었나요? • ○○이라는 꿈을 이루기 위하여 본인이 갖추어야 할 최우선적인 요소는 무엇이라고 생각하는지요? • ○○이 되기 위해서 본인이 현시점에서 노력해야 할 것은 무엇일까요? • 좋은 교사란 어떤 교사라고 생각하나요? • 고등학교 재학시절 다양한 진로로 고민한 것 같은데 미래의 교사로서 자신과 같이 다양한 진로로 고민하는 학생이 있다면 어떻게 도와줄 것인가요? • ○○학과를 희망했는데, 그 이유는 무엇인가요? 타대학의 ○○학과와 차이점은 무엇인가요?
정시 인·적성면접		• 의과대학 졸업 후 의사로서의 활동계획에 대해 말씀해주세요. (코로나19의 확산으로 인해 동영상 업로드 방식으로 진행하였으며, 합·불 면접을 시행함)

• 경상국립대학교 면접 평가 질문 예시

평가항목	평가 및 질문 내용	평가자료
전공 적합성	• 전공분야 학업 수행을 위한 고교 교육과정 기반 학업역량 및 관련 활동 지원동기가 분명하고 전공과 연계된 관심과 흥미, 열정이 있는가? 고교교육과정 내에서 이루어지는 전공기초수학능력을 보여주고 있는가? 전공 관련 활동과 진로계획의 구체성과 타당성, 일관성이 있는가? 실행하려는 의지가 있는가? [질문예시] 1. 우리대학 지원전공(학과)에 지원한 이유가 무엇인지 말씀해 주세요. 2. 고교 재학기간 중 가장 관심 있는 교과목을 말하고 그 이유를 말씀해 주세요. 3. 교과학업 활동에서 탐구 역량 확장을 위해 노력한 경험이 있다면 말씀해 주세요.	학교생활기록부 (수상경력, 진로 희망 사항, 창의적 체험활동상황, 교과 학습발달상황, 독서활동상황)
발전 가능성 · 자기 주도성	• 교과 및 비교과의 다양한 경험을 통하여 미래인재로 성장할 가능성 • 자기주도적인 교내활동 참여와 진로목표를 이루기 위해 자기개발 노력 주어진 문제해결에 필요한 탐구 및 분석능력을 발휘하고 있는가? 자기주도적으로 진로를 개척하려는 도전의식과 모험정신을 갖추고 있는가? [질문예시] 1. 고교 재학기간에서 수상실적 중 가장 의미 있는 수상은 무엇이며 어떤 노력을 했는지 말씀 해주세요? 2. 자기 주도적으로 선택하고 노력하여 성과를 내었던 경험이 있었다면 말씀 해주세요? 3. 해당경험을 통해 그 이후 지원자는 어떠한 변화가 있었는지 말씀 해주세요?	학교생활기록부 (수상경력, 창의적 체험활동상황, 독서 활동상황)
인성	• 바람직한 공동체의식과 배려, 나눔, 협력, 갈등관리의 실천 구성원으로서 집단목표 및 자신의 역할을 정확하게 인식하고 협력하며, 자신에게 주어 진 역할에 대하여 성실한 자세로 끝까지 책임을 다하는가? 면접과정에서 지원자로서의 예의를 갖추고 최선을 다하는 모습을 보이는가? [질문예시] 1. 고교 재학기간 중 가장 열정을 가지고 적극적으로 경험했던 활동은 무엇이었는지 말 씀해 주세요. 2. 고교 재학기간 중 단체 활동을 통해 성취 경험이 있었다면 말씀해 주세요. 3. 협업(팀워크)을 통해 배운 점이 있었다면 말씀해 주세요.	학교생활기록부 (학적상황, 출결 상황, 창의적체험활동상황, 봉사활동, 행동특성 및 종합의견)

- **인성면접**

  나군: 아주대

  아주대는 인성 면접을 5%를 합산하여 선발한다.

- **제시문, 인적성면접**

  가군: 연세대

  연세대는 수시모집과 마찬가지로 제시문, 인적성면접을 2단계에 실시한다. 2단계 수능 910점+면접 100점을 합산하여 최종선발한다.

- **인적성면접(P/F) 실시 대학**

  가군: 가톨릭대, 고려대, 성균관대, 울산대, 인제대

  나군: 가톨릭관동대, 서울대

- **서울대**

  결격 여부를 판단하는 방식으로 활용, 2022 정시 일반전형 면접 방식 참고

  서울대 인적성면접(P/F) 지역균형, 일반, 기회균형 II 저소득

  서울대 기회균형III(특북)은 정시모집이지만 서류60에 면접40 반영한다.

의학계열 참고자료

PART

1

의학계열 진로활동

● 경희대학교 의과대학 주최 '경희 의대 의과학 멘토링 캠프'

● 경희대학교 한의과대학 고교생 캠프

● 상지대학교 한의학 캠프

● 대학교 실험실 활용 연구

● 대구경북첨단의료산업진흥재단 견학

● 명사초청 특강

● 대구과학수사연구소

● 의학계열 모의면접, 면접 특강

● 주제탐구활동

● 디베이트 토론

● 경암바이오유스 캠프

● 인하미래인재학교

경희대학교 의과대학 주최 '경희 의대 의과학 멘토링 캠프'

• 주요 내용

가. 학생 대상 주제별 강의

  1 의과학에 대한 흥미를 유발할 수 있는 주제 선정 및 강의

  2 의대 입학을 원하는 학생들에게 목표를 확고히 할 수 있는 동기 부여

나. 주요 프로그램 및 Time Table (※ 세부프로그램 및 강사진은 변동될 수 있음)

시간	내용	강사
08:30-09:00	등록 및 접수	
09:00-09:20	인사말	의과대학 학장
09:20-09:50	특강	경희의대 교수
09:50-10:20	특강	경희의대 교수
10:20-10:30	Break	
10:30-10:50	의대생의 하루	경희의대 재학생
10:50-11:10	특강	경희의대 교수
11:10-12:00	의과대학 투어	경희의대 교수
12:00-13:10	점심시간 및 멘토와의 만남	
13:10-13:30	실습 체험 소개	경희의대 교수
13:30-16:30	실습체험	경희의대 교수
16:30-17:00	수료증 증정 및 폐회사	

다. 프로그램 종료 후 참가학생에게 수료증 증정 예정

경희대학교 한의과대학 고교생 캠프

• 주요 내용

가. 학생 대상 주제별 강의

– 한의학에 대한 흥미를 유발할 수 있는 주제 선정 및 강의

– 한의과대학 입학을 원하는 학생들에게 목표를 확고히 할 수 있는 동기 부여

나. 프로그램 종료 후 참가자에게 수료증 증정

다. 주요 프로그램 및 일정(※ 세부프로그램 및 강사진은 변동될 수 있음)

시간	내용	강사
09:50-10:00	한의과대학 홍보 동영상 시청	
10:00-10:04	개회식	차○○(한의과대학 학과장)
	참석자 소개 및 프로그램 소개	
10:04-10:09	한의과대학장 인사	이○○(한의과대학 학장)
10:09-10:19	한의과대학 소개	이○○(한의과대학 교학부학장)
10:19-10:38	침의 과학적 접근 소개	이○○(한의과대학 교수)
10:38-10:57	기싱치료로 화령, 스트레스 널러돌//ㅏ!	김○○(인희파데믹 교수)
10:57-11:02	휴식시간	
11:02-11:21	한의과대학 활동소개 및 학생회장 인사	서○○(한의과대학 학생회장)
11:21-11:40	한방추나 체험	조○○(한의과대학 교수)
11:40-11:59	AI한의사와 정밀의학	이○○(한의과대학 교학부학장)
11:59-12:00	폐회식	차○○(한의과대학 학과장)

상지대학교 한의학 캠프

• 일정 및 체험 내용

시간	내용	장소
6:30	집결, 출발	고등학교
9:00	집결, 명찰배부, 방명록 작성	강당
09:00~09:30	개회식(환영사, 조 배분, 일정안내, 안전교육)	강의실
09:30~10:30	진로멘토링1	강의실
	한의대생 강연	
	멘토의 꿈/비전 공유	
10:30~12:30	진로탐색 조별 프로그램1	해당장소
12:30~14:00	점심식사	학생식당
14:00~16:00	진로탐색 조별 프로그램2	해당장소
16:00~16:30	캠퍼스 투어	해당장소
16:30~18:00	진로멘토링2	해당장소
	한의사 강연	
	멘토와 함께하는 진로설계	
18:00~19:00	폐회식(만족도 조사, 소감발표 및 사진 촬영)	강의실
19:00~	귀가	차량 탑승

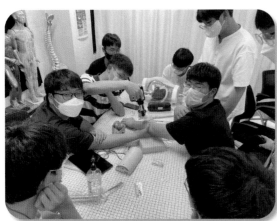

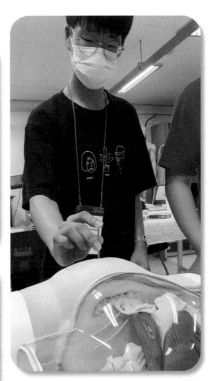

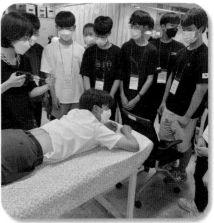

대학교 실험실 활용 연구

특강 및 실험 주제: Tyrosinase의 효소활성 측정 및 저해제의 효능검증

고교 연계 프로그램의 활성화로 대학에서 할 수 있는 프로그램들이 많아졌다. 자율적으로 기획한 프로그램이며, 이 밖의 다양한 활동은 생략하도록 하겠다.

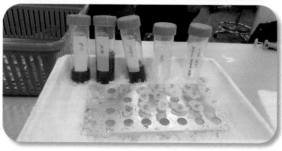

대구경북첨단의료산업진흥재단 견학

명사초청 특강

1. 주제 – 의생명과학 진로 탐색: 살며 살펴 생각하며
2. 내용 – 의약학 생명과학 진로, 의료 철학 및 윤리 특강, 의학에 대한 진솔한 대화 및 질의응답
3. 강사 – 중앙대학교 의학부 백광진 교수(전 중앙대학교 입학처장)

대구과학수사연구소

법의학과 유전자분석과 독성화학과 이공학과

의학계열 모의면접, 면접 특강

1. 활동 개요: 의학계열 대입 면접 대비 활동
2. 주요 활동: 특강, 모의면접

주제탐구활동

1. 활동 개요: 의학 관련 주제 탐구
2. 주요 활동: 탐구활동 및 프리젠테이션

디베이트 토론

활동 내용: 의료나 주요 이슈에 관한 찬반 토론 진행

경암바이오유스 캠프

생명과학에 대한 관심과 흥미를 가질 수 있는 프로그램으로 역사가 깊다.

코로나19로 인하여 앞의 경희대학교 캠프와 경암바이오유스 캠프는 모두 온라인으로 진행되었다.

인하미래인재학교

PART | 2

대학별 의치한 소개자료

• 가톨릭대학교

국내 최대 규모의 의료 네트워크, 가톨릭중앙의료원 가톨릭대학교
THE CATHOLIC UNIVERSITY OF KOREA

8개 병원, 6500여 병상 국내 최대 규모 의료 네트워크

서울성모병원 1371 병상 / 여의도성모병원 525 병상 / 의정부성모병원 691 병상 / 부천성모병원 648 병상 / 은평성모병원 751 병상 / 인천성모병원 877 병상 / 성빈센트병원 888 병상 / 대전성모병원 660 병상

6411 (국내 최대)

가톨릭의대 A B C D E

6000 5000 4000 3000 2000 1000

》》 대한민국 최대 규모의 의료기관
- 국내 최대 규모의 부속병원(최다 병상)
- 국내 의과대학 중 최다 교원수

》》 최고의 의료 네트워크
- 8개 부속병원
- 40여개의 가톨릭의료협회 병원

• 대구가톨릭대학교

대구가톨릭대학교의료원

2014년 권역 류마티스 및 퇴행성 관절염 전문질환센터 개원
2016년 암·장기이식센터
2017년 스텔라관 리모델링
2020 건강보험심사평가원 '환자경험 평가' 상급종합병원 영남권 1위, 전국 5위

의료원 시설현황(2021.09.)
- 대지면적 67,047㎡ · 건축면적 20,201㎡
- 연면적 153,766㎡ · 허가병상수 874병상

• 가톨릭관동대학교

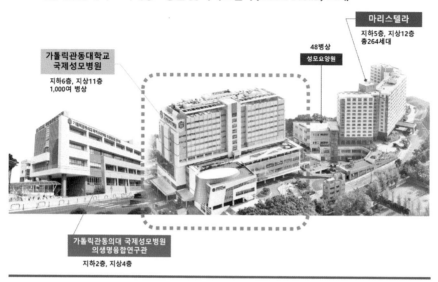

• 동국대학교 경주캠퍼스

• 건양대학교

Play on
건양대학교병원 소개

KONYANG UNIVERSITY

2021년 05월 새병원 완공

구분	내용
대지위치	대전광역시 서구 관저동 1643번지 외 3필지
대지면적	172,568.80㎡
건축면적	9,034.37㎡
연면적	91,500.54㎡
층수	지하4층 / 지상9층
건축물높이	43.92m
용도	의료시설(종합병원), 근린생활시설
병상수	432병상(중환자실 20병상 포함)

• 순천향대학교

부속병원

순천향대학교에는 서울, 부천, 천안 및 구미에 부속병원이 있다. 순천향대학교 병원에는 MRI, C-T, SPECT, 심혈관촬영기, 고밀도측정기 등 최첨단 의료장비를 갖추고 있다.

이곳에서는 인간 생명을 소중히 하는 의료기관 으로서 숭고한 사명감으로 진료활동에 충실할 뿐만 아니라 따뜻한 가슴을 지닌 참의료인을 양성하기 위한 교육체제를 동시에 갖추고 있다.

따라서 매년 무의촌을 대상으로 실시하는 의료봉사활동을 통해 순천향의 히포크라테스 후예들은 아픈자를 치료하는 기초적인 진료활동과 함께 그들을 살할 줄 아는 숭고한 사랑의 정신을 같이 배우게 된다.

순천향대학교 서울병원   순천향대학교 부천병원   순천향대학교 천안병원   순천향대학교 구미병원

• 조선대학교

• 가천대학교

• 한림대학교

1971년 개원 이래 끊임없는 도전과 혁신으로 국민건강 증진과 의학발전에 기여해온 한림대학교의료원은 6개 병원 총 4000여 병상을 운영하고 있는 명실상부한 국내 굴지의 의료기관입니다. 국내 유일의 세계최대규모 화상센터를 포함하여 질환 중심의 다양한 특성화센터를 구축하고 다학제적 협진시스템, 국제의료 보건사업에 앞장서며 세계적 수준의 의료서비스를 제공하는 글로벌 의료기관으로 도약하고 있습니다.

한림대학교춘천성심병원
심장혈관센터, 관절센터

한림대학교성심병원
뇌신경센터, 유방내분비암센터

한림대학교강남성심병원
로봇수술센터, 골관절센터

한림대학교한강성심병원
화상센터

한림대학교동탄성심병원
소화기센터, 심장혈관센터

강동성심병원
일송두경부-갑상선암병원

• 동아대학교

동아대학교 병원

사랑과 인술로
늘 함께하는
동아대학교병원

1985.01.05	의예과 신설
1990.03.26	동아대학교부속병원 개원
2012.03.22	대한민국 글로벌 의료 서비스 대상 수상
2018.02.01	권역심뇌혈관질환센터 보건복지부 성과평과 전국 최고점
2020.04.06	로봇 간이식 수술 성공

• 인하대학교

안전을 향한 생각이
바른 가치를 만듭니다

의료기관의 사회적 책무를 수행하기 위한 국책사업 수주·운영
인천권역 심뇌혈관질환센터, 권역 응급의료센터, 신생아 집중치료
지역센터, 인천 금연지원센터 등 환자안전을 최우선으로, 환자에게
바른 가치를 전달하는 하이밸류케어(High Value Care)의 실천.

희귀질환 및 장애인 의료사각지대 해소를 위한 공공의료분야 지원
인천광역시 지역장애인보건의료센터, 희귀질환 경기서북부권 거점센터,
발달장애인 거점병원·행동발달증진센터 등

인천시민의 건강을 책임지는 안전하고 믿을 수 있는 병원
국내 상급종합병원 최초, 최대규모 간호·간병 통합서비스 병동 운영.
국내 최초 입원환자 전담 의료진 중심의 입원의학과 개설.
대규모 감염병 대응 가능한 음압병동, 격리집중치료실 구축.
암 환자의 신속한 진단과 치료를 연계하는 암 통합지원센터 운영.

⊕ 인하대병원
　INHA UNIV. HOSPITAL

• 충북대학교

충북 유일의
상급종합병원

제3차
중환자실
적정성 평가
100점 만점
1등급

충북대학교
CHUNGBUK NATIONAL UNIVERSITY

KU 메디컬 캠퍼스

고려대학교의료원은 의과대학을 비롯한 산하 각 병원을 모두 캠퍼스화하여
창의적인 미래 인재 양성과 전문성 강화에 힘쓰고 있습니다.

1 안암 캠퍼스

2 구로 캠퍼스

3 안산 캠퍼스

4 청담 캠퍼스

5 정릉 K-Bio 캠퍼스

	병상 수	연면적
안암 캠퍼스	1,040	130,017㎡
구로 캠퍼스	1,075	119,780㎡
안산 캠퍼스	809	82,344㎡

• 동신대학교

• 상지대학교

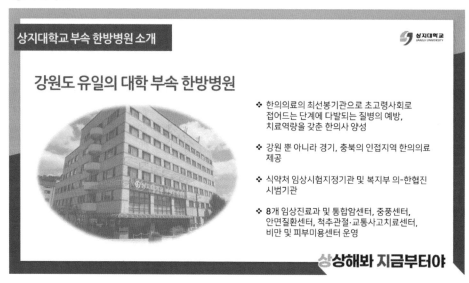

• 동의대학교

• 세명대학교

세명대학교 한의과대학

**전통을 발전시키는 한의사 / 임상에 재능있는 한의사 /
사회에 공헌하는 한의사 양성**

- 한국한의학교육 평가인증 획득(6년, 한의과대학 중 최초)
- 제천 및 충주 부속한방병원에서 임상실습 수행
- CPX·OSCE 실습을 위한 한의임상술기센터

세명대학교 부속 제천한방병원 / 충주한방병원

- 충북 및 강원 일부 지역을 보살피는 지역
  내 중심병원
- 천연물 소재개발과 임상시험을 한번에 실시할 수 있는
  한방바이오임상지원센터
- 한방 의료 서비스를 기반으로 한 한방정밀의료 연구
- (지자체–대학 지역혁신사업 수행)

PART

3

그 밖에 도움이 되는 이야기

- 약대를 모집하면서 생기는 변화
- 의학계열 전과
- 의학계열을 희망하면 재수는 각오하라
- 전국 대학부속병원 현황
- 인터넷 홈페이지 주소
- 이 책의 자료 출처

약대를 모집하면서 생기는 변화

의치한을 지망하는 학생이 하향으로 약대를 지원하거나, 의치한을 희망했던 학생이 합격하기에는 부족하다고 판단하여 약대로 진로를 바꾸는 일이 있을 것이다.

대학마다 차이는 있지만 입시결과 순위가 의대-치대-한의대-약대를 예상하기도 하고, 의대-치대-약대-한의대를 말하는 입학사정관들도 있다. 어떤 국립대학은 수의대와 약대를 비교하기도 한다. 하지만 결과는 나와 봐야 한다. 대학의 인지도와 약대 인지도에 따라 입결은 달라질 것 같다.

약대의 최저가 높다면 입결이 내려갈 것은 분명하지만, 대다수의 약대의 최저가 의예, 치의예보다는 높지 않기 때문에 입결은 올라갈 것으로 예상하는 것은 당연하다. 그래서 어느 대학은 의대와 약대의 입결이 같을 것으로 예상하기도 하였다. 물론 필자는 이 대학의 입결이 약대가 더 높을 것으로 예상한다. 독자들도 한번 생각해 보기 바란다.

추후에 2022학년도 입시 결과에 따라 본격적으로 약대를 추가하여 '의치한약'을 분석하는 책을 제작해 보겠다.

의학계열 전과

　대학의 전과 제도를 보면, 의학계열은 제외한다는 말을 명시하고 있다. 하지만 어떤 학교는 제도적으로 막아 두지 않은 학교도 있다. 하지만 여석이 생기지 않거나 여석이 생기더라도 편입 등으로 먼저 채워지기 때문에 의학과 전과는 사실상 어렵다. 이러한 이유로 한때 의학계열 전과 제도를 시행하였다가 중단한 학교도 있고, 시행하려고 준비 중인 학교도 있다.

　의학과 전과 제도가 시행되면, 학생들은 의공학이나 다른 학과로 진입해 의학과 전과로 노리려고 할 것이다. 그러나 현실적으로 의학과에 전과하는 장벽이 높을 뿐만 아니라 의대 전과를 목적으로 진학하였다가 실패를 하면 그 후 자신의 인생 진로 설계가 막연해질 수도 있다.

　또한 전과 선발 절차도 고민을 많이 해야 할 문제이다. 그렇지 않으면 공정성의 문제도 늘 제기될 것이기 때문이다. 이런저런 현실적인 문제로 의대 교수의 반발도 만만치 않다. 만약 의학계열의 전과 제도를 잘 운용할 수 있다면, 또 하나의 의학계열 진입의 길이 생길지도 모르겠다.

의학계열을 희망하면 재수는 각오하라

앞서 말했다시피, 내신과 수능을 두 마리 토끼를 다 잡아야 안정적인 결과를 기대할 수 있다. 하지만 고등학교 3년 동안 수능과 동떨어진 교육과정을 이수하기에도 바쁘고, 각종 활동을 챙겨야 하며, 내신 평가 또한 수능과는 거리가 먼 상황에서 두 마리의 토끼를 잡기란 쉽지 않다.

수능 모의고사 성적이 늘 잘 나오던 학생도 수능에서는 높은 의학계열 최저를 맞추지 못한 경우를 많이 보았다. 또한 평소에는 성적이 좋지 않았는데 고3 6월, 9월 모의고사 중 하나라도 잘 나오기만 하면 합격할 수 있는 것처럼 자신의 실력 이상의 수능 최저등급을 필요로 하는 대학에 지원한다. 결과는 대부분 처참하다. 이는 비단 의학계열을 지원하는 학생들뿐만이 아니다.

그래서 수능 성적이 안정적이지 않은 재학생의 경우에는 수능 최저등급이 낮은 종합전형이나 교과전형에 지원하고, 최저등급이 높은 전형은 피하는 것이 좋지 않을까 한다. 혹시나 미련이 남는다면 다음 해에 더 공부하여 도전하는 것이 나을 듯하다.

졸업 후 다시 도전하는 학생이라면 교과전형을 추천한다. 교과전형은 내신 성적을 가지고 평가하기 때문에 후년도에 얼마든지 다시 재도전이 가능하다. 종합전형도 고려할 수 있겠지만, 이미 재학시절에 평가를 받아서 실패한 경험이 있다는 것은 서류평가 점수가 그렇게 높지 않다는 말일 수도 있다. 또한 재학생 중에서도 워낙 우수한 학생들이 많기 때문에 경쟁이 치열하다. 하지만 종합전형에서도 수능 최저학력기준이 아주 높은 곳은 역시 수능 최저학력기준이 관건이지 않을까. 간혹 대학을 다니다가 수능 최저학력기준이 없는 전형을 지원하여 합격하는 경우가 있었다. 서류 점수나 면접 점수가 아주 우수한 학생들이다.

3학년 2학기에는 수능 준비 등으로 학생들이 내신에 소홀히 하는 경우가 많다. 그 와중에 재수를 염두에 두고 내신 준비를 열심히 하여 좋은 성적을 받을 수 있다. 그래서 필자는 졸업생과 재학생을 다르게 평가한다는 것이 불공평하다고 생각하나 어쨌든 졸업 후 대학에 다시 지원하기를 희망하는 학생이라면, 3학년 2학기까지 학교생활을 잘 마무리하는 것이 좋다.

전국 대학부속병원 현황

대학명	부속병원
가천대	가천대 길병원
	가천대부속 동인천길병원
	가천대부속 길한방병원
	가천대 서울 길병원(설립 추진)
가톨릭 관동대	가톨릭관동대학교 국제성모병원
가톨릭대	가톨릭중앙의료원
	가톨릭대학교 여의도성모병원
	가톨릭대학교 서울성모병원
	가톨릭대학교 의정부성모병원
	가톨릭대학교 은평성모병원
	가톨릭대학교 인천성모병원
	가톨릭대학교 부천성모병원
	가톨릭대학교 성빈센트병원
	가톨릭대학교 대전성모병원
국립강릉원주대	국립강릉원주대학교 치과병원
강원대	강원대학교병원
건국대 (글로컬)	건국대학교병원
	건국대학교 충주병원
건양대	건양대학교병원
	건양대학교 부여병원
	김안과병원
경북대	경북대학교병원
	칠곡경북대학교병원
경상국립대	경상국립대학교병원
	창원경상국립대학교병원
	마산의료원
경희대	경희의료원
	강동경희대학교병원
계명대	계명대학교 동산의료원
	계명대학교 경주동산병원
고려대	고려대학교의료원
	고려대학교 안암병원
	고려대학교 구로병원
	고려대학교 안산병원
고신대	고신대학교 복음병원

대학명	부속병원
단국대 (천안)	단국대학교병원
대구가톨릭대	대구가톨릭대학병원
	칠곡가톨릭병원
	논공가톨릭병원(재단산하)
	대구정신병원(재단산하)
	포항성모병원(재단산하)
대구 한의대	대구한의대학 부속대구한방병원
	대구한의대학 부속포항한방병원
대전대	혜화의료원
	대전한방병원
	서울한방병원
	천안한방병원
	청주한방병원
동국대 (경주)	동국대학교 일산병원
	동국대학교 경주병원
	동국대학교 일산한방병원
	동국대학교 분당한방병원
	동국대학교 경주한의원
동신대	목동동신한방병원
	나주동신대학교한방병원
	광주동신대학교한방병원
	목포동신대학교한방병원
동아대	동아대학교병원
동의대	동의의료원
부산대	부산대학교병원
	양산부산대학교병원
	부산대학교한방병원
	부산대학교치과병원
	영남권역재활병원
상지대	상지대학교부속한방병원
서울대	서울대학교병원
	보라매병원
	분당서울대학교병원
	서울대학교병원강남센터
성균관대	삼성의료원
	성균관의대 삼성서울병원
	성균관의대 강북삼성병원
	성균관의대 삼성창원병원
세명대	세명대학교 부속 제천한방병원

대학명	부속병원
순천향대	순천향대중앙의료원
	순천향대학교 구미병원
	순천향대학교 서울병원
	순천향대학교 부천병원
	순천향대학교 천안병원
아주대	아주대학교병원
연세대	연세대학교의료원
	세브란스병원
	강남세브란스병원
	용인세브란스병원
연세대 (미래)	원주세브란스기독병원
영남대	영남대학교병원
	영남대학교영천병원
우석대	우석대학교부속한방병원
	우석병원
울산대	강릉아산병원
	울산대학교병원
	서울아산병원
	강릉아산병원
	금강아산병원
	보성아산병원
	보령아산병원
	영덕아산병원
	정읍아산병원
	홍천아산병원
원광대	원광대학교병원
	원광대학교 산본병원
	군산의료원
을지대	을지대학교의료원
	을지대학교 을지병원(서울)
	을지대학교 을지병원(대전)
	을지대학교 강남을지병원
이화여대	의화의대 목동병원

대학명	부속병원
인제대	인제대학교 백병원
	인제대학교 서울백병원
	인제대학교 부산백병원
	인제대학교 상계백병원
	인제대학교 일산백병원
	인제대학교 해운대백병원
인하대	인하대병원
전남대	전남대학교병원
	화순전남대학교병원
전북대	전북대학교병원
제주대	제주대학교병원
조선대	조선대학교병원
중앙대	중앙대학교의료원
	중앙대학교병원
충남대	충남대학교병원
충북대	충북대학교병원
한림대	한림대학교의료원
	한림대학교 강남성심병원
	강동성심병원
	한림대학교 춘천성심병원
	한림대학교 성심병원
	한림대학교 한강성심병원
	한림대학교 통탄성심병원
한양대	한양대학교병원
	한양대학교 구리병원
차의과대의전원	차병원
	강남 차병원
	분당 차병원
	구미 차병원

인터넷 홈페이지 주소

대학 학과 홈페이지에 접속하면 교육목표와 교육과정, 인재상 등의 모든 것이 기록되어 있다. 의학계열의 지원자가 우수한 학생임이 틀림없다면 평가자(교수 등)는 자신의 대학과 학과를 잘 이해하고 오는 학생을 선발하려고 하지 않을까. 진지하게 전공에 대해 이해하는 전공 탐색 활동을 진행하도록 하자.

• 의학대학 입학처 홈페이지

대학명	입학처 홈페이지
가천대	http://admission.gachon.ac.kr/admission/html/main/main.asp
가톨릭관동대	http://ipsi.cku.ac.kr/mbs/iphak/
가톨릭대	http://ipsi.catholic.ac.kr/main/
국립강릉원주대	http://ipsi.gwnu.ac.kr/sites/ipsi/
강원대	https://www.kangwon.ac.kr/admission01/
건국대(글로컬)	https://enter.kku.ac.kr/mbshome/mbs/enterkr/index.do
건양대	https://www.konyang.ac.kr/ipsi.do
경북대	http://ipsi1.knu.ac.kr/main.do
경상국립대	https://newgh.gnu.ac.kr/new/main.do
경희대	http://iphak.khu.ac.kr/main.do
계명대	https://www.gokmu.ac.kr/main.htm
고려대	https://oku.korea.ac.kr/oku/index.do
고신대	http://home.kosin.ac.kr/enter/
단국대(천안)	http://ipsi.dankook.ac.kr/cheonan/main.html
대구가톨릭대	https://ibsi.cu.ac.kr/kor.do
대구한의대	http://www.dhu.ac.kr/admission/main/index.htm
대전대	https://ipsi.dju.ac.kr/enter/html/main/main.asp
동국대(경주)	http://ipsi.dongguk.ac.kr/
동신대	https://ipsi.dsu.ac.kr/ipsi/
동아대	https://ent.donga.ac.kr/admission/html/main/main.asp

대학명	입학처 홈페이지
동의대	http://ipsi.deu.ac.kr/main/index.asp
부산대	https://go.pusan.ac.kr/college_2016/main/main.asp?
상지대	https://go.sangji.ac.kr/go/index.do
서울대	https://admission.snu.ac.kr/
성균관대	https://admission.skku.edu/main.html
세명대	http://ipsi.semyung.ac.kr/
순천향대	http://ipsi.sch.ac.kr/main.do
아주대	http://www.iajou.ac.kr/main.do
연세대	https://admission.yonsei.ac.kr/seoul/admission/html/main/main.asp
연세대(미래)	https://admission.yonsei.ac.kr/mirae/admission/html/main/main.asp
영남대	https://enter.yu.ac.kr/page/main/index.php
우석대	https://www.woosuk.ac.kr/WoosukEntrance.do
울산대	https://www.ulsan.ac.kr/iphak/Main.do
원광대	https://ipsi.wku.ac.kr/
을지대	http://admission.eu.ac.kr/
이화여대	http://admission.ewha.ac.kr/enter/doc/index.asp
인제대	http://iphak.inje.ac.kr/intro.asp
인하대	https://admission.inha.ac.kr/index.do
전남대	https://admission.jnu.ac.kr/indexMain.aspx
전북대	http://enter.jbnu.ac.kr/main.php
제주대	http://ibsi.jejunu.ac.kr/
조선대	http://ibhak.chosun.ac.kr/main
중앙대	http://admission.cau.ac.kr/main.htm
충남대	http://ipsi.cnu.ac.kr/html/uadm/
충북대	https://ipsi.chungbuk.ac.kr/kor.do
한림대	https://admission.hallym.ac.kr/admission
한양대	https://go.hanyang.ac.kr/new/2017/intro/

• 수시모집 입시결과 홈페이지

대학명	수시모집 입시결과
가천대	http://admission.gachon.ac.kr/admission/html/rolling/result.asp
가톨릭관동대	http://ipsi.cku.ac.kr/mbs/iphak/jsp/board/list.jsp?boardId=2&id=iphak_060400000000
가톨릭대	http://ipsi.catholic.ac.kr/pages/?p=12&b=B_1_2&cate=%BC%F6%BD%C3
국립강릉원주대	https://ipsi.gwnu.ac.kr/ipsi/602/subview.do
강원대	https://www.kangwon.ac.kr/admission01/selectBbsNttList.do?bbsNo=212&key=1001&
건양대	https://www.konyang.ac.kr/cop/bbs/BBSMSTR_000000000731/selectBoardList.do
경북대	https://ipsi1.knu.ac.kr/susi/board/notice/list.do?searchNo=&title=&ci=susi&pageNo=1
경상국립대	http://new.gnu.ac.kr/sub/content_t.jsp?dth1=1
경희대	http://iphak.khu.ac.kr/PageLink.do?menuNo=10120600&link=/cop/bbs/selectBoardList.do?bbsId=BBS_0000000000000003&cateId=1
계명대	https://www.gokmu.ac.kr/guide/board.htm?bbsid=result&ctg_cd=ipsiResult&etc1=susi
고려대	https://oku.korea.ac.kr/oku/cms/FR_BBS_CON/BoardView.do?MENU_ID=760&CONTENTS_NO=3&SITE_NO=2&BOARD_SEQ=6&BBS_SEQ=87
고신대	http://home.kosin.ac.kr/enter/bbs/board.php?bo_table=susi_result&me_code=1070
단국대(천안)	http://ipsi.dankook.ac.kr/cheonan/doumi/result_list.html?bbsid=che_pds01_1
대구가톨릭대	https://ibsi.cu.ac.kr/kor/bbs/BBSMSTR_000000000021/lst.do
대구한의대	http://www.dhu.ac.kr/admission/guide/01_07.htm
대전대	https://ipsi.dju.ac.kr/enter/html/rolling/result.asp
동국대(경주)	http://ipsi.dongguk.ac.kr/guide/guide_pds?category_1=%EC%88%98%EC%8B%9C%EB%AA%A8%EC%A7%91
동신대	https://ipsi.dsu.ac.kr/ipsi/index.php?pCode=MN1000112
동아대	https://ent.donga.ac.kr/admission/html/rolling/result.asp
동의대	https://ipsi.deu.ac.kr/sub01/sub03_02.asp
부산대	https://go.pusan.ac.kr/college_2016/pages/index.asp?p=50&b=B_1_1&bn=31810&m=read&nPage=1&ct=&con_cate_02=&f=TITLE&s=%B0%E1%B0%FA
상지대	https://go.sangji.ac.kr/go/sub01_06_01.do
서울대	https://admission.snu.ac.kr/materials/stats/competition_rate
성균관대	https://admission.skku.edu/iphak/etc.htm?bbsid=dataroom&ctg_cd=susi&page=1&skey=&keyword=&mode=view&etc1=jiwon&bltn_seq=56791

대학명	수시모집 입시결과
세명대	http://ipsi.semyung.ac.kr/cop/bbs/BBSMSTR_000000000351/selectBoardList.do
순천향대	https://ipsi.sch.ac.kr/susi/result/result.html?year=2021
아주대	http://www.iajou.ac.kr/susi/mojip.do?gb=competition
연세대	https://admission.yonsei.ac.kr/seoul/admission/html/rolling/competition.asp
연세대(미래)	https://www.youtube.com/watch?v=53A8KkDhYhw
영남대	https://enter.yu.ac.kr/page/board/doumi_data.htm?ctg_cd=susi
우석대	https://www.woosuk.ac.kr/boardList.do?bcode=B0156
울산대	http://iphak.ulsan.ac.kr/sub/info.do?page=010601_2021&m=010601&s=iphak
원광대	https://ipsi.wku.ac.kr/bbs/board.php?bo_table=result&sca=%EC%88%98%EC%8B%9C
을지대	http://admission.eulji.ac.kr/?menuno=7007
이화여대	https://admission.ewha.ac.kr/enter/doc/rolling/competition.asp
인제대	https://iphak.inje.ac.kr/board/list.asp?m=1&m2=4
인하대	https://admission.inha.ac.kr/cms/FR_CON/index.do?MENU_ID=100
전남대	https://admission.jnu.ac.kr/WebApp/web/HOM/COM/Board/board.aspx?boardID=423
전북대	http://enter.jbnu.ac.kr/bbs/board.php?bo_table=sub01_03&sca=%EC%88%98%EC%8B%9C
제주대	http://ibsi.jejunu.ac.kr/?m1=board%25&menu=01%25&type=result%25
조선대	https://ibhak.chosun.ac.kr/Contents/A000000107
중앙대	https://admisfile.cau.ac.kr/download/2022_cau_becausnews.pdf
충남대	https://ipsi.cnu.ac.kr/_prog/_board/?code=recsroom_01&site_dvs_cd=uadm&menu_dvs_cd=0105
충북대	https://ipsi.chungbuk.ac.kr/kor/bbs/BBSMSTR_000000000053/lst.do
한림대	https://admission.hallym.ac.kr/admission/nonscheduled/results.html
한양대	https://site.hanyang.ac.kr/documents/57003/831674/2019-2021+%EC%A0%84%ED%98%95%EB%B3%84+%EC%9E%85%EC%8B%9C%EA%B2%B0%EA%B3%BC/d63b9265-14af-4755-90db-7a536a9743ef

• 정시모집 입시결과 홈페이지

대학명	정시모집 입시결과
가천대	http://admission.gachon.ac.kr/admission/html/regular/result.asp
가톨릭관동대	http://ipsi.cku.ac.kr/mbs/iphak/jsp/board/list.jsp?boardId=2&id=iphak_060400000000
가톨릭대	http://ipsi.catholic.ac.kr/pages/?p=17&b=B_1_2&cate=%C1%A4%BD%C3
국립강릉원주대	https://ipsi.gwnu.ac.kr/ipsi/605/subview.do
강원대	https://www.kangwon.ac.kr/admission01/selectBbsNttList.do?bbsNo=212&key=1001&
건양대	https://www.konyang.ac.kr/cop/bbs/BBSMSTR_000000000731/selectBoardList.do
경북대	https://ipsi1.knu.ac.kr/susi/board/notice/list.do?searchNo=&title=&ci=susi&pageNo=1
경상국립대	http://new.gnu.ac.kr/sub/content_t.jsp?dth1=2
경희대	http://iphak.khu.ac.kr/PageLink.do?menuNo=10120600&link=/cop/bbs/selectBoardList.do?bbsId=BBS_0000000000000003&cateId=1
계명대	http://iphak.khu.ac.kr/detail.do?menuurl=iTHEImTSwM4D%2BLZrKJ8fHw%3D%3D&board_seq=2236&pageNo=1&categoryid=38&userpwd=
고려대	https://oku.korea.ac.kr/oku/cms/FR_BBS_CON/BoardView.do?MENU_ID=760&CONTENTS_NO=3&SITE_NO=2&BOARD_SEQ=6&BBS_SEQ=87
고신대	http://home.kosin.ac.kr/enter/bbs/board.php?bo_table=jungsi_result&me_code=2050
단국대(천안)	http://ipsi.dankook.ac.kr/cheonan/doumi/result_list.html?bbsid=che_pds03_1&ctg_cd=&PHPSESSID=dc35e96d5646aec11b1268d9b7416749
대구가톨릭대	https://ibsi.cu.ac.kr/kor/bbs/BBSMSTR_000000000047/lst.do
대구한의대	http://www.dhu.ac.kr/admission/guide/02_06.htm
대전대	https://ipsi.dju.ac.kr/enter/html/regular/result.asp
동국대(경주)	http://ipsi.dongguk.ac.kr/guide/guide_pds?category_1=%EC%A0%95%EC%8B%9C%EB%AA%A8%EC%A7%91
동신대	https://ipsi.dsu.ac.kr/ipsi/index.php?pCode=otreyear2020
동아대	https://ent.donga.ac.kr/admission/html/regular/result.asp
동의대	https://ipsi.deu.ac.kr/sub02/sub03_02.asp
부산대	https://go.pusan.ac.kr/college_2016/pages/index.asp?p=50&b=B_1_1&bn=31810&m=read&nPage=1&ct=&con_cate_02=&f=TITLE&s=%B0%E1%B0%FA
상지대	https://go.sangji.ac.kr/go/sub02_06_01.do
서울대	https://admission.snu.ac.kr/materials/stats/competition_rate

대학명	정시모집 입시결과
성균관대	https://admission.skku.edu/iphak/etc.htm?ctg_cd=jungsi
세명대	http://ipsi.semyung.ac.kr/cop/bbs/BBSMSTR_000000000351/selectBoardList.do
순천향대	http://ipsi.sch.ac.kr/submenu.do?menuurl=A3KncqzZhX%2brR7JZXR%2ftUQ%3d%3d&
아주대	http://www.iajou.ac.kr/jungsi/mojip.do?gb=competition
연세대	https://admission.yonsei.ac.kr/seoul/admission/html/regular/competition.asp
연세대(미래)	https://admission.yonsei.ac.kr/mirae/admission/html/regular/competition.asp
영남대	https://enter.yu.ac.kr/page/board/dourni_data.htm?ctg_cd=jungsi
우석대	https://www.woosuk.ac.kr/boardList.do?bcode=B0156
울산대	http://iphak.ulsan.ac.kr/sub/info.do?page=010603_2021
원광대	https://ipsi.wku.ac.kr/bbs/board.php?bo_table=result&sca=%EC%A0%95%EC%8B%9C
을지대	http://admission.eulji.ac.kr/?menuno=7057
이화여대	https://admission.ewha.ac.kr/enter/doc/regular/competition.asp
인제대	https://iphak.inje.ac.kr/board/list.asp?m=2&m2=4
인하대	https://admission.inha.ac.kr/cms/FR_CON/index.do?MENU_ID=140
전남대	https://admission.jnu.ac.kr/WebApp/web/HOM/COM/Board/board.aspx?boardID=423
전북대	http://enter.jbnu.ac.kr/bbs/board.php?bo_table=sub01_03&sca=%EC%A0%95%EC%8B%9C
제주대	http://ibsi.jejunu.ac.kr/?m1=board%25&menu=02%25&type=result%25
조선대	https://ibhak.chosun.ac.kr/Contents/A000000112?CATE_CD=A15002
중앙대	http://admission.cau.ac.kr/iphak/result.html?ctg_cd=jungsi
충남대	https://ipsi.cnu.ac.kr/_prog/_board/?code=recsroom_02&site_dvs_cd=uadm&menu_dvs_cd=0206
충북대	https://ipsi.chungbuk.ac.kr/kor/bbs/BBSMSTR_000000000053/lst.do
한림대	https://admission.hallym.ac.kr/admission/regular/results.html
한양대	https://site.hanyang.ac.kr/documents/57003/831674/2019-2021+%EC%A0%84%ED%98%95%EB%B3%84+%EC%9E%85%EC%8B%9C%EA%B2%B0%EA%B3%BC/d63b9265-14af-4755-90db-7a536a9743ef

• 의과대학, 치과대학, 한의과대학 홈페이지

대학명	의과대학 홈페이지
가천대	http://medicine.gachon.ac.kr/index.php
가톨릭관동대	http://cms6.cku.ac.kr/user/indexMain.do?&siteId=med
가톨릭대	https://songeui.catholic.ac.kr/
강원대	https://smed.kangwon.ac.kr/smed_new/main/
건국대(글로컬)	http://medicine.kku.ac.kr/main.do
건양대	https://med.konyang.ac.kr/med.do
경북대	http://med.knu.ac.kr/
경상국립대	https://newgh.gnu.ac.kr/medicine/main.do
경희대	https://khusm.khu.ac.kr/
계명대	https://www.kmu-med.ac.kr:7454/index.php
고려대	https://medicine.korea.ac.kr/web/www
고신대	https://www.kucm.ac.kr/
단국대(천안)	https://med.dankook.ac.kr/web/med
대구가톨릭대	https://medicine.cu.ac.kr/
동국대(경주)	http://med.dongguk.ac.kr/
동아대	http://medicine.donga.ac.kr/sites/medicine/index.do
부산대	https://medicine.pusan.ac.kr/medicine/index.do
서울대	https://medicine.snu.ac.kr/#close
성균관대	http://www.skkumed.ac.kr/
순천향대	https://med.sch.ac.kr/
아주대	http://medicine.ajou.ac.kr/
연세대	https://medicine.yonsei.ac.kr/medicine/index.do
연세대(미래)	https://medical.yonsei.ac.kr/we/
영남대	http://yumc.yu.ac.kr/
울산대	https://www.medulsan.ac.kr/
원광대	https://med.wku.ac.kr/
을지대	https://medicine.eulji.ac.kr/
이화여대	http://www.ewhamed.ac.kr/
인제대	http://ubt.inje.ac.kr/
인하대	https://medicine.inha.ac.kr/user/medicine/
전남대	http://medicine.jnu.ac.kr/main/main.php
전북대	https://med.jbnu.ac.kr/med/index.do
제주대	https://medical.jejunu.ac.kr/
조선대	https://www.chosun.ac.kr/user/indexMain.do?siteId=medical
중앙대	http://med.cau.ac.kr/site/main/index001.do
충남대	https://medicine.cnu.ac.kr/medicine/index.do
충북대	https://medweb.chungbuk.ac.kr/
한림대	https://med.hallym.ac.kr/
한양대	https://medix.hanyang.ac.kr/
차의과학대 의학전문대학원	https://medicine.cha.ac.kr/

대학명	치과대학 홈페이지
국립강릉원주대	https://dnt.gwnu.ac.kr/sites/dnt/index.do
경북대	https://dent.knu.ac.kr/
경희대	http://dental.khu.ac.kr/
단국대	https://cms.dankook.ac.kr/web/dentistry
부산대	https://dent.pusan.ac.kr/newdent/index.do
서울대	https://dentistry.snu.ac.kr/ko
연세대	https://dentistry.yonsei.ac.kr/dentistry/index.do
원광대	https://dentistry.wku.ac.kr/
전남대	http://dent.jnu.ac.kr/user/indexMain.action?siteId=dent
전북대	https://dent.jbnu.ac.kr/dent/index.do
조선대	https://dent.chosun.ac.kr:1443/index.9is

대학명	한의과대학 홈페이지
가천대	https://www.gachon.ac.kr/university/college/koreanmedicine_intro.jsp
경희대	http://kmc.khu.ac.kr/html_2016/
대구한의대	http://kmc.dhu.ac.kr/
대전대	https://www.dju.ac.kr/medicine/main.do
동국대	https://orient.dongguk.ac.kr/
동신대	https://dshani.dsu.ac.kr/dshani/
동의대	http://omc.deu.ac.kr/
부산대	https://kmed.pusan.ac.kr/kmed/index.do
상지대	https://www.sangji.ac.kr/hani/index.do
세명대	http://www.semyung.ac.kr/smhani.do
우석대	https://hani.woosuk.ac.kr/2015/inner.php?sMenu=main
원광대	https://kmed.wku.ac.kr/

• 의학 단체 홈페이지

단체명	홈페이지	단체명	홈페이지
대한의사협회	http://www.kma.org/	대한안과학회	http://www.ophthalmology.org/
대한의학회	https://www.kams.or.kr/	대한영상의학회	http://www.radiology.or.kr/
대한공중보건의사협회	http://www.kaphd.org/	대한마취통증의학회	https://www.anesthesia.or.kr/
대한전공의협회	http://www.youngmd.org/	대한성형외과학회	https://www.anesthesia.or.kr/
대한병원협회	https://www.kha.or.kr/main	대한방사선종양학회	https://www.kosro.or.kr/
한국의학교육학회	http://www.ksmed.or.kr/	대한재활의학회	https://www.karm.or.kr/
대한의학학술지편집인 협의회	https://www.kamje.or.kr/	대한진단검사의학회	https://www.kslm.org/sub01/sub05_4.html
한국여자의사회	https://www.kmwa.or.kr/	대한핵의학회	https://www.ksnm.or.kr/
한국의학교육평가원	http://kimee.or.kr/	대한가정의학회	https://www.kafm.or.kr/
대한내과학회	https://www.kaim.or.kr/index.php	대한응급의학회	https://emergency.or.kr/
대한외과학회	https://www.surgery.or.kr/	대한해부학회	https://www.anatomy.re.kr/
대한흉부심장혈관외과학회	https://www.ktcvs.or.kr/main.html	대한예방의학회	http://www.prevmed.or.kr/main/main.html
대한류마티스학회	https://www.rheum.or.kr/	대한병리학회	https://www.pathology.or.kr/html/
한국피부비만성형학회	http://www.kacs.co.kr/	대한약리학회	http://www.kosphar.org/
대한이비인후과학회	https://www.korl.or.kr/kindex.html	대한미생물학회	https://www.ksmkorea.org/
대한산부인과학회	https://www.ksog.org/	대한생리학회	http://www.koreaphysiology.org/
대한소아청소년과학회	https://www.pediatrics.or.kr/	대한법의학회	http://www.legalmedicine.or.kr/
대한신경과학회	https://new.neuro.or.kr/	대한의용생체공학회	https://www.kosombe.or.kr/main.html
대한신경외과학회	https://www.neurosurgery.or.kr/	대한임상약리학회	http://www.kscpt.kr/
대한정형외과학회	https://www.koa.or.kr/	대한기생충학 열대의학회	http://www.parasitol.or.kr/
대한비뇨의학회	https://www.urology.or.kr/	대한종양외과학회	http://www.ksco.org/

단체명	홈페이지	단체명	홈페이지
대한치과의사협회	https://www.kda.or.kr/kda/index.kda	대한치과교정학회	https://www.kao.or.kr/general/main/main.html
대한치의학회	https://kads.or.kr/	대한치과재료학회	https://www.kadm.org/
대한여자치과의사회	http://www.kwda.co.kr/	대한예방치과학회	http://www.kacpd.org/
대한공중보건치과의사협회	http://www.dentgongbo.org/	대한안면통증구강내과학회	http://www.kaom.org/main/main.html
대한치과병원협회	http://www.kdha.net/main/index.php	대한소아치과학회	https://kapd.org/
대한구강악안면임플란트학회	http://www.implant.or.kr/	대한영상치의학기술학회	https://ksdrt.krta.or.kr/ksdrt/
대한여자치과의사회	https://www.kwda.co.kr/	대한지과마취과학회	https://www.kdsahome.org/
한국치의학교육평가원	http://www.kidee.org/	대한치과보존학회	https://www.kacd.or.kr/
대한치과의료관리학회	http://www.kadap.or.kr/	대한치과보철학회	https://www.kap.or.kr/
대한구강악안면병리학회	http://www.kaomp.org/	대한치주과학회	https://www.kperio.org/main/main.php
대한한의사협회	https://www.akom.org/Home/Main	한국한의학연구원	https://www.kiom.re.kr/
대한한의학회	https://www.skom.or.kr/	대한본초학회	http://www.herbology.or.kr/
대한공중보건한의사협회	http://www.apkom.org/	국제통합의과학회	http://imsa0.iiumns.com/
대한한방병원협회	http://www.komha.or.kr/	대한융합한의학회	https://ackm.org/20
한국한의학교육평가원	https://www.ikmee.or.kr/html_2016/	대한스포츠한의학회	http://sskm.or.kr/
대한한의학원전학회	https://jkmc.jams.or.kr/co/main/jmMain.kci	대한연부조직한의학회	http://soft.hdart0423.gethompy.com/
대한한방신경정신과학회	http://www.onp.or.kr/main.html	동서비교한의학회	http://www.ourhani.co.kr/korean/main.php
대한한방내과학회	https://ikm.or.kr/	한의증례연구학회	https://asck.imweb.me/
경락경혈학회	http://www.acupoint.org/		

이 책의 자료 출처

- 대학 입학처 홈페이지
- 대학 입학처 홈페이지 내 2023학년도 대입전형시행계획, 학생부종합전형 안내서
- 의과대학, 치의과대학, 한의과대학 홈페이지
- 교육부 보도자료, 대교협 보도자료
- 의과대학, 치과대학, 한의과대학과 입학 홍보처로부터 허가·전송 받은 참고자료